今から始める・見直す

内部統制の仕組みと実務がわかる本

公認会計士・税理士
浅野雅文 著
ASANO, Masafumi

INTERNAL CONTROL

中央経済社

はじめに

内部統制報告制度が施行されてから10年が経ちました。その対応に苦慮する声も聞かれるなか，企業の不適切会計事案は跡を絶ちません。そのため**「内部統制なんか付加価値を生まないうえ，ビジネススピードの障害とコストにしかならない！」**と考えられている企業経営者の方や現場担当者の方は，実は多いのではないでしょうか。実際，わたしたちがこれまで内部統制のコンサルティングを提供してきた多くのクライアントも，はじめはそういったお考えの方が多いように感じられます。

たしかに，内部統制対応が売上を上げるわけでも，目に見える形でコストを削減するわけでもありませんよね。むしろ，どちらかというと対応のためにコストが増える方向の話ですから，後ろ向きの印象を持たれるのはごもっともだと思います。

しかしながら，ブレーキが効かない車は安心してアクセルを踏み込むことができないのと同様，**より気持ちよくビジネスのスピードを上げるためには，わたしたちは必要最低限の内部統制は，やはり必要**であると考えています。

なぜなら，いったん粉飾決算などの不祥事が起き，また，大きな横領事件が発生してしまうと，直接的な損害もさることながら，会社のブランド価値の毀損や，従業員の時間が事後処理対応に追われてしまい，ビジネススピードの失速を招くことになるからです。その結果，**「火消し」コスト，すなわち機会損失を含むリカバリーコストのほうが，内部統制対応コストよりも，よほど高くついてしまう**わけです。筆者も某上場企業から，「グループ会社で不適切会計が発覚した！」と不祥事が起きた後に急にご相談を受けて，火消し対応に追われ大変苦労した経験がありますので，この点に関しては確信を持っています。

ただし，だからといって，杓子定規に日頃からなんでもかんでもチェックや承認手続を踏み，また上長のハンコを残せばよいのか，というと，今度は料金所ばかりの高速道路のように，本業であるビジネススピードの足かせになってしまいかねません。

わたしたちがこれまでご支援させていただいたクライアントの多くは，導入

2　はじめに

期は，「とにかく内部統制基準の要求水準をクリアしたい」とおっしゃいます。しかし，導入後，安定してくると，まさに上述のビジネススピードの確保と，上場企業として要求される水準の内部統制対応の狭間で，どのようにバランスをとるのか悩まれ，ご相談されることが多くなります。

　また，監査法人等による監査の世界には「継続性の原則」という，手続方針を正当な理由なく変えてはならない，という考え方がありますので，**導入期に「大風呂敷」を敷いて対応してしまった企業ほど，事後的に簡素化していくハードルが高く**，どのように簡素化し，どのように監査法人と交渉すればよいのか，頭を悩まされている印象です。

　内部統制対応では，**①現場で内部統制を実施する人，②内部統制評価をする人，③内部統制評価結果を監査する人**，という**3者の工数分だけコストが生じます**。したがって，企業によっては，必要以上に対応することによる機会損失は，年間で数千万円，10年間で数億円にものぼる，と試算される場合もあります。うまく対応していない企業は，知らず知らずのうちに，大変な金額の余計なコストを払っているかもしれません。

　世の中には大手監査法人の著書を中心に，「財務報告に係る内部統制報告制度（いわゆる J-SOX）」の基準解説に関する多くの良書が存在します（また，筆者の前著『日本版 SOX 法実務完全バイブル』（実業之日本社）でも基準等の解説をしています）。他方で，筆者は，アメリカにおける内部統制報告制度（US-SOX）の導入初年度から監査法人にて当該業務に従事し，現在では，企業側のコンサルタント（ないし用心棒）として US-SOX，J-SOX について数多くの監査法人と対峙してきた経験を有しています。

　そこで，制度や基準の解説は上記のような他の書籍に任せることとして，本書では，基準の解釈に一歩踏み込んで基準に明記されていない点も含めるとともに，筆者なりの経験を踏まえ，企業側の視点からの内部統制報告制度対応（すなわち，財務報告に係る内部統制の整備・運用に関する評価手続と改善指導）に焦点を絞り，"内部統制地獄"にはまらないよう，**制度要求をしっかりとクリアしながらも，簡素化・効率化することで内部統制対応コストを最適化するアイデアについてご紹介していきたい**と思います。

そのため本書は，下記のような企業側の読者を想定して記載しています。

① **企業経営者**
- 上場準備を進めるにあたり内部統制対応を検討されている経営者
- 内部統制対応コストの見直しを検討されている経営者

② **内部統制担当者**
- 新たに内部統制プロジェクトを担当することになった担当者
- 今まで以上に，もっと効率的・効果的に内部統制対応できないかお悩みの内部統制担当者
- 監査法人からの杓子定規の要求にお悩みの内部統制担当者

③ **経理部など現場担当者（内部統制実施担当者）**
- 内部統制担当部門や監査法人等から過剰な内部統制の整備・運用を要求され，お悩みの現場担当者
- 内部統制担当部門や監査法人等から，何度も似たような資料準備の依頼を受け，準備に奔走している現場担当者

　本書の内容が，「単なる制度説明や基準解説」に終わることなく，「貴社の内部統制対応コストの最適化」と「事業の足かせとならない貴社の理念に沿った貴社らしい内部統制の構築」，ひいては貴社のますますのビジネスのスピードアップの一助になれば幸いです。

　最後に，筆者が本書を執筆するにあたり，中央経済社へのご縁をつないでくださった，前職同僚で，友人で，現在はビジネスパートナーでもある武田雄治公認会計士，企画段階から出版まで辛抱強くご指導くださった中央経済社坂部編集長，執筆中にも現場実務を支えてくれた弊社メンバー各位，いつも暖かく応援してくださるクライアント各社様，家族に心から感謝の意を表したいと思います。

2019年1月

株式会社 Collegia International
代表取締役　**浅野　雅文**
（公認会計士・税理士）

【本書の構成】

本書は**大きく2部構成**となっています。

まず**第Ⅰ部「だから内部統制対応が行き詰まる」**では，よくある失敗パターンと原因分析を解説するとともに，本書のキーワードの1つである「内部統制地獄」にはまるメカニズムを解説します。また，内部統制報告制度や内部統制そのものについての基本的理解を深めます。

そして**第Ⅱ部「内部統制評価と効率化の実務」**では，内部統制評価実務を「フェーズ1・計画」〜「フェーズ6・総合的評価（内部統制報告書の作成）」までの6段階のフェーズに分けて，フェーズごとに監査に耐えうる作業品質水準を維持しながらも，関係各位が「内部統制地獄」にはまらないための，効果的かつ効率的な内部統制評価のポイントを解説していきます。

また**巻末付録**として，**「内部統制対応の効率化チェックリスト」**を掲載しました。貴社の効率化度の確認にご活用いただければと思います。

第Ⅰ部 だから内部統制対応が行き詰まる	第1章　なぜ内部統制対応が行き詰まるのか ⇒よくある失敗と，原因となる誤解のパターンを理解する
	第2章　効率的内部統制対応のススメ ⇒内部統制報告制度の基本的理解と，内部統制地獄の恐ろしさを理解する
	第3章　そもそも内部統制とは？ ⇒内部統制の必要性，基本的枠組み，限界を理解する

第Ⅱ部 内部統制評価と効率化の実務

| 第4章 フェーズ1・計画 ⇒最大の効率化要素は計画にあること，気を付けるべき点を理解する | 第5章 フェーズ2・文書化 ⇒成果物と，評価フェーズを見据えた効率的な作り方のポイントを理解する | 第6章 フェーズ3・評価（その1） ⇒監査に耐える整備・運用評価手続を理解する 第7章 フェーズ3・評価（その2） ⇒IT統制の種類別特性と評価方法を理解する | 第8章 フェーズ4・不備の改善，フェーズ5・再評価 ⇒不備の改善方法と，効率的なロールフォワード評価について理解する | 第9章 フェーズ6・総合的評価 ⇒最終的な内部統制の有効性評価の方法と，内部統制報告書の記載に必要な事項を理解する |

内部統制報告書の提出へ…

CONTENTS

第Ⅰ部
だから内部統制対応が行き詰まる

第1章　なぜ内部統制対応が行き詰まるのか——1

第1節　なぜ内部統制対応が行き詰まるのか……………… 2

(1) 内部統制対応をめぐる代表的なお悩み ………………………… 2

(2) 内部統制対応が失敗する2つのパターンと企業の属性………… 3

(3) 内部統制対応が行き詰まる5つのタイプ……………………… 4

① タイプA：プロジェクトがまったく進まないタイプ／5

② タイプB：過剰なまでの内部統制対応により疲弊するタイプ／5

③ タイプC：いつまで経っても内部統制の構築が終わらないタイプ／5

④ タイプD：期限までに内部統制評価が終わらないタイプ／5

⑤ タイプE：不備が期限内に改善されないタイプ／6

(4) 内部統制対応を行き詰まらせる6つの誤解……………………… 6

① 誤解その1：内部統制に付加価値はないと思っている／7

② 誤解その2：監査法人を"頼みの綱"にしている／8

③ 誤解その3：内部統制対応は文書化すれば終わりだと思っている／10

④ 誤解その4：内部統制対応はギリギリでよいと思っている／10

⑤ 誤解その5：システムを導入すれば対応は不要になると思っている／12

⑥ 誤解その6：本社のみ・内部統制チームのみで完結すると思っている／12

2　CONTENTS

第2節 監査法人を"頼みの綱"にしてはいけない……13

(1) 問題の本質は「監査法人の役割に対する誤解」と「監査法人への過度な期待と依存体質」……13

① 公認会計士の本来的な役割とは／13
② 「アドバイザリー」と「コンサルティング」は違う／15

(2) 監査法人の保守的思考回路を理解する必要性 ……16

第3節 内部統制対応成功のための5つのポイント……18

(1) 適切な社内チームメンバーの選定と，経営者との活発なコミュニケーションの確保……18

① 適切なメンバー選定／18
② 経営陣との活発なコミュニケーションラインの確保／19

(2) あくまで「会社主導」であること ……20
(3) プロジェクト開始は早いほうが有利……21
(4) 経験者・外部有識者の活用 ……22
(5) 無駄を省きたければ「急がば回れ」……24

第2章　効率的内部統制対応のススメ ——— 25

第1節 内部統制はなぜ必要か ……26

(1) 企業とスポーツカーの意外な関係 ……26
(2) 企業に内部統制がなかったら……27
(3) ブレーキの掛け過ぎにご用心……29

第2節 上場企業に義務付けられる内部統制報告制度（J-SOX）……30

(1) 制度の対象となる企業と制度概要 ……31

① 原則的な取扱い／31
② 例外的取扱い（上場後3年間の監査免除）／32

CONTENTS 3

(2) 経営者の責任 ……………………………………………………… 34

(3) 監査法人等の責任 ………………………………………………… 35

① 内部統制監査／35

② 内部統制監査の対象～監査法人は内部統制の有効性自体を監査するわけではない～／35

③ 財務諸表監査との統合監査／35

(4) 罰則規定 …………………………………………………………… 36

① 金商法上の罰則（刑事罰）／36

② 証券取引所の罰則（上場廃止基準）／37

③ その他の不利益（経済上のデメリット）／37

④ 最近の事例（㈱東芝の不適切会計のケース）／37

(5) 会社法に基づく内部統制制度との違い ……………………… 38

① 会社法における内部統制制度の概要／38

② 会社法における内部統制対応／39

(6) 新規上場に向けた内部統制対応スケジュール例 …………… 41

① 上場までに要する準備期間／41

② 内部統制対応はいつから開始すべきか／42

第3節　内部統制対応は最初が肝心 ……………………… 44

(1) 初動を誤ると，後は内部統制地獄 …………………………… 44

(2) 内部統制対応コストは五重苦⁉ ……………………………… 45

① 狭義の内部統制コスト／45

② 広義の内部統制コスト／46

③ ドミノ倒しは内部統制対応コスト増加の負の連鎖に直結する／48

(3) 内部統制地獄は半永久的に続く ……………………………… 49

第3章　そもそも内部統制とは？ ——————51

第1節　内部統制基準における定義とフレームワーク …52

第2節　内部統制の4つの目的 ……………………………… 53

(1) 業務の有効性および効率性 ……………………………… 53

(2) 財務報告の信頼性 ………………………………………… 53

(3) 事業活動に関わる法令等の遵守 ……………………… 53

(4) 資産の保全 ………………………………………………… 54

(5) 4つの目的の関係性 ……………………………………… 54

第3節　内部統制の6つの基本的要素 …………………… 55

(1) 統制環境 …………………………………………………… 55

① 誠実性および倫理観／55

② 経営者の意向および姿勢／56

③ 経営方針および経営戦略／56

④ 取締役会および監査役等の有する機能／56

⑤ 組織構造および慣行／57

⑥ 権限および職責／58

⑦ 人的資源に対する方針と管理／58

(2) リスクの評価と対応 ……………………………………… 58

① リスクの評価／59

② リスクへの対応／59

(3) 統制活動 …………………………………………………… 61

(4) 情報と伝達 ………………………………………………… 62

(5) モニタリング ……………………………………………… 63

① 日常的モニタリング／63

② 独立的評価／63

(6) IT（情報技術）への対応 ……………………………… 64

① IT環境への対応／64

② ITの利用および統制／64

(7) 6つの基本的要素の関係性 …………………………… 66

第4節　内部統制の限界 ……………………………………… 68

(1) 判断の誤り，不注意，共謀による限界 …………… 68

(2) 環境の変化，非定型取引による限界 ……………… 68

CONTENTS 5

(3) 費用対効果による限界 ･････････････････････････････････ 69

(4) 経営者による不正・内部統制無効化による限界･･･････････････ 69

第Ⅱ部
内部統制評価と効率化の実務

第4章　フェーズ1・計画─────── 71

第1節　評価実務を始める前に押さえておくべき事項 ････ 72

(1) 内部統制対応実務において準拠すべき基準等 ･･･････････････ 72

① 「財務報告に係る内部統制の評価及び監査の基準」ならびに実施基準／72

② 「財務計算に関する書類その他の情報の適正性を確保するための体制に関する内閣府令」（内部統制府令）および同ガイドライン／73

③ 「財務報告に係る内部統制の監査に関する実務上の取扱い」／73

④ その他金融庁のガイダンス／74

(2) 内部統制報告制度における「内部統制」の範囲･･･････････････ 74

① 対象となるのは「財務報告の信頼性」にかかる内部統制／74

② そもそも「財務報告」とは／75

(3) 連結ベースの評価の原則･･･････････････････････････････ 77

① 子会社自体が上場企業である場合／79

② 持分法適用関連会社が上場企業，もしくは他の上場企業の子会社である場合／79

③ 在外子会社がある場合／80

(4) 有効性評価基準日･･･････････････････････････････････ 80

(5) 内部統制対応に携わる3つの関係者･･････････････････････ 81

(6) 関係者それぞれの負荷 ･････････････････････････････････ 82

① 内部統制実施者にとっての負荷／82

② 内部統制評価者（内部統制チーム）にとっての負荷／82

③ 監査法人等にとっての負荷／83

6　CONTENTS

第2節　内部統制評価効率化最大のポイントは計画段階にあり ……………………………………… 84

(1) 評価範囲最小化により，内部統制地獄から抜け出す…………… 84

(2) バカにならない効率化による経済効果 ……………………… 86

(3) 評価スケジュールの分散化により，関係者の負荷を平準化する ………………………………………………………………… 87

(4) フロー変更が予定されている業務は二度手間に要注意………… 88

(5) M&A や組織再編に伴う内部統制評価範囲への影響 ………… 90

第3節　内部統制評価範囲の決定方法 ……………………… 90

(1) 計画段階における暫定的決定と期末における見直し………… 91

(2) トップダウン型のリスクアプローチ ……………………… 91

(3) 事業拠点の識別 ……………………………………………… 93

　① 事業拠点とは／93

　② 効率化のポイント／94

(4) 全社的な内部統制，および全社レベル決算・財務報告プロセスに係る内部統制の評価範囲の決定 ……………………………… 95

　① 全社的な内部統制とは／95

　② 全社的な内部統制を有効に保つことの重要性／97

　③ 全社レベル決算・財務報告プロセスに係る内部統制とは／98

　④ 決算・財務報告の特殊性を踏まえた評価計画／99

　⑤ 全社的な内部統制，および全社レベル決算・財務報告プロセスに係る内部統制の評価範囲の決定方法／99

　⑥ 効率化のポイント／100

(5) 重要な事業拠点における事業目的に大きく関わる勘定科目に至る業務プロセス（重要プロセス）の評価範囲 ………………… 102

　① 業務プロセスにかかる内部統制対応は負荷が重たい／102

　② 重要な事業拠点の選定／103

　③ 3分の2を下回ることが許容されるケース／104

　④ 逆に3分の2以上に範囲を増やすことが求められるケース／104

　⑤ 関連会社の検討／104

⑥ 効率化のためのポイント／105

⑦ 評価対象とする業務プロセスの識別／107

⑧ 重要勘定に至る業務プロセス選定時の効率化ポイント／108

⑨ 収益認識会計基準の公表に伴う，内部統制評価範囲へ影響の検討
／110

(6) その他追加的に評価する業務プロセス（質的に重要な業務プロセス）の評価範囲・・112

① 質的重要性の考慮要素／112

② 効率化のポイント／114

第5章　フェーズ2・文書化—————117

第1節　文書化作業の成果物と手順・・・・・・・・・・・・・・・・・・・118

(1) 文書化作業で作成する調書・・・・・・・・・・・・・・・・・・・・・・・・・・・・・・・・118

① 3点セットとは／118

② 既存の社内資料を転用すれば楽になる？／119

(2) 文書化の手順・・126

第2節　業務記述書の作成・・・・・・・・・・・・・・・・・・・・・・・・・・・・・・127

(1) 業務記述書作成の目的と作成方法・・・・・・・・・・・・・・・・・・・・・・・・・127

(2) 作成時における効率化のための注意点・・・・・・・・・・・・・・・・・・・・・127

① 取引の発生から終了までを網羅する／127

② リスクや統制のみならずプロセスの全体像を記録する／127

③ 記載内容は事実誤認がないかヒアリング先の現場担当者にも確認してもらう／128

④ 一連の業務に関係するエビデンスのサンプルを入手し，業務記述書と相互参照できるよう関連付けておく／128

⑤ 「現状」の業務を記録する／128

⑥ 変更が予定されている業務の文書化は保留する／129

⑦ 共通業務フローは参照を用いて文書を共通化する／129

(3) まだ業務フローや内部統制が未整備の企業の場合・・・・・・・・・・・・131

8 CONTENTS

(4) 一連の流れを洗い出せたら，リスクとコントロールを抽出する
………………………………………………………… 131

第3節 フローチャートの作成 ……………………………… 133

(1) フローチャートを作ることのメリット ……………………… 133
(2) フローチャートで使用する記号例 ………………………… 134

第4節 リスクコントロールマトリクス（RCM）の作成
………………………………………………………… 135

(1) 3点セットの中で最も重要な調書 ………………………… 135
(2) 業務記述書とRCMの違い ………………………………… 135
(3) 財務報告リスクの識別方法 ……………………………… 135
　① 財務報告リスクの識別は職人芸？／135
　② 陥りがちな誤り〜内部統制ありきで考えてはいけない〜／138
　③ コントロールチェックリストを使うことの危険性／139
　④ リスクの重要性評価を行うことでリスクをスクリーニングする方法も
　　／140
(4) コントロールの識別方法……………………………………… 140
　① コントロールの種類／140
　② 5W1Hの明記／141
　③ コントロール証跡の明確化／142
　④ 頻度欄の記載／142
　⑤ リスクとの対応関係の明確化／143
(5) キーコントロールの選定…………………………………… 144
　① キーコントロールとは／144
　② キーコントロールの抽出方法／144
　③ 1リスク1キーコントロールの識別／144
　④ キーコントロールとなるコントロールの要件／144
　⑤ RCMサマリーの活用／145
　⑥ 特に財務報告に重要な影響を与えるもの／146

第6章 フェーズ3・評価（整備・運用状況の評価）――149

第1節　評価手続の種類……………………………………150

(1) 期中評価とロールフォワード期間における評価………………150

① 実施のタイミングによる評価の種類／150
② なぜ期中評価とロールフォワードの2回に分けて評価をするのか／151

(2) 整備状況評価と運用状況評価………………………………151

① 深度別の評価の種類／151
② なぜ整備評価と運用評価を実施しなければならないのか／152

第2節　整備状況の評価実務～ウォークスルーとは～‥153

(1) ウォークスルー手続（WT）の概要…………………………153
(2) WT実施担当者の適格要件 ……………………………………154
(3) WTの対象範囲 ……………………………………………………155

① WTの評価対象となるプロセス／155
② WTの対象となるコントロール／155

(4) WTの評価方法 ……………………………………………………155

① WTマニュアルの作成／155
② WT手続の代表的な評価手法／156

(5) WT実施上の留意事項…………………………………………157
(6) 前年度の整備評価結果の利用による簡素化……………………157
(7) 調　書　化……………………………………………………………158

第3節　運用状況の評価実務～運用テストとは～………162

(1) 運用テスト（TOE）の概要……………………………………162
(2) 運用テストの実施者の適格要件 ………………………………162
(3) 運用テストの対象となるコントロール ………………………162
(4) 運用テストの評価方法 ………………………………………164

① 運用テストマニュアルの整備／164

10 CONTENTS

② 運用テストの評価手法／164
③ 運用テストの実施時期／164

(5) **サンプリング** ·· 165

① 特定項目抽出と代表的サンプリング／165
② 統計的サンプリングと非統計的サンプリング／165
③ 効率化のポイント〜サンプリングによって現場の負荷が劇的に減る〜
／166
④ サンプル数の決定／168
⑤ エラー発見時の追加的手続／168
⑥ 複数事業拠点がある場合／169

(6) **複数年に1度の対応の可否** ······································· 171

(7) **その他小規模企業の効率化ポイント** ····················· 172

(8) **調 書 化** ··· 173

(第4節) **他者の利用** ··· 178

(1) **専門家の利用** ·· 178

① 外部専門家への評価委託／178
② 自社監査人へは委託できない／179

(2) **委託業務の評価** ··· 179

① 外部委託している業務も内部統制評価が必要／179
② 外部委託業務に対する内部統制評価の対応／179

第7章 フェーズ3・評価（IT統制の評価）── 183

(第1節) **IT統制の概要** ··· 184

(1) **IT統制とは** ··· 184
(2) **ITの統制目標の設定** ··· 185

(第2節) **IT統制の分類** ··· 185

(1) **IT全社統制** ··· 186
(2) **IT全般統制** ··· 187

(3) IT 業務処理統制 ··· 190

(4) EUC 統制 ··· 191

第3節 **IT 統制の評価** ·· 193

(1) 「IT 全社統制」の評価 ·· 193

(2) 「IT 全般統制」の評価 ·· 193

① IT 全般統制に依拠することで評価の効率化を図る／193

② IT 全般統制の不備は「重要な不備」となるのか？／194

③ 効率的な IT 全般統制の評価範囲の決定方法／195

④ IT 全般統制の文書化／198

⑤ IT 全般統制の整備状況および運用状況の評価／199

(3) 「IT 業務処理統制」の評価 ···································· 202

① IT 業務処理統制の評価の概要／202

② 評価手続の種類／202

③ IT 業務処理統制の整備状況および運用状況の評価／203

④ IT 全般統制を利用した評価手続の簡素化／204

⑤ 過年度の評価結果の利用／204

第8章　フェーズ4・不備の改善，
　　　　フェーズ5・再評価 ———————— 205

第1節 **発見された不備の意義** ································· 206

(1) 整備状況の評価（WT）で発見された不備 ···················· 206

(2) 運用状況の評価（運用テスト）で発見された不備 ············· 206

(3) IT 統制の不備 ·· 206

① IT 全社統制の不備／206

② IT 全般統制の不備／207

③ IT 業務処理統制の不備／208

12 CONTENTS

第2節 **不備の改善** ……………………………………………… 208

- (1) 内部統制チームによる指導とモニタリングがカギ …………… 208
  - ① "もぐらたたき"の改善指導になっていないか？／209
  - ② ルールを指示するのではなく，あくまで"提案"をする／211
- (2) 不備の集計 ……………………………………………… 211
  - ① 不備の集計／211
  - ② 不備の全容把握／214
- (3) 不備の改善管理 ………………………………………… 215
  - ① 月次全体会議／216
  - ② プロセスごとの分科会／216
  - ③ 決算・財務報告プロセスの不備改善／216
- (4) 上場準備企業が整備すべき規程類 ……………………… 220
- (5) ビジネススピードの失速を避ける賢い内部統制の整備 ……… 221
  - ① 上長の承認はそんなに必要か？／221
  - ② マネジメントは経営判断（ジャッジメント）を要する部分に限定／221
  - ③ オペレーショナルな問題は，担当者間チェックやITを活用／222
  - ④ それでもハンコは必要か？／222

第3節 **ロールフォワード評価** ………………………………… 223

- (1) ロールフォワード評価の意義 …………………………… 223
- (2) ロールフォワード評価の実務 …………………………… 224
  - ① RF評価マニュアルの策定／224
  - ② RF評価対象範囲／225
  - ③ 緩急を付けたRF手続による効率化／226
- (3) 期中の結論別ロールフォワード評価手法 ……………… 226
  - ① 期中に有効と判断されたコントロール／226
  - ② 期中に不備（非有効）と判断されたコントロール／226
  - ③ 期中に評価保留となっていたコントロール，および該当サンプル取引がなかったコントロール／227
- (4) 調 書 化 ………………………………………………… 228

(5) ロールフォワード評価で発見された不備の意義 ················· 234

第9章 フェーズ6・総合的評価 ——— 235

第1節 内部統制報告書における評価結果の類型 ········ 236

(1) 有　　効 ··· 236

(2) 評価範囲の除外 ··· 236

(3) 開示すべき重要な不備 ·· 237

(4) 意見不表明 ·· 238

第2節 開示すべき重要な不備 ································· 238

(1) 全社的な内部統制の不備 ····································· 238

①　全社的な内部統制の不備の評価／238

②　全社的な内部統制の有効性の判断／239

③　全社的な内部統制の不備は「開示すべき重要な不備」を示唆する
／239

(2) 業務プロセスの不備 ··· 240

①　重要性判断のステップ／240

②　虚偽記載が発生する場合の影響額の推定／241

(3) IT全般統制の不備 ··· 244

①　IT全般統制の不備／244

②　IT業務処理統制の不備／245

第3節 総合的評価調書の作成 ······························· 245

第4節 内部統制報告書の作成 ······························· 246

(1) 内部統制報告書の記載事項 ·································· 246

①　整備および運用に関する事項／246

②　評価の範囲，評価時点および評価手続／247

③　評価結果／247

④　付記事項／247

⑤　特記事項／248

(2)　**内部統制報告書のひな形** ……………………………………… 249

① 第1号様式（内国法人向け）／249

② 第2号様式（外国法人向け）／251

(3)　**内部統制報告書の提出** ………………………………………… 255

巻末付録　内部統制対応の効率化チェックリスト —— 257

【凡例】

正式名称	略称
金融商品取引法	金商法
財務報告に係る内部統制の評価及び監査の基準	基準
財務報告に係る内部統制の評価及び監査に関する実施基準	実施基準
財務計算に関する書類その他の情報の適正性を確保するための体制に関する内閣府令	内部統制府令
「財務計算に関する書類その他の情報の適正性を確保するための体制に関する内閣府令」の取扱いに関する留意事項について	内部統制府令ガイドライン
監査・保証実務委員会報告第82号 財務報告に係る内部統制の監査に関する実務上の取扱い	監査の実務上の取扱い
内部統制報告制度に関するQ&A	Q&A
内部統制報告制度に関する11の誤解	11の誤解
内部統制報告制度に関する事例集 ～中堅・中小上場企業等における効率的な内部統制報告実務に向けて～	事例集
監査・保証実務委員会研究報告第32号 内部統制報告制度の運用の実効性の確保について	実効性の確保について

第Ⅰ部　だから内部統制対応が行き詰まる

第1章
なぜ内部統制対応が行き詰まるのか

　企業顧問やコンサルタントの仕事をしていると，クライアント企業から内部統制の構築や評価作業が行き詰まっているとのお悩みをご相談いただくことがあります。実に多くの企業が共通したお悩みを抱えています。そして，いざ内部に入って問題となる原因を分析していると，これもまた多くの共通点があることに気付かされます。そこで本章では，内部統制対応が行き詰まるパターンと，その根本的な原因となる企業の姿勢についてご紹介していきます。

この章のポイント

- 行き詰まるタイプは5つに分けられる。
  - タイプA：プロジェクトがまったく進まないタイプ
  - タイプB：過剰なまでの内部統制対応により疲弊するタイプ
  - タイプC：いつまで経っても内部統制の構築が終わらないタイプ
  - タイプD：期限までに内部統制評価が終わらないタイプ
  - タイプE：不備が期限内に改善されないタイプ
- 行き詰まりの要因は6つの誤解から始まる。
  - 誤解その1：内部統制に付加価値はないと思っている
  - 誤解その2：監査法人を"頼みの綱"にしている
  - 誤解その3：内部統制対応は文書化すれば終わりだと思っている
  - 誤解その4：内部統制対応はギリギリでよいと思っている
  - 誤解その5：システムを導入すれば対応は不要になると思っている
  - 誤解その6：本社のみ・内部統制チームのみで完結すると思っている
- 内部統制成功のカギは5つ。「主体性」，「会計」，「経験者」，「なるべく早く開始する」，「急がば回れ」

2 第Ⅰ部　だから内部統制対応が行き詰まる

第1節　なぜ内部統制対応が行き詰まるのか

(1) 内部統制対応をめぐる代表的なお悩み

「わが社もついに上場することになり，いよいよ内部統制報告制度への対応が必要になった！　なになに？　監査法人の会計士の先生がアドバイスしてくれるって？　よし，監査法人の先生方のアドバイスに基づいて対応していくぞ！　監査法人のアドバイスどおりにしていれば間違いないだろう！」

そして数か月後。

内部統制担当「監査法人のレクチャーは難しいし抽象的で，かといって手を動かしてくれるわけでもないので，結局何をしていいかわからないまま時間だけが過ぎ去っていく……」

実業部門担当「監査法人や内部統制担当の言うとおりにチェックや承認手続を入れ，その証跡を残していたら日が暮れてしまって本業が回らない」

さらに数か月後。

企業経営者「あいつら（内部統制担当）はわざわざ監査法人に莫大な費用を払って，本業の邪魔をしているのか。しかも当初計画どおりどころか，ほとんど前に進んでいないじゃないか。これではいつまで経っても上場なんかできないぞ。けしからん！」

貴社にもこんな経験はありませんか？

実はこれは，わたしたちがこれまでにご相談を受けてきた，**最も典型的なお悩みのパターン**です。

- 内部統制担当としては，なんとしてでも監査法人のお墨付きをもらうべく作業を進めたいのに，何からどのように手をつけていいかわからない。
- 実業部門担当としては，内部統制担当や監査法人から，今まで不要だった仕事や，内部統制対応のための資料準備を要求されて，本来の仕事が回らない。
- 経営者としては，付加価値の低い業務にコストがかかっている割に，予定どおりに前に進んでおらず，不安になる。

ということですね。

本書は，このようなお悩みを持つ，内部統制実務に携わる企業経営者や担当者の方々に対して，なぜそのような悩みが出てしまうのか，どのように解決することができるのか，について，これまでにコンサルタントとして多くの同様の悩みに接し，現場の企業担当者の方々と一緒に汗を流し，ときに監査法人とも対峙を繰り返しながら解決してきたわたしたちなりの施策を，事例とともにご紹介していければと考えています。

(2) 内部統制対応が失敗する2つのパターンと企業の属性

内部統制対応が失敗するパターンは，大きく①対応不足と，②対応過剰の2つに分けることができます。そして，その中で，さらに内部統制対応が行き詰まるパターンとして見受けられる種類ごとに5つのタイプに分類しました。これらの関係性をまとめたのが**図表Ⅰ-1-1**です。

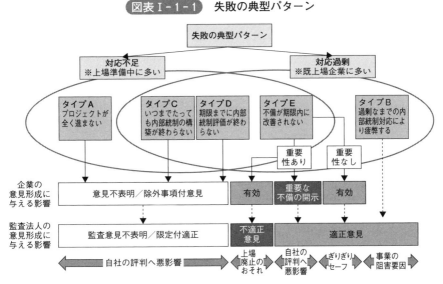

※ 企業および監査法人等の意見形成はあくまで例示であり，その組み合わせは上記に限られない点に注意。例えば企業が「やむを得ない事情」により範囲限定を付けた場合でも，監査法人等は「無限定適正意見」を表明する場合もある。

このように見ると，①対応不足のパターンは内部統制報告の意見形成に影響を与え，制度上の問題につながりうるため，企業としての優先度としては，ま

ず対応不足にならないよう，十分な準備・対応が必要であることがわかります。他方で，②対応過剰のケースは，直接制度上の問題はないものの，内部統制対応，および内部統制そのものが自社の事業の足かせとなっていることで自社の事業価値を大きく毀損させている可能性がある点で，やはり問題といえます。

　実は，わたしたちがいただくご相談では，上場準備中の企業に①対応不足のケースが多く見受けられます。一方，内部統制報告制度の導入時からすでに上場している企業に②対応過剰のケースが多く見受けられるように思えます。おそらくそれは，制度導入初年度は塩梅がわからず「やりすぎてしまった」ケースが多かったからだと推測します。やりすぎている分には制度上の問題は生じませんが，もしかすると事業の足かせになって自社の事業価値を毀損させている可能性がある点で，やはり問題ですから，見直しの必要があると考えられているのでしょう。

　まさにわたしたちへのご相談の多くは，内部統制対応を「これから始めるために」対応不足をどのように解消すべきなのか悩んでいる上場準備企業からのご相談と，内部統制を一度導入はしたものの，対応過剰な状況を「見直すために」どのように簡素化できるのか悩んでいる既上場企業からのご相談の2パターンに分かれるように思われます。

⑶　内部統制対応が行き詰まる5つのタイプ

　このように，①対応不足と②対応過剰の2パターンについてそれぞれコンサルティングを行っていると，不思議なことに内部統制対応が行き詰まる要素には共通項が多く，**図表Ⅰ-1-1**のように大きく5つのタイプに分けることができます。もし，貴社の内部統制対応がうまく進んでいないとしたら，下記の行き詰まりのタイプAからEのいずれかに当てはまるのではないでしょうか？

- タイプA：プロジェクトがまったく進まないタイプ
- タイプB：過剰なまでの内部統制対応により疲弊するタイプ
- タイプC：いつまで経っても内部統制の構築が終わらないタイプ
- タイプD：期限までに内部統制評価が終わらないタイプ
- タイプE：不備が期限内に改善されないタイプ

① タイプA：プロジェクトがまったく進まないタイプ

　文字どおり，会社として内部統制担当（以下，本書では「内部統制チーム」といいます。企業によっては内部統制室，内部監査室などが担当となる場合があります）といった対応組織を作り，メンバーを集めたまではいいものの，具体的に何からどのように手を付けてよいかわからず，その結果，内部統制対応プロジェクトが思うように進まず，時間だけが刻一刻と過ぎ去っていく……，といったタイプです。典型的なのは，「監査法人にアドバイザリーをお願いしたのに，蓋を開けてみたら，分厚い教科書のようなマニュアルの提供とレクチャーを受けられるものの，どの会社にも通用しそうな一般論，抽象的なアドバイスばかりで，自社の具体的課題に対応していない。また，監査法人は全然手を動かしてくれないので，自分たちで文書を作成し始めたものの，思うように先に進めない」といったタイプです。

② タイプB：過剰なまでの内部統制対応により疲弊するタイプ

　このタイプの典型は，自分たちで内部統制報告制度の理解が不足していることもあり，基準に則した必要・不必要の判断ができず，本来は評価不要な事業拠点やプロセス，勘定科目までを評価対象に含めてしまい，また，評価を実施する際に過度な手続を実施してしまう結果，内部統制プロジェクトがなかなか前に進まないタイプです。

③ タイプC：いつまで経っても内部統制の構築が終わらないタイプ

　タイプBと似ていますが，このタイプは典型的には，内部統制チームが過剰に評価項目を増やすことで発見事項（要改善項目）が増えてしまい，現業部門に過度な内部統制の構築を指導することが原因です。現業部門は本業と掛け持ちで内部統制の構築対応を強いられるために，いつまで経っても内部統制の構築が終わらなくなってしまっているタイプです。

④ タイプD：期限までに内部統制評価が終わらないタイプ

　このタイプの典型は，過剰な評価手続の計画，また経営陣やIT部門との連携がとれておらず，評価期間中，急にシステムの入れ替えが判明したり，部門

6　第Ⅰ部　だから内部統制対応が行き詰まる

統廃合などの組織の再編，M&A による大型子会社の出現が生じ，文書化や評価のやり直しという二度手間作業が生じることで，期限までに内部統制評価手続が終わらなくなってしまうタイプです。

⑤　タイプE：不備が期限内に改善されないタイプ

このタイプの典型は，ひととおりの文書化，評価手続を終えたものの，評価項目が多すぎたことから，発見事項（要改善項目）も増えてしまい，また指示する改善策のハードルも高く，現業部門がなかなか改善実行できないケースです。そのほか，海外子会社を含むグループ会社に対する指導不足やコミュニケーション不足により，タイムリーな協力が得られず，グループ全体の不備項目がなかなか改善されないケースもあります。

(4)　内部統制対応を行き詰まらせる6つの誤解

では，なぜこのようなプロジェクトの行き詰まりが起きるのでしょうか。**図表Ⅰ-1-2**では，上記の行き詰まりのタイプから，内部統制対応が行き詰まってしまう原因を逆進的に，実務レベルでの影響→影響が生まれる行動→行動が生まれる背景となった誤解，という順でロジックツリーの形で相関関係にして考察してみました。

行き詰まる根本的な原因は，端的にいえば，企業経営者や担当者の内部統制報告制度や公認会計士監査への知識・理解不足，および経験不足，ということに尽きます。しかしながら，これまで経験のなかった方が内部統制対応をされる以上，専門的な知識や経験がないのは当たり前です。

基本的な制度や実務の進め方は後述するとして，ここではもう少し具体的な内容に踏み込んで，どのような点で内部統制制度や公認会計士（監査法人）の役割を誤解していることが，内部統制プロジェクトを行き詰まらせる原因になってしまうのか，過去のコンサルティングの現場の経験則から6つのパターンにまとめて説明することにします。

- 誤解その1：内部統制に付加価値はないと思っている
- 誤解その2：監査法人を"頼みの綱"にしている
- 誤解その3：内部統制対応は文書化すれば終わりだと思っている

第1章 なぜ内部統制対応が行き詰まるのか 7

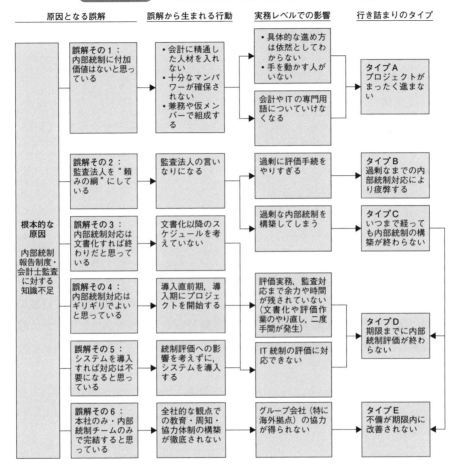

図表Ⅰ-1-2 内部統制対応失敗の原因となる6つの誤解

- 誤解その4：内部統制対応はギリギリでよいと思っている
- 誤解その5：システムを導入すれば対応は不要になると思っている
- 誤解その6：本社のみ・内部統制チームのみで完結すると思っている

① 誤解その1：内部統制に付加価値はないと思っている

これは特に経営者の方に多い誤解です。「内部統制には付加価値なんてない」という考え方は大間違いで，実際には，内部統制には付加価値がないどころか，

「**下手に対応すると，自社の事業価値を大幅に毀損しかねない危険性をはらむもの**」というぐらいの認識をしておいたほうがよいのではないかと思います。

　当たり前ですが，内部統制が売上を作ってくれることもなければ，目に見える形でコストを削減してくれるわけでもありません。そういう意味で内部統制に付加価値はない，というご意見はごもっともだと思います。そして，こういった誤解に端を発し，内部統制チームを組成するにあたり，会計や現業，ITなどに精通しているエース人材は関与させず，これまで会計の知識・経験も，ましてや監査対応の知識・経験もない従業員を社内から適当に数名集めてきてしまう，というケースがときどき見受けられます。中には，「内部統制チーム（または内部統制室，内部監査室）は，窓際族の受け皿」，なんて豪語している企業も噂に聞いたことがあります。

　たしかに内部統制は積極的に付加価値を生むものではありませんし，内部統制評価は直接的に利益を生み出すものではありません。しかしながら，本当に注意すべきは，下手な内部統制が社内に組み込まれることにより，また過剰な内部統制対応を現業部門に強いることで，上場している限り**半永久的に自社の事業の足かせとなってしまうことです。結果として，ビジネススピードが大幅に失速し，莫大な機会損失を生みかねない**のです。もし，過剰な内部統制を社内の各現場に組み込んでしまったら，ブレーキばかりでビジネスがまったく前に進まなくなってしまい，ひいては会社の業績の足かせにもつながりかねません。他方で，まったく内部統制が機能しない場合は，仮に大きな誤りや不正が見逃され，結果として会社に多大な損害を生じさせる可能性もあります。また，適切にプロジェクトマネジメントをするに足りる知識・経験・人脈のない人材を登用してしまうと，内部統制の重要な不備が外部に公表され，また監査法人からの適正な意見を受けられない結果につながりかねず，**自社の評判を落としかねない**結果となります。

　このような観点からは，内部統制は，節税対策や訴訟対策が重要であるのと同様，**「傷口の最小化」的アプローチが必要**です。

②　誤解その2：監査法人を"頼みの綱"にしている

「内部統制は監査法人の監査意見をもらうのだから，監査法人の先生方の指

導に基づいていれば大丈夫だろう」と考えている企業は多いのではないでしょうか。この考えは基本的には間違っていません。なぜなら，たしかに監査法人は会社の事業や会計上の論点についてもすでに深い理解を有している頼もしいパートナーであると思われますし，監査法人の指導どおりに進めることができれば，監査法人は適正意見を出してくれる可能性は高まるはずだからです。

しかしながら見逃してはいけない問題点としては，監査法人の立ち位置を十分に理解しないまま依存した結果，その見返りに，**企業自身に多くのノウハウ取得の時間やプロジェクトをこなすに足る圧倒的なマンパワー・労力や負荷が必要となる可能性がある**点，また，**企業の経営理念や意向が必ずしも反映されない業務のあり方が社内に整備されてしまう可能性がある**点です。

さらに監査法人には，「後出しじゃんけん」をするという悪い癖があります。過去に監査法人とのやりとりの中で，「以前現場では，この処理でいいと言っていたのに，後から審査部にやっぱりダメと言われた」とか，「今まで何も問題として指摘されてこなかったのに，決算の段階で急に問題として指摘された」などという経験はないでしょうか。内部統制対応においても，監査法人の言いなりで作業を進めていると，期末直前になって急に評価範囲の拡大を要求されたり，評価手続の不十分さを指摘されたりと，ハシゴを外される可能性はなきにしもあらずです。

監査法人に依存してしまう体質は多くの場合，監査法人の役割に対する誤解から生まれると考えられます。その結果，監査法人に過度な期待を寄せているケースが非常に多いように思えます。わたしたちにご相談いただくきっかけとして，「監査法人に提案されたとおり内部統制アドバイザリー契約をお願いしたのだが，具体的には何も手伝ってくれない」，「あるべき論は教えてくれるが，個別具体的にどのようにすればよいのか明確な指導がない」という，不満ともとれるお悩みからスタートするケースが割と多くあります。これは，**監査法人の本来の役割に対する誤解からの過度な期待**が原因だと考えています。

監査法人の役割，なぜ"頼みの綱"にしてはいけないのか，という点については次節で詳細に解説しますが，監査法人を"頼みの綱"にした結果，プロジェクトがなかなか思うように前に進まなかったり，また逆に監査法人の言いなりになってしまうことで過剰な内部統制評価手続を強いられたり，過剰な内部統

制構築を強いられるケースが往々にしてあるように思われます。

③ 誤解その3：内部統制対応は文書化すれば終わりだと思っている

これもプロジェクトの初期段階に誤解の多い点ですが，内部統制対応は，後述の，いわゆる3点セットと呼ばれる文書を作成することがゴールではありません。むしろ，**文書化作業（3点セットの作成）は，本番である評価作業の下準備に過ぎない**のです。そして，企業が上場している限りにおいては，文書化作業の後に待ち受けている評価作業が，**半永久的に，原則的には毎年繰り返し実施される**ことになるのです。また，評価手続の結果発見された不備は，現業部門に指摘をして改善し，改善結果をモニタリング・再評価していかなければなりません。

このようなことから，内部統制対応を導入直前期や導入期からスタートするなど，ギリギリにスケジューリングしてしまうと，「期限までに手続が間に合わなくなる」，「期限までに不備の改善が間に合わなくなる」という結果につながる危険があります。まだ業務のあり方が確立していないベンチャー企業においては，特にその危険性が高いといえます。

④ 誤解その4：内部統制対応はギリギリでよいと思っている

これも多くの上場準備企業で見受けられる点ですが，「内部統制はギリギリまで開始しなくてもよい」という考え方です。実際，それでも間に合う企業もあるので，結果論としてはギリギリに開始することが決して間違いではないのかもしれません。しかしながら，下記のような理由により，筆者としては余裕を持ったスタートをお勧めします。

というのも，よく考えてみてください。**上場した後は，上場している限り，半永久的に内部統制対応をし続けなければならない**わけです。とするならば，**開始時期を1〜2年早めることぐらいは，長期的な視点で見れば，さほど大きな問題ではない**はずです。むしろ，ギリギリに開始したことで，初年度に評価手続が間に合わなかったり，重要な不備が残されたまま内部統制報告書の開示期限を迎えるリスクが高まることのほうが，企業にとってはよほど重要だと考えます。

ところで，現在，新規上場後3年間は，内部統制の監査が免除となる規定が
あります（金商法193条の2第4項4号）。これを理由に，「新規上場企業は3
年間内部統制対応が免除されるので，慌てる必要はない」と誤解されることが
ありますが，**免除されるのはあくまで「監査証明」のみであって，企業が内部
統制報告書を提出すること自体は，上場初年度から義務付けられている点に変
わりはありません**ので，注意が必要です。

また，上場日の属する事業年度の直前事業年度に係る連結貸借対照表もしく
は貸借対照表に資本金として計上した額が100億円以上，または当該連結貸借
対照表もしくは貸借対照表の負債の部に計上した額の合計額が1,000億円以上
の会社は適用除外とされている点も注意が必要です（内部統制府令10条の2）。

金商法

第193条の2 （略）

2　金融商品取引所に上場されている有価証券の発行会社その他の者で政令で定
　　めるもの（第4号において「上場会社等」という。）が，第24条の4の4の規
　　定に基づき提出する内部統制報告書には，その者と特別の利害関係のない公認
　　会計士又は監査法人の監査証明を受けなければならない。ただし，次に掲げる
　　場合は，この限りでない。
　一　前項第1号の発行者が，外国監査法人等から内閣府令で定めるところによ
　　　り監査証明に相当すると認められる証明を受けた場合
　二　前号の発行者が，公認会計士法第34条の35第1項ただし書に規定する内閣
　　　府令で定める者から内閣府令で定めるところにより監査証明に相当すると認
　　　められる証明を受けた場合
　三　監査証明を受けなくても公益又は投資者保護に欠けることがないものとし
　　　て内閣府令で定めるところにより内閣総理大臣の承認を受けた場合
　四　上場会社等（資本の額その他の経営の規模が内閣府令で定める基準に達し
　　　ない上場会社等に限る。）が，第24条第1項第1号に掲げる有価証券の発行
　　　者に初めて該当することとなつた日その他の政令で定める日以後3年を経過
　　　する日までの間に内部統制報告書を提出する場合

内部統制府令

第10条の2　法第193条の2第2項第4号に規定する内閣府令で定める基準は，
　　法第24条第1項第1号又は第2号（これらの規定を法第27条において準用する

場合を含む。）に掲げる有価証券（令第4条の2の7第1項各号に掲げるものに限る。）の発行者に該当することとなった日の属する事業年度の直前事業年度に係る連結貸借対照表若しくは貸借対照表に資本金として計上した額が100億円以上であり，又は当該連結貸借対照表若しくは貸借対照表の負債の部に計上した額の合計額が1,000億円以上であることとする。

⑤　誤解その5：システムを導入すれば対応は不要になると思っている

　システムには，例えば会計システムやERP（基幹業務システム），内部統制評価ツールなどがあり，中には声高らかに「内部統制完全対応！」と謳われている会計システムもあります。これらの売り文句は，ときに「このシステムを導入すれば内部統制対応は不要になる」という誤解を生む可能性があります。しかし残念ながら，**システムを導入したからといって，企業の内部統制対応が不要になるわけではありません。**

　というのも，システムはあくまで本来人間が行う業務を補完する手段・ツールに過ぎないからです。リスクマネジメントの観点からは，（リスクの所在が変わることはあるものの）本質的には，リスクに対する低減措置を人が実施しようがシステムが実施しようが関係ありません。もし，特定のリスクを低減するための内部統制を，人間に代わってシステムが実施しているのであれば，システムによるその内部統制の整備・運用状況を評価していく必要性が生じます。また，システムを利用することによって新たに発生するリスクについても評価の検討が必要となります。

　なお，システムの売り文句の"内部統制対応"とは，内部統制評価や内部統制監査に耐えうるアクセスや操作ログが残され，抽出可能，というような意味合いが多いようです。実際，IT統制を評価する際に，操作ログがとれないシステムが，評価や監査上，大きな問題点となるケースがあります。

⑥　誤解その6：本社のみ・内部統制チームのみで完結すると思っている

　内部統制報告制度は，第一義的には企業の代表者が行います。そのため，**内部統制チームは代表者と適時適切に，内部統制に影響を及ぼしうる重要な事項について情報連絡ができる必要があります。**

しかしながら，実際には極秘裏に進められていたM&Aのプロジェクトを知らされておらず，評価期限の直前に，新たに評価対象になるような重要な子会社が発生したり，組織再編により評価していた拠点が統廃合され，評価手続が期限内に終わらなくなる，といったケースがあります。また，「本社や国内子会社の担当者には，事前の周知徹底を行い，また制度への理解を深めさせる教育訓練を実施したものの，海外子会社については完全にノータッチ」というケースも中にはあります。もっとひどい場合だと，「本社の関係しそうな部署にすら，なんら連絡していない」なんていうケースもありました。

内部統制報告制度の評価範囲は，本社のみ，内部統制チームのみで完結するものではありません。多くの場合，**評価範囲や評価項目の多寡はあっても，国内・海外を問わず，子会社を巻き込んで進めていかなければならない**のです。評価の過程では，子会社の担当者に文書化のためのヒアリングや資料提供の協力を仰ぎ，評価手続の結果発見された不備項目については適宜に伝達し，設定した期限までに不備の改善を求め，改善された不備項目については再評価の手続が必要となります。

そして，M&Aや組織の再編，システムの乗せ換えなどが予定されているのであれば，**事前に情報を察知し，評価範囲への影響を検討し，評価計画の修正を検討しておく必要がある**のです。

内部統制対応は本社のみで完結すると誤解していると，後々グループ会社の協力を得る段取りがつかず，大変な目に合う危険があります。

第2節 監査法人を "頼みの綱" にしてはいけない

(1) 問題の本質は「監査法人の役割に対する誤解」と「監査法人への過度な期待と依存体質」

① 公認会計士の本来的な役割とは

先述のとおり，内部統制対応プロジェクトが行き詰まる，計画どおりに進まない大きな誤解の1つに，監査法人の本来の役割の理解不足からくる「監査法人への過度な期待と依存体質」があると考えられます。では，公認会計士（監査法人）の本来の役割とは何でしょうか。

14　第Ⅰ部　だから内部統制対応が行き詰まる

　この点，公認会計士法では公認会計士の使命を下記のように定義しており，そこから監査法人の本来の役割は，独立性の立場から，企業の財務書類（およびそれにかかる内部統制報告書）の監査を行うことであることがわかります。

　つまり，監査法人はあくまで独立性の立場から企業をチェックすることが本業ですので，制度や基準に関する一般的な説明や，監査の観点から企業が足りないと思われる点を指導・助言することはできても，内部統制のあり方についてどのようにしたらよいのか，あれこれ積極的に提案をしたり，ましてや監査の対象である**内部統制評価作業のお手伝いは，その立場上，絶対にできないの**です。

公認会計士法
（公認会計士の使命）
第1条　公認会計士は，監査及び会計の専門家として，<u>独立した立場において</u>，財務書類その他の財務に関する情報の信頼性を確保することにより，会社等の公正な事業活動，投資者及び債権者の保護等を図り，もつて国民経済の健全な発展に寄与することを使命とする。
（公認会計士の業務）
第2条　公認会計士は，他人の求めに応じ報酬を得て，財務書類の監査又は証明をすることを業とする。
2　公認会計士は，前項に規定する業務のほか，公認会計士の名称を用いて，他人の求めに応じ報酬を得て，財務書類の調製をし，財務に関する調査若しくは立案をし，又は財務に関する相談に応ずることを業とすることができる。ただし，他の法律においてその業務を行うことが制限されている事項については，この限りでない。

　また，監査法人等が内部統制監査を行う際の実務指針である，日本公認会計士協会監査・保証実務委員会報告第82号「財務報告に係る内部統制の監査に関する実務上の取扱い」（47項～50項）においても，

- 同時提供の禁止の規定への抵触など独立性が損なわれる業務を行わないような対応が必要である旨
- 財務報告に係る内部統制の整備および運用の業務は，被監査会社が実質的にも外観的にも作業主体でなければならない旨

- 監査人である公認会計士等は，経営者の責任において実施する作業に対して助言や指摘をすることはできるが，内部統制の構築や運用・監視を実施するような業務を行ってはならない旨

が明記され，さらに禁止項目として下記の6つが例示列挙されています。

① 被監査会社のプロジェクトの運営管理責任者および構成員になること。また，プロジェクトの運営管理を行うこと

② 全社的な内部統制および業務プロセスに係る内部統制の有効性の評価を，経営者に代わって実施すること

③ 経営者による内部統制の評価範囲に係る意思決定を経営者に代わって行うこと

④ 内部統制に関する報告書作成を請け負うこと

⑤ 経営者による内部統制に関する報告書の作成において，発見された内部統制の不備に関して，開示すべき重要な不備かどうかの意思決定を行うこと

⑥ 内部統制の運用状況を確かめるためのテストを請け負うこと

そのため，いくら内部統制チームが監査法人に質問やレクチャーを依頼しても，一般論的な話・抽象的な話・あるべき論に終始してしまうのは，ある種当然の帰結といえます。また，監査法人が具体的に評価手続の手伝いをしてくれなかったり，評価調書や内部統制報告書などのアウトプットの作成を手伝ってくれないことも同じ理由です。

② 「アドバイザリー」と「コンサルティング」は違う

ところで，監査法人がよく監査契約とは別に，監査クライアントに対して「アドバイザリー契約」を提案してくることがあります。この「アドバイザリー」という表現が曲者です。「コンサルティング」に似ていますが，「コンサルティング」とは違い，企業の立場に立って，主体的にアイデアを出したり，作業を行うのではなく，基準や制度を解説したり，監査の観点から改善すべき点を助言・指導する，というものに過ぎないと考えておいたほうが無難です。

内部統制担当者の中には，これまでまったく監査法人との接点がなく，監査法人が何者であるのか，役割がまだよくわからない方も多くいらっしゃると思

います。新設された内部統制チームが，特にこのような"監査未経験者"で多く形成されている場合には，よく

- 監査法人が個別具体的な指導をしてくれない
- 監査法人が調書作りを手伝ってくれない

といった悩みや不満をお持ちになるケースがあります。これは，監査法人による「アドバイザリーサービス」の本質を理解されていないことが原因と思われます。

⑵　監査法人の保守的思考回路を理解する必要性

そもそも会計の原則には「保守主義の原則」というものがあります。市場の投資家に過度な期待や誤解をさせぬよう，取らぬ狸の皮算用はせずに，利益はより遅く，費用はより早く計上する，という考え方です。そういう観点から，監査法人は「保守主義」の番人ともいえるわけです。

筆者が監査法人勤務時代に受けた暗黙の教育は，**『よい監査人とは，保守的でリスクをとらない監査人』**という考え方です。この考え方のもとでは，会計基準に書いてある事項や処理は積極的にクライアント企業に勧めたり，批判はしますが，基準に書いていないことや解釈を要することは積極的には持ち出したり，クライアントに提案したりしてはいけません。

監査法人のこのような保守的スタンスは，2000年代初頭にアメリカで起きたいわゆるエンロン事件（エネルギー大手エンロンの粉飾決算事件）が大きく影響しています。この事件を機に，当時エンロンの監査法人であった大手監査法人アンダーセンは信用を喪失し，経営破綻にまで追い込まれました。日本でもその後，大手監査法人である中央青山監査法人が解体に追い込まれたカネボウの粉飾決算事件が発生し，最近ではオリンパスや東芝による不適切会計事件なども話題となったのが記憶に新しいところです。

エンロン事件以前は，「クライアントに寄り添う会計士」，「クライアントの立場に立ってモノを考え，積極的にアイデアをくれる会計士」，さらには「クライアントが自力で財務諸表を作れないときは，一緒に作成を手伝ってくれる会計士」という，融通が効く会計士・監査法人も中には存在したかもしれません。しかしながら，エンロン事件をきっかけに，監査法人のあり方は，訴訟リ

スクや金融庁からの行政処分を避けるがために，どんどん保守化・マニュアル化され，個人の裁量や意見の余地は極限までそぎ落とされ，独立性の維持の要求も一層厳格化されることになりました。

　当時，大手の監査法人に勤務していた筆者も，監査法人がどんどん保守的になっていく雰囲気を肌で感じとったのを鮮明に記憶しています。当時筆者は，「本来，会計士もビジネスロイヤーとして，基準文言に明記されていない部分も含め，クライアントの立場に立って条文解釈を行い提案することで，目の前のクライアントから感謝されるような専門家になりたい」と夢見ていましたので，大手の監査法人系事務所ではもはやそういった積極性やリスクを取る姿勢の仕事は実現できそうもないと判断し，独立に至った経緯を覚えています。

　話を監査法人の役割に戻すと，監査法人の現場スタッフは「余計なことを言わない，余計なことをしない」，「不用意にリスクをとらない」と徹底的に教育を受けているわけです。裏を返せば，企業の内部統制チームが自身の内部統制プロジェクトを進めるにあたり，監査法人を"頼みの綱"にすること自体，そもそも役割への過度な期待があるといえるのです。

　監査法人から下記のような「とりあえず」の要求を受けたことはないでしょうか？　それは，監査法人が保守的であるからこそ生まれる要求です。

- "とりあえず"すべての書類にチェックと承認手続を組み込み，その証拠としてのハンコを残しておくべきではないかと思います。
- この拠点は監査上，重要と考えられるので，"とりあえず"内部統制の評価対象に含めるべきかと思います。
- "とりあえず"使用しているシステムは，評価対象に含めておいたほうがいいかと思います。

　これらは，企業の実務感覚からは程遠い，過度な要求に感じられることも多いでしょう。実際に，基準等の趣旨に鑑みて削ぎ落とす余地のある過剰な要求もままあります。しかしながら，訴訟リスクや金融庁からの行政処分のリスクにさらされている監査法人の立場からすれば，仕方のないことだといえます。

18 第Ⅰ部 だから内部統制対応が行き詰まる

第3節 内部統制対応成功のための5つのポイント

　第1節ではプロジェクトが行き詰まる要因となる6つの誤解について解説しましたが，ここではそれらを踏まえ，内部統制対応プロジェクトがスムーズに進むための成功ポイントを5つご紹介します。次章以降で，内部統制報告制度の内容や実務対応についてより具体的な解説を行いますが，まずは次の(1)～(5)のポイントをしっかり意識することが何より重要ではないかと考えます。

(1) 適切な社内チームメンバーの選定と，経営者との活発なコミュニケーションの確保

① 適切なメンバー選定

　先述のとおり，内部統制は付加価値がないどころか，**下手に対応すると企業の事業価値を大きく毀損しかねないリスクをはらんでいます**。そのため，会計や自社業務に十分な理解のない方を内部統制チームメンバーとして，適当に余剰人員や窓際社員をアサイン（任命）する，などということは絶対に避けるべきです。下手をすると，グループ全社レベルで業務体制をメチャクチャにされてしまいかねません。

　とにかく会計や監査および社業に深い知見がある方や，IT化の度合いによってはITに精通されている方がいるとなおよいでしょう。さらに，もしグローバルに事業展開している企業の場合は，英語対応も含め，**社内・グループ企業とのコミュニケーションを適時適切にできる人材**を内部統制チームに参画させるべきです。ただし，すべてを1人でカバーできる人材はそうはいないと思いますので，専門領域ごとにバランスのよいメンバー選定を行い，**社内に適任者がいなければ，コンサルタントを利用して社内に足りない穴を補完・代替させることも一案**です。

　なお，誤解されがちですが，**内部統制報告制度は"会計の業務"**です。そのため，会計・業務・ITの中でも，**特に会計に対する知識は重要**といえます。連結会計や収益認識，税効果や減損などのメカニズムを理解していない人材（会計基準や会計監査に対する知識がない人材）をアサインしてしまうことは

プロジェクトが行き詰まる最も近い道とさえいっても過言ではないと思います。

②　経営陣との活発なコミュニケーションラインの確保

　後述しますが，内部統制報告制度における有効性の基準日は，各事業年度の決算期末日です。しかしながら，決算期末日を待って評価作業を開始していたら，当然ですが内部統制報告期限（＝事業年度経過後3か月以内）には間に合いません。

　そこで通常は，期中の早い段階から，内部統制チームが計画的に評価範囲を決定し，評価手続を進めます。しかし，ときとして経営陣と内部統制チーム等の間で，M&Aなどの機密情報や，期間業務システムのリプレース（入れ替え）に関する情報が共有されていないケースがあり，それがきっかけでトラブルになるケースがあります。具体的には，期末直前にM&Aにより重要な子会社が誕生してしまい，評価範囲の再検討・変更が必要になってしまうケースや，新システムへの変更に伴い，評価対象の業務プロセスが抜本的に変化してしまうことで，内部統制対応のやり直し作業が必要になるケースです。

　内部統制報告では，期末直前の突発的な事象の発生など，やむを得ない理由により期末日までに重要な評価作業を終えられない場合も想定されているものの，評価作業を終えられなかった事実や理由を外部に公表する必要があります。また，もし突発的な事象が期末直前でない時期（例えば上半期など）に発生した場合には，やむを得ない理由としては認められない可能性もあるため，内部統制対応のやり直し作業や二度手間によるコストの増加が生じます。

　こういった無駄なコストや手間を省き，効率的な内部統制対応を行う観点からは，**日頃から，経営者と内部統制チームは定期的なコミュニケーションの機会を設け**，できる限りM&Aなどの機密情報やシステムリプレース計画も含めて，内部統制の評価に影響を及ぼす重要な事項については共有しておくことが望まれます。

　また，**経営者のビジョンや理念に沿わない内部統制を社内に整備してしまうリスクを回避するうえでも，経営者とのコミュニケーションを密にとる環境は重要**です。例えば，経営者は，支店の長に承認印を押させるような内部統制の整備ではなく，将来的にITを多く活用することで本社に中央集権的に管理業

務を集中させ，支店等の業務は画一化していくといった業務のあり方を中期的なビジョンとして有している可能性があるからです。

(2) あくまで「会社主導」であること

内部統制対応を上手に進めるために重要な次のポイントは，監査法人対応です。ここで**絶対にしてはならない監査法人とのコミュニケーションの取り方があります。それは，会社自身に具体的な意見のないまま，「先生，どうしたらよいでしょうか？」という丸投げの質問をすることです。**丸投げの質問をしてしまったが最後，監査法人は取りうる選択肢が複数ある場合でも，最も「理論的な対応（あるべき対応）」をするよう貴社に提案してくるでしょう。

しかしながらその方法は，必ずしも貴社にとって効率的な方法であるとは限りません。最も保守的（面倒）な方法である可能性があるのです。

また先述のとおり，監査法人は「後出しじゃんけん」をしてくることがあります。会社に確固たる考え，軸のないまま，監査法人の言いなりでプロジェクトを進めたところで，期末直前になって急に評価範囲の拡大を要求されるなど，掌返しをくらって一番苦労するのは経営者や内部統制の担当者です。

ですから，「**監査法人いいなり族**」になり，監査法人の敷いたレールに乗っかり，言われるがままに要求されたことをこなすのではなく，**あくまで会社が主体性をもって「会社主導」でプロジェクトを進めていくことが何より重要です**。これはすなわち，企業自身が十分な専門的知識をもって，確固たる考え方のもとにプロジェクトの方針を決め，それらの検討過程や検討結果を第三者が理解できるよう記録を残し，監査法人にぶつける姿勢です。

ただし，後述のとおり，企業が作成する内部統制報告書は，最終的には監査法人の監査を受ける必要があります。そのため，企業は監査法人等と適宜意見をすり合わせ，協議をしながら内部統制対応を進めていく必要があります。監査法人に「オープンクエスチョン＝丸投げの質問」を行うことと，自身に理論的な軸をもって自社の意向をぶつけ「協議」をしていくことは，まったく違うのです。

(3) プロジェクト開始は早いほうが有利

　おそらく内部統制対応の中で，最初に最も大きな負荷が発生するのが，業務記述書・フローチャート・リスクコントロールマトリクス（RCM）に代表される，いわゆる3点セットと呼ばれる調書を作成する文書化作業です。その意味で，内部統制対応として文書化作業が特に注目されることも理解できます。

　しかしながら，内部統制対応の流れは，大きく①計画→②文書化→③評価→④不備の改善→⑤（不備の改善状況の）再評価→⑥内部統制の有効性の総合的評価（内部統制報告書の作成）の作業に分類されます。文書化だけではないのです。そして，②文書化以外の業務，すなわち①，および③〜⑥の各作業は，**現状の制度のもとでは，上場後，上場している限り半永久的に毎期継続的に見直し，ないし対応が必要**となります。

図表 I - 1 - 3　内部統制対応業務の全体像

内部統制対応業務の流れ	内部統制チーム		現業部門	
	実施業務内容	業務負荷	実施業務内容	業務負荷
計画	・メンバーのアサイン ・評価範囲の選定 ・評価スケジュールの立案 ・現業部門への説明会		・説明会への参加	
文書化	・ヒアリングの実施 ・エビデンス確認 ・調書化	◎ ◎ ◎	・ヒアリング対応 ・エビデンス提供	○ ○
評価	・評価マニュアルの作成 ・整備状況の評価 ・運用状況の評価	○ ◎	・エビデンス集め・提供	○
不備の改善	・発見された不備の経営陣，現業部門への伝達，改善指導 ・不備改善状況のモニタリング	○	・指摘された不備の改善実行 ・不備改善状況の報告	◎ ○
再評価	・不備の改善状況を中心に期中評価結果の再評価（ロールフォワード手続）	??	・エビデンス集め・提供	??
総合的評価（内部統制報告書の作成）	・期末に残存する不備の重要性検討 ・経営者・監査法人への説明 ・内部統制報告書の作成			

多くの企業が，ここまでを内部統制対応プロジェクトのゴールと誤解

毎期継続的に対応が必要⇒むしろ，こちらが本番!!

(注)
◎：業務負荷が非常に重たい
○：業務負荷がやや重たい
??：期中の評価結果（不備の数）により負荷変動

22　第Ⅰ部　だから内部統制対応が行き詰まる

　そのため，上場準備のスケジュール，内部統制プロジェクトのスケジュールを計画するにあたり，文書化までをゴールとして考えるのではなく，**文書化を終えた後に評価作業（期中に整備と運用状況の評価，また期末直前に不備の再評価を行う時間）と，期中段階で発見された不備の改善に要する期間を十分に確保できるよう，なるべく早い時期からプロジェクトをスタートすること**を強くお勧めします。

(4)　経験者・外部有識者の活用

　監査法人を"頼みの綱"にできないにもかかわらず，社内にも十分な知識を有する人材がいないとなると，企業はどのように対応すべきでしょうか。

　監査法人に対して「会社主導」で理論的に対抗しながら，スピーディかつ確実にプロジェクトを進めていくための選択肢としては，

　　①　社内に（監査法人等）経験者を入れる（採用する）か，

　　②　外部の有識者（コンサルタント）に依頼する

ことが考えられます。ただし，いずれもメリットとデメリットはあると思いますので，貴社の置かれた状況に応じて選択，ないしはミックスしながらうまく対応することをお勧めします。

　図表Ⅰ-1-4で社内人員と外部専門家を利用することのメリットとデメリットをまとめてみましたので，併せて参考にしてください。

　なお，外部コンサルタントを利用する際には，公認会計士や会計事務所系の，いわゆる会計コンサルタントに依頼することをお勧めします。ここでいう会計コンサルタントは，税理士ではなく，「**公認会計士**」です。なぜならば，**内部統制報告制度は，会計の業務であるばかりでなく，監査法人との対峙が必要となる業務だからです。**コンサルタントには，一般に公正妥当と認められる会計基準や，公認会計士による会計監査の知識・経験，監査法人の思考回路を理解している必要があると考えられるからです。

　ちなみに，筆者自身は監査法人を退職後，ずっとコンサルタントをしているため，当然ながら企業側のコンサルタントとして内部統制プロジェクトに関わる機会が多いのですが，その場合であっても，完全なるアウトソースではなく，経営陣やグループ企業を含む，企業内部に精通している方をリーダーとしてア

第1章　なぜ内部統制対応が行き詰まるのか　23

図表Ⅰ-1-4　社内人員と外部専門家のメリット・デメリット

	社内に経験者を入れる	コンサルタントを入れる
メリット	・社内にノウハウが残りやすい ・（ハイスペック人材は絶対的に高いが）瞬間風速的には外注よりは安くなる ・社内人脈（経営陣や事業部，グループ会社）に精通している ・自社ビジネスに精通している	・成功の確実性が高い（会計の高度な専門知識を有するなど） ・多くの他社事例を知っている ・監査交渉を心得ている ・季節的業務の変動についてもフレキシブルに対応可能 ・複数年に1度しか運用テストを実施しない場合などは特に有効
デメリット	・雇った人のパフォーマンスに影響する（仕事できない人を雇い入れるリスク） ・雇った人が仕事できなくても簡単に解雇はできない ・昇格や昇給など，時の経過に応じて給与も上がる傾向 ・季節的に多大なマンパワーが必要なときに，社内人材で賄えきれない（過度な残業はさせられない・かといって恒常的に頭数を増やせない） ・季節的業務のため，高給のハイスペック人材を常時雇用する必要あり。（場合によっては，複数年に1度の業務もある）	・単価・報酬が高い ・社内にノウハウが残らない（調書をしっかり残すことで解消） ・社内人脈がないため，コミュニケーションラインの整備に課題 ・自社ビジネスについて理解が必要 ・コンサルタントへ"丸投げ状態"では上場審査上問題になる可能性

サインするようお願いしています。実質的なプロジェクトマネジメントや評価作業，調書作成作業はわたしたちが行う場合でも，です。その意味でリーダーは，いわゆる「番頭」的な位置付けに近いかもしれません。それでもリーダーを社内に置いていただく理由は，コンサルタント利用のデメリットを補うとともに，企業内のコミュニケーションラインを確保し，事業に関する知識不足を補っていただくためです（わたしたちの事業理解の習得を補助）。さらに，上場準備中の企業は，上場審査時に，アウトソースを利用するに際して，会社が主体性をもって，アウトソースした業務の内容を理解し，社内で管理する仕組みが整備されているかをチェックされるためです（東京証券取引所『新規上場ガイドブック 2018 マザーズ編』，上場審査等に関するガイドラインⅢ. 4⑵参照）。

⑸　無駄を省きたければ「急がば回れ」

　⑵では過度な対応要求を回避し，内部統制対応にかかる負荷を減らしていくために，監査法人との協議には理論武装が必要である点を述べました。では，理論武装とはどのようにすべきなのか。そのポイントは「**急がば回れ**」だと考えます。

　監査法人は，内部統制の基準に沿わない会社の対応を見落とすことで，自身に訴訟や行政処分の火の粉がかかることを何よりも嫌います。ですから，理論的でなかったり，主体性のない会社，"テキトー"な会社に対しては警戒を強め，監査手続の強化を図ったり，より保守的な作業を依頼するようになります。他方で，会社の内部統制評価の品質が監査法人等にとって十分に信頼できるものであれば，会社の評価結果の一部ないし大部分を自らの監査証拠として利用することで，その分，監査手続を軽減してもらえる可能性もあります（実施基準Ⅲ.⑵①ロ a.，監査の実務上の取扱い228項以降参照）。「やるべきことをしっかりやる」，「その記録をしっかり残す」といった**信頼できる企業に対しては，監査法人も監査手続を最小限で済ますことができる**のです。

　そのため，内部統制の負荷を減らしたいのであれば，一見矛盾するようにも思えますが，たとえ面倒で時間を要しても，しっかりと基準を理解し，会社自身が主体性をもって，第一義的に基準の趣旨に沿った必要十分かつ適切な評価手続を実施し，かつ，その過程や結果を監査法人にも理解できるレベルでしっかりと記録していくことがとても重要です。そうすることで，監査法人との信頼関係も強固なものになりますし，無茶な要求もされなくなるはずです。その結果，監査法人の監査手続自体も減り，社内の監査対応の負荷も減るので，全体として内部統制対応にかかる負荷やコストを減らすことができるのです。

第Ⅰ部　だから内部統制対応が行き詰まる

第2章
効率的内部統制対応のススメ

　前章では，内部統制対応が行き詰まるパターンと，その原因となる誤解について解説しました。本章では，企業経営における内部統制の位置付け，上場企業に求められる内部統制報告制度（いわゆるJ-SOX）の概要，そして効率的に対応しないとはまってしまいかねない"内部統制地獄"の危険性についてご紹介したいと思います。

この章のポイント

- 内部統制は，経営におけるブレーキ役。
- よい経営のためには，アクセルとブレーキのバランスが大切。
- 上場企業には内部統制報告制度対応が義務付けられる。
- 内部統制対応の遅れが上場の遅れになる可能性も。
- 初年度に大風呂敷広げると，ドミノ倒し的に「内部統制地獄」にはまる。

第1節　内部統制はなぜ必要か

(1) 企業とスポーツカーの意外な関係

クライアント企業から，「内部統制ってなぜ必要なんでしょうか？」と質問されると，筆者はよく，次のようなたとえ話をします。

それは「企業経営とスポーツカーのドライブ」の話です。

ご存じのとおり，車の運転に欠かせないのが，アクセルとブレーキです。いわずもがな，スピードを出すために必要なのがアクセルで，出過ぎたスピードを抑えながらコントロールするのがブレーキの役割です。もし，このブレーキが「壊れているかもしれない」，「信頼できない」としたら，思い切りアクセルを踏んでスピードを出せるでしょうか。ましてや，ブレーキがまったく利かない車なんて乗りたくないですよね。

つまり，普段あまり意識していないのですが，安心して思い切りスピードを上げ，気持ちよくドライブを楽しむためには，しっかりとしたブレーキが必要不可欠なのです。

ちなみに，某社のスポーツカーのラインナップを見ていると，排気量の多い（スピードの速い）上級モデルになればなるほど，値段も一気に高くなりますが，標準で装備されるブレーキシステムについても上級のものが採用されています。

一方，企業経営はどうでしょうか。

企業経営においては，営業担当を代表とした，売上を積極的に上げるための機能があり，これは車にたとえるならばアクセルの役目だと考えられます。

それでは，企業経営におけるブレーキ役は何でしょうか？

利益を適切に計上するために必要な，企業の諸活動にかかる不正行為や誤りを未然に防止し，また誤りが生じた場合にはすぐに発見し修正するための仕組み，すなわち「内部統制」がまさにこれに当たるのではないかと思います。

「思い切りスピードを上げるためには，安心できるブレーキが備わっている必要がある。よって，スポーツカーにはよいブレーキが備わっている」とすると，企業経営においても，「**思い切り経営のスピードを上げて売上を上げるた**

めには，安心できる内部統制が備わっている必要がある。よって成長スピード・ビジネススピードの速い企業には，しっかりとした内部統制が備わっているべき」といえるのではないでしょうか。

　企業における内部統制は，コーポレートガバナンスに代表される監査役や社外役員制度による取締役の監視に始まり，各業務レベルでの複数担当者による業務分掌や，チェック手続，上長による承認手続が該当します。これら企業経営の各層における内部統制がそれぞれしっかりと機能することで，全体として企業を暴走から守り，経営を制御することができるわけです。こういった仕組みがあるからこそ，経営者は安心してビジネスを加速させることができるのです。

　中には「内部統制は窮屈で足手まといだ」とおっしゃる経営者の方もいらっしゃいます。しかしながら，これは過度な内部統制を問題視されているのだと理解しています。まったく内部統制の効かない企業は，経営者が安心して事業の意思決定に集中できないはずだからです。

(2)　企業に内部統制がなかったら

　内部統制が企業経営の中でどのようにブレーキ役となるのか，もう少し具体例を挙げながら考えていきましょう。

　読者の皆さまが小さな会社の経営者であると想像してみてください。もし，その会社に，購買に関するルールがなく，従業員が，いつでも好き勝手に，資材や設備，その他消耗品，交際費に至るまで，何の事前相談や報告もなく，会社のお金を使える状態であるとしたらいかがでしょう。また，企業活動の成果を示す会計帳簿について，何のチェックも経ないまま，属人的に作られた試算表をただただ提出されるだけだとしたら。その結果，売れない商品を大量に仕入れていることに気付かずに仕入をし続けていたら……。

　たしかに，チェックや承認がない組織の作業スピードは速いかもしれませんし，チェックや承認がない分，人件費もかからないかもしれません。しかしながら，おそらく経営者は，「社員が無駄なものを買っていないか」，「社員がまとめてくる情報は確かなのか」，「売れ筋商品と売れない商品は何なのか，次は何を仕入れればいいのか」わからずに，**安心して事業拡大のための投資意思決**

定ができないのではないでしょうか。

　そのため，上記の例でいえば，内部統制として以下のような活動が必要になると考えられます。

　①　購買の際には，稟議書などで事前に上長の承認を得る[※1]。
　②　購買者（欲しい人）と，財務担当（お金を支払う人）を分け，財務担当に購買内容が適切な事前承認を受けたものであるかチェックさせる。
　③　財務担当（お金を支払う人）と経理担当（会計記録を行う人）を分け，経理担当に支払った金額や支払先が正当であるか，事前承認済みの購買内容との一致をチェックさせる[※2]。
　④　経理担当に回転分析や滞留在庫のチェックをさせる。
　⑤　経理部長が，経理担当が作成した試算表をチェックする。

　　（※1）　なお，少人数の組織であれば，すべて社長承認でもいいですが，数が多くなってきたら社長が面倒を見切れなくなりますので，一般的に大企業になるにつれ，金額や内容に応じて幹部に承認権限を委譲していくことになります。
　　（※2）　上場審査時によくチェックされ，初めて対応に迫られる項目です。

このように，
- 経営者が意図しないお金の流出を防ぐ仕組み
- 業績や財政状態（ないしキャッシュフロー）の状況を正確に記録・報告する仕組み

図表Ⅰ-2-1　内部統制がなかったら

第2章　効率的内部統制対応のススメ　29

• さらには事業をさらに拡大させるために必要な経営情報を報告する仕組みというような仕組みが担保されることで，経営者は安心して経営課題に取り組む（つまりアクセルを踏む）ことができるようになるのです。

(3)　ブレーキの掛け過ぎにご用心

上記では，"イケてる企業"には"イケてる内部統制"が必要である点をご説明しました。では，だからといってブレーキの掛け過ぎはいかがでしょうか？

想像に難くないと思いますが，当然スピードが上がりませんよね。ブレーキばかり掛けていたら，事故はないかもしれませんが，いつまで経っても車は前に進まず，これでは本末転倒です。

企業経営においても，**内部統制の過剰整備は禁物**です。いかに経営のスピードを阻害しないように，要所を抑えてバランスよく内部統制を組み込む（専門的には"内部統制の整備"といいます）ことができるか，が重要と考えます。

ただ，このように一般論だけならば，十分にイメージできると思いますが，実際に個別論になったときには，その判断が割と難しいのです。

こと監査法人は，前章で述べたとおり，基本的に「**保守的なスタンス**」ですし，かつ会社の業績動向で評価が左右される立場にはありませんから，ともすれば「とりあえず上長の承認とその証跡としての承認印を社内資料のあちらこちらに残しておいてください」という指導になりがちです。

これでは，とてもではないですが，ビジネススピードは上がりません。よって，監査法人とうまく対峙しながら，バランスよく内部統制を整備していくため，会社が自ら，「**経営理念**」や「**目指すべき方向性**」，「**置かれた立場**」との**整合を意識**しながら，具体的に社内にはどのような財務報告リスクが潜在し，そのリスクにどのように対処するのが正しいのか，第一義的に考えて，監査法人に意見をぶつけていく必要があるのです。

第2節　上場企業に義務付けられる内部統制報告制度（J-SOX）

　前節では経営者目線で内部統制の必要性とバランスの重要性について解説しました。ただ，上場企業の場合は，社内のみならず，株主をはじめとした多くの利害関係者が社外にも存在するため，それら社外の利害関係者に対して，有価証券報告書を代表とする定期的な財務報告・開示が義務付けられています。そして，その財務報告の信頼性をより高め，利害関係者が安心して利用できるものにするために，上場企業については，一定の内部統制対応が求められています。

　そこで本節では，本書の解説の中心である，上場企業に義務付けられる内部統制報告制度，いわゆる J-SOX について，その制度概要を見ていきたいと思います（**図表Ⅰ-2-2**参照）。

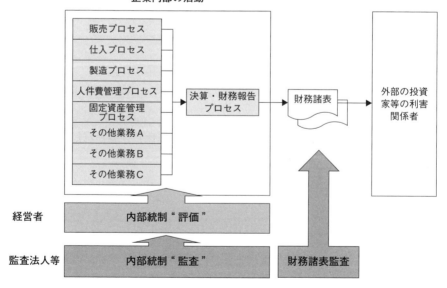

図表Ⅰ-2-2　内部統制報告制度の概要

第2章　効率的内部統制対応のススメ　31

(1)　制度の対象となる企業と制度概要

①　原則的な取扱い

　すべての上場企業は金商法のもと，「財務報告に係る内部統制報告制度」，いわゆる J-SOX への対応が義務付けられています。具体的には，上場企業には，各年度末に，経営者による内部統制報告書の提出と，公認会計士または監査法人（以下「監査法人等」）による監査証明が義務付けられています（金商法24条の4の4第1項，193条の2第2項）。逆に，いくら事業規模が大きくとも，未上場企業に関しては，内部統制報告義務はありません。

金商法
第24条の4の4　第24条第1項の規定による有価証券報告書を提出しなければならない会社（第23条の3第4項の規定により当該有価証券報告書を提出した会社を含む。次項において同じ。）のうち，第24条第1項第1号に掲げる有価証券の発行者である会社その他の政令で定めるものは，内閣府令で定めるところにより，事業年度ごとに，当該会社の属する企業集団及び当該会社に係る財務計算に関する書類その他の情報の適正性を確保するために必要なものとして内閣府令で定める体制について，内閣府令で定めるところにより評価した報告書（以下「内部統制報告書」という。）を有価証券報告書（同条第8項の規定により同項に規定する有価証券報告書等に代えて外国会社報告書を提出する場合にあつては，当該外国会社報告書）と併せて内閣総理大臣に提出しなければならない。

金商法
第193条の2第2項　（略）
2　金融商品取引所に上場されている有価証券の発行会社その他の者で政令で定めるもの（第4号において「上場会社等」という。）が，第24条の4の4の規定に基づき提出する内部統制報告書には，その者と特別の利害関係のない公認会計士又は監査法人の監査証明を受けなければならない。ただし，次に掲げる場合は，この限りでない。
一　前項第1号の発行者が，外国監査法人等から内閣府令で定めるところにより監査証明に相当すると認められる証明を受けた場合
二　前号の発行者が，公認会計士法第34条の35第1項ただし書に規定する内閣

府令で定める者から内閣府令で定めるところにより監査証明に相当すると認められる証明を受けた場合

三　監査証明を受けなくても公益又は投資者保護に欠けることがないものとして内閣府令で定めるところにより内閣総理大臣の承認を受けた場合

四　上場会社等（資本の額その他の経営の規模が内閣府令で定める基準に達しない上場会社等に限る。）が，第24条第1項第1号に掲げる有価証券の発行者に初めて該当することとなつた日その他の政令で定める日以後3年を経過する日までの間に内部統制報告書を提出する場合

②　例外的取扱い（上場後3年間の監査免除）

上記のように，原則としてすべての上場企業に内部統制報告対応が求められています。そのため，**新規上場企業に関しても，原則として，上場後最初に到来する事業年度末における内部統制報告が義務付けられます。**

ただし，新規上場企業に関しては例外的に一定の免除規定があります。それは，上場後の3年間に関しては，内部統制報告書に係る監査証明が免除されるというものです。

⒜　免除になるのは"監査証明"だけ

ここで注意が必要なのは，免除されるのはあくまで監査法人による"監査証明"のみである点です。企業として，**内部統制報告書の提出義務自体が免除されるわけではない**ため，初年度の内部統制報告書提出に向け，十分な時間的余裕をもって事前に準備を開始すべきことに変わりがない点は，特に留意が必要です。

⒝　免除期間および起算日

監査証明の免除は，上場日以後3年を経過する日までの間に内部統制報告書を提出する場合（金商法193条の2第2項4号）に適用されます。

なお，上場日が上場申請事業年度の翌年度となる，いわゆる期越え上場で，翌事業年度開始後3か月以内の日の上場の場合には，その事業年度開始後3か月を経過した日を起算日として，上場後3年間の免除期間が確保されています（金商法施行令35条の3）。

(c) 大企業は免除の対象外となる

たとえ新規上場会社であっても，その規模等に照らし，市場への影響や社会・経済的影響が大きいと考えられる会社についてまで，内部統制報告書に係る監査証明義務を免除する必要はない，というのが金商法の基本的な考え方です。

そのため，上場日の属する事業年度の直前事業年度に係る連結貸借対照表（もしくは貸借対照表）に資本金として計上した額が100億円以上の企業，または当該連結貸借対照表（もしくは貸借対照表）の負債の部に計上した額の合計額が1,000億円以上の会社は，当該監査証明義務免除の適用外とされています（内部統制府令10条の2）。

図表 I - 2 - 3 内部統制監査免除適用判定フロー

```
              ┌─────────────────────────┐
              │      上場企業か？          │
              └─────────────────────────┘
              Yes ↓              No ↓
    ┌──────────────────────┐
    │ 上場直前期の資本金100億円  │
    │ または負債1,000億円以上か？ │
    └──────────────────────┘
    Yes ↓         No ↓
              ┌──────────────────┐
              │ 上場後3年経過        │
              │ しているか？          │
              └──────────────────┘
              Yes ↓      No ↓

  ┌──────────────┐ ┌──────────────┐ ┌──────────────┐
  │ 内部統制対応必要 │ │ 内部統制対応必要 │ │ 内部統制対応   │
  │               │ │ ※ただし監査免除 │ │ 不要          │
  └──────────────┘ └──────────────┘ └──────────────┘
```

内部統制対応自体が3年間免除されるわけではない！

(d) 任意での監査証明取得

なお，監査証明義務免除対象会社であっても，免除制度の適用可否は会社側に委ねられています。つまり，任意で免除対象期間中に監査証明を受けることは可能です。しかしながら，一度免除適用外となると（監査証明を受けると），後から再度免除適用会社となることはできません。

(2) 経営者の責任

内部統制報告制度において，**経営者は自社の内部統制を整備・運用する役割と責任を有しています**。そのうえで，「財務報告に係る内部統制」（後述）については，事業年度ごとに決算期末日における有効性を自ら評価し，その結果を外部に向けて「内部統制報告書」という形で報告することが求められます（基準Ⅱ．4(1)）。「内部統制報告書」は，監査法人等の監査意見を受けて，有価証券報告書に添付され，公表されます。

ここで**「経営者」**とは，基本的には代表取締役や代表執行役など執行機関の代表者を意味します。しかし，内部報告制度に関し，代表者に準じるような責任を有する最高財務責任者（CFOという名称であるか否かは関係ありません）を置いている企業については，代表者と併せて内部統制報告書に署名することが求められますので，ここでいう「経営者」に含まれると考えます。

また，**「整備」**とは，ある一定時点において内部統制が適切に設計され，かつ実際に業務に適用することを意味します。そして**「運用」**とは，当該内部統制を一定時点のみならず，一定期間継続的に有効に機能させることを意味します。すなわち，「整備」は時点的な有効性を意味し，「運用」は期間的な有効性を意味します。

このように，経営者による，自社の財務報告に係る内部統制の評価・報告は監査対象でもあり，最終的には投資家にも公表されるため，その責任は大変重要といえます。そのため，本書では，「はじめに」でも記載したとおり，基本的に経営者（また，その代理人である内部統制チーム等）による，財務報告に係る内部統制の評価手続に焦点を絞り，制度要請をクリアしながら，いかに効率的に評価手続を行っていくか，企業側コンサルタントとして多くの監査法人と対峙してきた経験を踏まえて解説していきたいと思います。

(3) 監査法人等の責任

① 内部統制監査

監査法人は，経営者による監査対象会社の内部統制の評価方法や結果をまとめた成果物である「内部統制報告書」を，**独立の立場から監査を行う責任**を有します。内部統制報告書に対する意見は，内部統制の評価に関する監査報告書（以下「**内部統制監査報告書**」といいます）により表明することとされています（基準Ⅲ. 1）。

② 内部統制監査の対象～監査法人は内部統制の有効性自体を監査するわけではない～

監査法人による監査の対象は，あくまで，経営者による内部統制の評価の結果である「内部統制報告書」の記載内容に虚偽がないか，です。**企業の内部統制の有効性それ自体を監査しているわけではありません**。そのため，仮に社内に重要な不備があったとしても，経営者が「内部統制報告書」上，その旨を誠実に開示していれば，監査法人による監査意見は「適正」となります。逆に，社内に重要な不備があるにもかかわらず，経営者が「内部統制報告書」上，「有効」（すわなち，重要な不備はない）という意見表明をしていた場合，監査法人による監査意見は「不適正」となる可能性があります。

このように，監査法人等が内部統制の有効性自体を監査するアメリカ式の方法（これを「ダイレクトレポーティング」といいます）を採用していないことが，日本における財務報告に係る内部統制制度（J-SOX）の1つの特徴です（**図表Ⅰ-2-4**参照）。

③ 財務諸表監査との統合監査

また，内部統制監査は原則として，財務諸表監査を担当している監査法人等により，従来の財務諸表監査と一体となって行われます。これは，企業の制度対応負荷を軽減する目的で定められているものです。財務諸表監査と内部統制監査が同一の監査法人等によって行われることから，一体監査ないし統合監査と呼ばれます。

図表Ⅰ-2-4　監査法人等の監査対象（ダイレクトレポーティングの不採用）

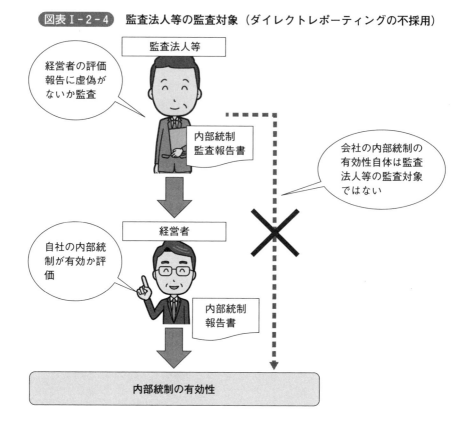

(4) 罰則規定

① 金商法上の罰則（刑事罰）

　財務報告に係る内部統制報告制度（J-SOX）は，金商法で定められたものです。そのため，経営者が内部統制報告書を提出しなかったり，本当は社内に重要な不備があるにもかかわらず，「有効」（＝重要な不備がない）であるかのように内部統制報告を行うなど，内部統制報告書の重要な事項に虚偽の表示がある場合は，罰則の対象となります。具体的には，**5年以下の懲役もしくは500万円以下の罰金**，またはこれを併科される可能性があります（金商法197条の2第5号，6号）。なお，法人に対しては**5億円以下の罰金**となります（金商法207条1項2号）。

② 証券取引所の罰則（上場廃止基準）

また，内部統制報告書（が添付される有価証券報告書）の虚偽記載，およびその結果として監査法人等により内部統制監査報告書上，「不適正意見」もしくは「意見の表明をしない」旨の記載がなされた場合は，証券取引所の上場廃止基準に抵触することになります。そのため，**最悪の場合は上場廃止**につながるおそれもあります。

③ その他の不利益（経済上のデメリット）

上記は制度上の罰則規定を説明しましたが，そのほかにも，制度対応が十分でなかったり，ギリギリで対応を開始したがために評価が間に合わなかったりする場合は，企業にとって以下のような不利益が生じる可能性が考えられます。

- **自社の社会的な企業イメージ・ブランドの低下**
- **採用活動への悪影響**
- **取引先・顧客からの信頼低下**
- **株価下落**

これだけコンプライアンスが騒がれている世の中です。内部統制報告書上，「重要な不備」が記載される企業はもちろん，（重要な評価手続が実施できず）評価が間に合わなかったといった理由により評価結果を表明できない企業も，自社のコンプライアンス意識の低さを世間に露呈してしまうようなものですから，よいイメージは持たれないのは当然です。

④ 最近の事例（㈱東芝の不適切会計のケース）

2017年3月期，日本の代表的電機メーカーである東芝の，米国子会社（ウエスチングハウス。以下「WH社」といいます）の会計処理（工事損失引当金の計上時期）をめぐる報道は記憶に新しいのではないでしょうか。

このとき，当時同社の監査法人は，工事損失引当金の一部は前年度の2016年3月期に計上すべきであったとして，財務諸表監査上，財務諸表の一部に重要な虚偽表示があるとする「限定的適正意見」を表明しました。また，内部統制監査上は，社内にWH社の会計処理を適切にチェックする体制（工事損失引当金の適切な見積りと認識時期の妥当性の検討機能）がない，という理由から，

内部統制監査報告書上，異例の「不適正意見」を表明しました。

　その結果，東芝株式は特設注意銘柄・監理銘柄の指定を受けることになりました。その後，証券取引所から社内体制の改善が認められたため，特設注意銘柄・監理銘柄の指定は解除され，本執筆時点においては東証2部上場企業として存続し，上場廃止には至っていません。

　ただし，一連の騒動が直接的な原因となり，ブランドイメージは急激に落下，その結果，株価も大幅に下落し，2016年12月時点で465円あった株価は，騒動発覚後の2017年2月時点では184円まで急落し，現在も騒動前までの株価まで回復には至っていません。

　筆者個人としては，東芝の上場継続のケースは，経済への影響度を鑑みての異例の措置であったのではないかと感じる部分があります。はたして，東芝以外の企業が内部統制報告の虚偽表示を行った場合でも，上場廃止を回避できるか否かは定かではありません。

図表 I-2-5　意見別に想定される罰則と経済的不利益の例

社内の重要な不備の存在	内部統制報告書上の意見	監査報告書上の意見	金商法		上場廃止基準	経済上の不利益の可能性
			懲役	罰金		
なし	有効	（無限定）適正	－	－	－	なし
あり	有効でない（＝重要な不備の開示）	（無限定）適正	－	－	－	あり
	有効（＝重要な虚偽の記載）	不適正	5年	個人：50万円以下 法人：5億円以下	抵触	あり
不明	評価範囲の除外	（無限定）適正	－	－	－	なし
		限定付適正	－	－	－	あり
	意見不表明	意見不表明	－	－	－	あり

※　内部統制報告書の重要な虚偽表示がない限り，企業は制度としての罰則の対象とはならない。
※　評価範囲の除外や，意見不表明時の経済上の不利益の有無は，経営者による評価結果不表明の理由によっても異なるものと考えられる。
※　内部統制報告書および監査報告書の意見の組み合わせは一般的な例であり，これ以外の組み合わせもありうる点，注意が必要。

(5)　会社法に基づく内部統制制度との違い

①　会社法における内部統制制度の概要

　ここまでは本書の解説の中心である，金商法に基づく内部統制報告制度の概

要を説明しましたが，実は金商法とは別に，会社法においても一定の大規模企業に対して内部統制に関する対応を求める規定が置かれています。一定の大規模企業とは，具体的には，**会社法上の「大会社」**，すなわち，**"資本金5億円以上または負債の額が200億円以上"** の企業を意味します。

そのため，上場企業のみならず，たとえ**未上場企業であったとしても，会社法上の「大会社」に該当する場合には，会社法に定める内部統制の対応が必要**となります。

ここで注意すべきは，日本の上場企業の一定数は，会社法上の「大会社」にも該当するため，金商法に基づく内部統制対応（J-SOX 対応）が必要であると同時に，会社法における内部統制対応も必要となる点です。

② 会社法における内部統制対応

このように，日本の多くの上場企業は，金商法と会社法いずれの内部統制対応も必要になります。そこで，下記で簡単に両者の違いを解説します。

ⓐ 対象となる内部統制のテーマ

金商法で定める内部統制は，あくまで「財務報告の信頼性」にかかるものであるのに対し，**会社法で定める内部統制はより広く**，業務の有効性や効率性，法令の遵守，資産の保全といった観点に関する内部統制も対象に含まれます。

会社法では「株式会社の業務の適正を確保するために必要なものとして法務省令で定める体制の整備」が求められています（会社法348条4項，3項4号，362条5項，4項6号，416条2項，1項1号ホ）。

会社法施行規則98条，100条の規定
① 取締役の職務の執行に係る情報の保存及び管理に関する体制
② 損失の危険の管理に関する規程その他の体制
③ 取締役の職務の執行が効率的に行われることを確保するための体制
④ 使用人の職務の執行が法令及び定款に適合することを確保するための体制
⑤ 当該株式会社並びにその親会社及び子会社から成る企業集団における業務の適正を確保するための体制

40 第Ⅰ部　だから内部統制対応が行き詰まる

(b)　経営者の責任

　金商法では，経営者は内部統制を整備・運用するだけでなく，その有効性を自ら評価し，内部統制報告書として開示する責任を有します。一方，会社法では，経営者（取締役ないし取締役会）は，**内部統制を構築・維持する責任のみ**を有しています。

(c)　開示方法および開示対象

　金商法では，内部統制の報告は「内部統制報告書」という形で有価証券報告書に添付され，公に開示されますが，**会社法では「事業報告」という形で既存の株主に対してのみ報告**されます。

(d)　内部統制監査

　金商法では，後述する「全社的な内部統制」の一環として監査役（または監査等委員会，監査委員会）による監査を受けるとともに，独立した外部の監査法人等による内部統制監査を受ける必要があります。他方，会社法では，監査役（または監査等委員会，監査委員会）による業務監査の一環として内部統制システムの監査を受けるのみで，**監査法人等（会計監査人）による内部統制監査は求められていません。**

図表Ⅰ-2-6　金商法と会社法の内部統制の違い

	金商法	会社法
対象会社	上場企業のみ	大会社 （非上場企業も含む）
対象となるテーマ	財務報告にかかる信頼性	・関連法規制への準拠 ・業務の有効性・効率性 ・資産の保全
経営者の責任	・内部統制の整備・運用（＝構築・維持） ・内部統制の有効性評価・報告	・内部統制の構築・維持
開示	内部統制報告書の開示	事業報告 （内部統制システムの基本方針の開示）
監査	・監査役等による全社統制の一環としての監査 ・監査法人等による内部統制監査	・監査役等による監査

(6) 新規上場に向けた内部統制対応スケジュール例

これから上場を目指す企業は、いつからどのように内部統制対応を開始すればよいのでしょうか。以下で、上場までの一般的な対応スケジュール例とともに解説していきます。

① 上場までに要する準備期間

もし、これから上場を目指す場合、上場申請には2事業年度分の監査法人等の監査証明（財務諸表監査証明）が必要となるため、最低でも2年間の準備期間が必要になります。一般的に上場申請の期を「申請期（またはn期）」、その前2期間を「直前期（またはn-1期）」、「直前々期（またはn-2期）」と呼びます。

「n-3期」までは情報開示は不要ですが、「n-2期」以降は、「新規上場のための有価証券報告書（Ⅰの部）」という形で、監査済み（連結）財務諸表が開示されることになります。その意味で、「n-2期」以降を「開示期間」とも呼びます。

上場までの各期間で対応すべきことを大雑把に説明すると、**図表Ⅰ-2-7**のとおりです。

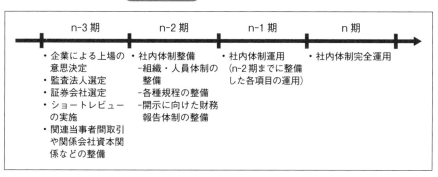

図表Ⅰ-2-7　上場までの対応項目

② 内部統制対応はいつから開始すべきか

それでは，上場準備企業は内部統制対応をどの期から開始すべきでしょうか。もちろん，企業の事業内容や組織・事業規模にもよりますので，一概に「いつから」と断言することは難しいです。しかしながら，筆者としては下記(a)〜(c)の3つのメリットがあることから，遅くとも n-2 期までに基本的な規程（ルール）の整備を行うのと同時並行的に，内部統制評価の下地である3点セット（フローチャート，業務記述書，リスクコントロールマトリクス）の文書化作業（ドラフティング）を開始することをお勧めしています。

(a) 不備を改善するための時間的余裕が増える

1つ目のメリットは，早めに開始すれば，その分だけ**不備を改善できるチャンスや心のゆとりが増える**という点です。

どうしても内部統制対応は面倒な作業になりコストがかかりますから，多くの企業は内部統制対応をギリギリに始めたがります。しかし，よく考えてみてください。現行制度が変わらない限り，いったん上場してしまえば**上場企業である限り，未来永劫，半永久的に，毎期内部統制対応が必要になります。また，いずれにしても上場するのであれば，遅かれ早かれ準備のコストは必要です。**このような長期的な視点で見たときに，例えば1年前倒しして開始することが果たしてどれだけのデメリット，ないしコストになるでしょうか。

むしろ1年遅れてスタートしたことで，上場後初めて到来する期末までに重要な不備が残ってしまい，上場後初めて提出する内部統制報告書上，「重要な不備」が開示され，社会的信用を失うことのほうが，よほど企業にとってリスクではないかと思います。筆者のクライアントでも，グループ会社にて重要な不適切会計が発覚した企業の対応を依頼されたケースがありますが，一度社会的信用を失った企業の信頼回復をするには，より多くの心労，労力，コストを要しました。

そういった意味では，1年前倒しするとその分，運用コストは前倒しで1年発生しますが，遅かれ早かれ準備対応をしなければならないこと，社会的信用を失うことによる機会損失，また信用を回復させるためのリカバリーコストを考えると，早めに対応を開始することを強くお勧めします。

(b)　社内規程の承認手続や修正の手間を省くことができる

　2つ目のメリットは**社内規程修正の二度手間を省くことができる**点です。

　内部統制の3点セット文書化作業は，通常，内部統制チームが現場担当者へのヒアリングと関連書類の閲覧を行いながら実施します。この作業は評価作業ではなく，あくまで評価の準備作業に過ぎませんが，それでもその過程で社内ルールの不足事項や要改善事項（不備事項）が見つかるケースが多々あります。

　このとき，もし社内規程がドラフト段階（草案段階）であれば，すぐに現場担当者へ不備改善事項を伝達し，修正を促すことができます。しかし，通常，社内規程は最終的に取締役会など経営陣の承認を得て効力を発することになるため，いったん規程の完成を待ってから内部統制評価を開始してしまうと，場合によっては**経営陣が承認したばかりの規程類をすぐに（かつ何度も）修正しなければならなくなり，現場のメンツも丸潰れになるうえ，修正に不要な手間が生じてしまいます**。

　これに対し，文書化作業は評価の対象となる社内規程（ルール）が存在しなければ完成できないという意見もあるでしょう。たしかにルール不在のまま文書化作業を行うのは非効率とも思われます。しかしながら，筆者の経験上は，社内規程のドラフトがある程度でき上がっていれば，内部統制の文書化作業は進めることができ，むしろ文書化のための現場担当者へのヒアリングやコミュニケーションを通じて，社内規程に内部統制的な視点を盛り込んでもらうことで，お互いの時間も有効活用でき，効率的ではないかと思っています。

(c)　上場スケジュールの遅延原因を減らすことができる

　最後に3点目のメリットとしては，早い時期から十分な余裕をもって対応しておくことで，**上場スケジュールの遅延も回避できる**点です。無論，業績の問題など，上場審査をクリアするためにはいくつものハードルがあります。しかし，**社内体制の整備，内部監査体制の整備も上場審査項目**ですので，内部統制対応が遅れることで，上場申請までのスケジュールに遅れが生じる可能性があるのです。

図表Ⅰ-2-8 内部統制開始時期を早める3つのメリット

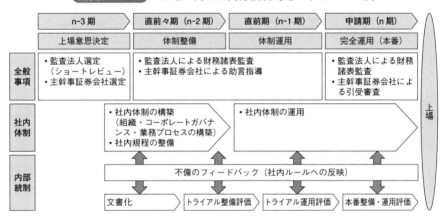

図表Ⅰ-2-9 上場に向けた内部統制対応スケジュール例

第3節　内部統制対応は最初が肝心

(1) 初動を誤ると，後は内部統制地獄

　もし，これから内部統制対応を始めるのであれば，絶対に押さえておいてほしいことがあります。それは「**初年度に初動を誤ると，後からドミノ倒しのように内部統制地獄にはまる**」ということです。

内部統制対応は，上場企業として求められる一定の社内体制の水準をクリアする必要があり，また監査法人等による監査をクリアする必要があります。その意味で，対応不足は許されず，十分な準備をもって適切に内部統制対応を行う必要があります。

しかしながら前章にて解説したとおり，内部統制対応は，①計画→②文書化→③評価→④不備の改善→⑤（不備の改善状況の）再評価→⑥内部統制の有効性の総合的評価（内部統制報告書の作成）の手順で進めることになります。

ここで「①計画」段階で，もし評価対象となる内部統制の範囲が必要十分な範囲を超えて設定されてしまうと，「②文書化」の範囲が広がります。文書化の段階で識別するリスクを不用意に広げると，その結果，識別すべき内部統制が増えてしまいます。

そして，識別すべき内部統制が増えると，「③評価」手続にて，評価項目や評価手続の工数が増えます。そのうえ，評価項目が増えることで相対的に発見される不備の数も増えてしまいます。

その結果，「④不備改善」にて，現場における不備改善のために要する工数が増え，「⑤再評価」の結果もむなしく不備改善が間に合わず，最終的には「⑥総合的評価」段階で，「内部統制報告書上の開示すべき重要な不備」が残ってしまう結果につながるのです。

(2) 内部統制対応コストは五重苦!?

① 狭義の内部統制コスト

内部統制対応コストというと，内部統制プロジェクト対応のためのコンサルタント報酬（内部統制評価コスト）や，内部統制構築に向けた新システム導入コストなどが最初に思い浮かぶのではないでしょうか。しかしながら，社内の現場担当者による内部統制評価への対応，例えばヒアリング対応や，エビデンス等の資料収集の時間に要する人件費，また文書化や評価手続を行う社内の内部統制チームメンバーの人件費，さらには企業の評価結果を監査する監査法人等に対する監査報酬も，企業が内部統制対応のために直接的に支出を要するコストです。

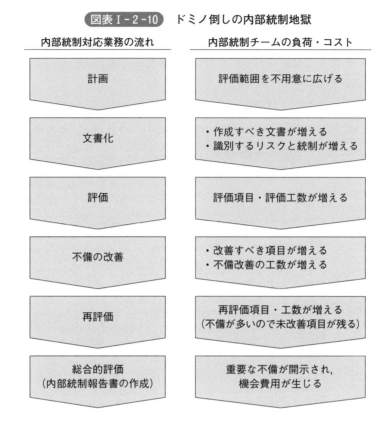

図表Ⅰ-2-10　ドミノ倒しの内部統制地獄

② 広義の内部統制コスト

　そのうえ，直接企業がお金を支払うものではないですが，万が一，内部統制報告書に「重要な不備」が開示されてしまった場合，自社の社会的信用喪失に伴う，取引先の減少，自社株価の低下，これを回復させるためのリカバリーコストや，過剰な内部統制対応によりビジネススピードが失速するといった，通常であれば獲得できていた利益の逸失，いわゆる機会費用・機会損失も，広義には内部統制コストの1つといえるでしょう。

　そのため，これら**5つの要素をうまくバランスさせることが，内部統制対応コストの最小化につながります**。

第2章 効率的内部統制対応のススメ 47

図表Ⅰ-2-11 内部統制対応コストの全体像

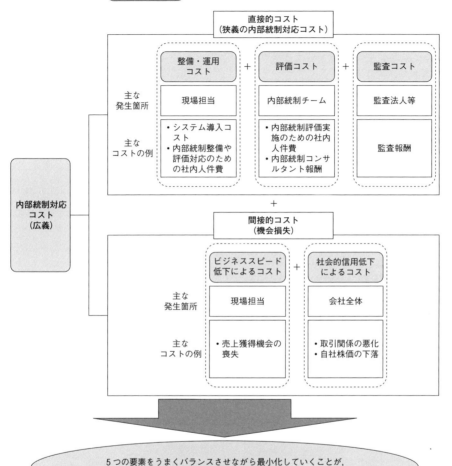

48　第Ⅰ部　だから内部統制対応が行き詰まる

③　ドミノ倒しは内部統制対応コスト増加の負の連鎖に直結する

そのため，(1)で説明したように最初に内部統制チームが大風呂敷を広げてしまうと，内部統制評価に要する工数や人件費が増えるのみならず，監査法人等による監査工数と監査コストも増え，さらに現場担当者が内部統制チームと監査法人等へ対応しなければならないコスト，指摘された内部統制を整備・運用しなければならないコストがドミノ倒し的に増加してしまうことになります。

その結果，ビジネススピードが落ちることによる機会損失や，（評価項目が多く改善が間に合わない結果）重要な不備が開示されてしまうことで社会的信用低下の損失が生じるわけです。

よって，内部統制対応コストを最小化する観点からも，初年度の内部統制対応を必要十分な範囲に，適切に設定する必要があるのです（なお，内部統制対

図表Ⅰ-2-12　初動を誤るとドミノ倒しとなる

内部統制対応業務の流れ	内部統制チームの負荷・コスト	監査法人の負荷・コスト	現場担当者の負荷・コスト
計画	評価範囲を不用意に広げる		
文書化	・作成すべき文書が増える ・識別するリスクと統制が増える		
評価	評価項目・評価工数が増える	監査対象項目が増える	承認やチェック，証跡残しの手間が増える
不備の改善	・改善すべき項目が増える ・不備改善の工数が増える	監査工数が増える	内部統制チームへの対応の工数が増える
再評価	再評価項目・工数が増える（不備が多いので未改善項目が残る）	監査報酬が高くなる	監査法人対応の工数が増える
総合的評価 （内部統制報告書の作成）	重要な不備が開示され，機会費用が生じる		・現場の人件費が増える ・ビジネススピードが落ちる

内部統制地獄！

応の不足はかえって後々コスト増につながりますので，過不足のない，適切な対応が重要です）。

(3) 内部統制地獄は半永久的に続く

このように，内部統制対応は初動を誤るとドミノ倒し的にどんどん作業負荷がかかり，内部統制報告上，「開示すべき重要な不備」につながるリスクもどんどん高まっていく，いわゆる「内部統制地獄」の発生要因について説明しました。特筆すべきは，この**「内部統制地獄」は初年度だけではなく，企業が上場している限り続く**ということです。

監査法人等による監査の基本的な考え方の１つに，「継続性の原則」というものがあります。これは正当な理由なく，従来適用してきた処理方法を変更してはならない，という考え方です。

そのため，企業が一度，大風呂敷を広げて内部統制対応をしてしまうと，監査法人等は基本的にその方法を次年度以降も踏襲するよう求めてきます。ただ「大変だから」といった理由で従来実施してきた作業を省略することは認められないでしょうから，一度広げた大風呂敷はそう簡単には狭めることはできなくなるわけです。

その意味でも，初年度に過不足なく適切な対応を行うことの重要性をご理解いただけると思います。

それでは，どのようにすれば，内部統制地獄にはまらずに効率的に内部統制対応ができるのか。そのポイントは第Ⅱ部で解説したいと思います。ただし，具体的な実務のお話をする前に，次章でもう少しだけ内部統制についての基本的理解を深めるためのお話をしておきたいと思います。

第Ⅰ部　だから内部統制対応が行き詰まる

第3章
そもそも内部統制とは？

　この章では今後，文書化や評価を行う対象である内部統制について，より深く理解いただけるよう，そのメカニズムについて説明します。ただし，説明は内部統制基準等を引用した概念的な話，ないし学術的な話が多くなります。なるべく具体例とともに説明しますが，得てして冗長になりがちなテーマですので，内部統制対応効率化の実務について少しでも早くお知りになりたい方，また，読んでいて眠くなってしまった方は，下記のポイントだけご確認いただいて第Ⅱ部にページを進めていただき，必要に応じてこの章を見返していただければと思います。

この章のポイント

- 内部統制には4つの目的がある。
- 内部統制は6つの基本的要素で構成される。
- 4つの目的と6つの基本的要素は，相互に関連して機能する。
- 内部統制には弱点（限界）がある。
- 内部統制対応は，弱点を理解したうえで合理的水準までリスクを低減するに足りる対応を行うことである。

52　第Ⅰ部　だから内部統制対応が行き詰まる

第1節　内部統制基準における定義とフレームワーク

　「財務報告に係る内部統制の評価及び監査の基準」（以下「基準」といいます）によれば，内部統制とは，「基本的に，業務の有効性及び効率性，財務報告の信頼性，事業活動に関わる法令等の遵守並びに資産の保全の4つの目的が達成されているとの合理的な保証を得るために，業務に組み込まれ，組織内の全ての者によって遂行されるプロセスをいい，統制環境，リスクの評価と対応，統制活動，情報と伝達，モニタリング（監視活動）及びIT（情報技術）への対応の6つの基本的要素から構成される。」と定義されています（基準Ⅰ.1.）。

　なんだか抽象的でよくわからないと思われる方もいらっしゃるかもしれません。要するに基準は，内部統制には，それが求められる背景として4つの目的（ないし存在意義）があり，また，それぞれの内部統制は6つの基本的要素（種類）によって構成される，と説明しているのです。さらに噛み砕いていうと，**内部統制は「目的」と「基本的要素」の組み合わせ（内部統制＝目的×基本的要素）で説明できる**，ということです。

　そこで次節以降では，内部統制の基本的枠組み（フレームワーク）である，4つの目的と6つ基本的要素について，それぞれ詳しく見ていきましょう。

図表Ⅰ-3-1　内部統制のフレームワーク

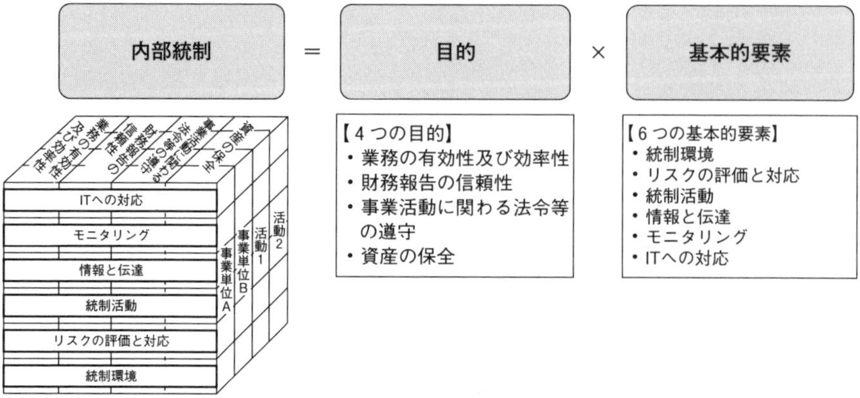

【4つの目的】
・業務の有効性及び効率性
・財務報告の信頼性
・事業活動に関わる法令等の遵守
・資産の保全

【6つの基本的要素】
・統制環境
・リスクの評価と対応
・統制活動
・情報と伝達
・モニタリング
・ITへの対応

第3章 そもそも内部統制とは？ 53

第2節 内部統制の4つの目的

基準では内部統制の目的には下記(1)～(4)の4つがあると示しています。

(1) 業務の有効性および効率性

事業活動の目的の達成のため，業務の有効性および効率性を高めることをいいます。すなわち「会社の業務を無駄なく，正確に実施する」ということが，内部統制が必要とされる背景（目的）の1つです。

（具体例）

- 監査役や内部監査人による，業務監査
- 設備購入時の稟議（上長承認）

(2) 財務報告の信頼性

財務諸表および財務諸表に重要な影響を及ぼす可能性のある情報の信頼性を確保することをいいます。すなわち，「会社の事業活動を数字として取りまとめた最終成果物である，財務諸表（および関連する開示情報）に，重要な虚偽記載がないよう，その適正性を確保する」ことも，内部統制が必要とされる背景（目的）の1つということです。

（具体例）

- 経理部長や経理担当取締役による財務諸表チェックと承認
- 業務システムから会計システムへの売上情報など財務情報の定期的な自動転送

(3) 事業活動に関わる法令等の遵守

事業活動に関わる法令その他の規範の遵守を促進することをいいます。近年，よく話題にあがる「コンプライアンス」のことです。「企業が事業活動を行っていくうえで関連する法規制について，これらをしっかり守ること」も，内部統制が必要とされる背景（目的）の1つといえます。

（具体例）
- 労働基準法を守るための，人事部による労働時間の管理
- 個人情報保護法を守るための，人事部による情報管理状況チェック

(4) 資産の保全

資産の取得，使用および処分が正当な手続および承認のもとに行われるよう，資産の保全を図ることをいいます。適切な手続および承認のもとで資産の取得や使用，処分が行われることで，「会社資産の流出を防ぐ，言い換えれば無駄遣いによる会社財産の減少を事前に防止すること」も，内部統制が必要とされる背景の1つです。

（具体例）
- 物品購買時における稟議（上長承認）
- 新規取引先に対する取引開始前の与信調査

(5) 4つの目的の関係性

上記で説明した内部統制の4つの目的は，それぞれ独立した概念ではありますが，必ずしもそれぞれが別に存在，成立するものではなく，ときには複数の目的が同時に存在しうる関係にあります。いわば，**4つの目的が相互に関連する密接な関係性にある**といえます。

すなわち，内部統制と目的は常に1対1の関係になるとは限らず，1つの内部統制が4つのうち複数の目的に合致している場合もあります。

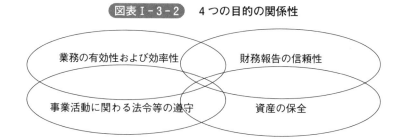

図表 I-3-2　4つの目的の関係性

第3章　そもそも内部統制とは？　55

第3節　内部統制の6つの基本的要素

次に，内部統制の基本的要素を解説していきます。

基準によると，内部統制の基本的要素とは，「内部統制の目的を達成するために必要とされる内部統制の構成部分をいい，内部統制の有効性の判断の規準となる」とされ，具体的には下記(1)～(6)の6つが規定されています。

(1)　統制環境

(2)　リスクの評価と対応

(3)　統制活動

(4)　情報と伝達

(5)　モニタリング

(6)　ITへの対応

(1)　統制環境

統制環境とは，組織の気風を決定し，組織内のすべての者の統制に対する意識に影響を与えるとともに，他の基本的要素の基礎をなし，リスクの評価と対応，統制活動，情報と伝達，モニタリングおよびITへの対応に影響を及ぼす基盤をいいます。そのため，**統制環境は内部統制の基本的要素の中でも，最も重要な要素**といえます。

基準では，統制環境として，次のような項目が列挙されています。ボリュームも統制環境だけで他の5つの基本的要素と同じくらい多く，理解するのも一苦労ですが，その分，他の基本的要素よりも重要であることがわかります。

①　誠実性および倫理観

誠実性および倫理観とは，企業内の組織風土として誠実性や倫理感が会社に根づいているか否か，ということと同義です。組織が有する誠実性および倫理観は，会社の全従業員の社会道徳上の判断や行動に大きな影響を与え，誠実な行動を促します。

（具体例）

• 会社に倫理規程や行動指針が整備されている

• 当該倫理規程等が全従業員に周知，教育されている

②　経営者の意向および姿勢

経営者の意向や姿勢とは，経営者の有する経営理念などを意味します。これらは組織の基本方針に重要な影響を及ぼすとともに，組織の気風にも大きな影響を及ぼします。経営者の意向や姿勢をどのように従業員に周知徹底しているかでも，組織の諸活動は変わってくるため，周知の方法もまた重要なポイントといえます。

（具体例）

• 経営理念として社会的利益への貢献が重視されている

• 経営理念として誠実性や関連諸法規への遵守が重視されている

③　経営方針および経営戦略

経営方針および経営戦略は，②の「経営者の意向および姿勢」に似ていますが，経営理念のような抽象的，大局的なものではなく，数年間の事業計画や戦略など，より具体的な組織の行動を示すものと考えられます。

（具体例）

• 経営者による会社の基本方針が従業員に共有されている

• 基本方針に基づく事業計画が毎年策定・更新され，取締役会の承認を受けている

④　取締役会および監査役等の有する機能

取締役会および監査役等は，取締役の業務を監視する職責を負う機関で，会社法上の規定により個々の企業に設けられる機関です。

重要なポイントとしては，これらの機関は経営者自身による不正を事前に防止ないし適時に発見するために，社内に存在する唯一の内部統制ということです。そのため，取締役会および監査役等の活動が，下記のような点を満たしているか否かは，取締役会および監査役等の活動の有効性を検討するにあたり，

非常に重要なものといえます。

- 実質的に経営者や特定の利害関係者から独立して意見を述べることができるか
- 職務執行の監督に必要な正しい情報を適時かつ適切に得ているか
- 経営者，内部監査人等との間で適時かつ適切に意思疎通が図られているか
- 取締役会および監査役等の行った報告および指摘事項が組織において適切に取り扱われているか

（具体例）

- 月次で取締役会が開催されており，直近業績や経営課題などの重要事項が検討，意思決定されている
- 監査役は取締役の業務執行を監督するために，取締役会に出席し意見陳述を行っている

⑤　組織構造および慣行

組織構造および慣行とは，企業の組織構造が組織の目的に適合し，事業活動を管理するうえで必要な情報の流れを提供できるものとなっているか否かということです。

組織は，その規模や業務の内容，提供する製品・サービスの種類，市場の性格，地理的分散，従業員構成等に従って，組織目的に適合した組織形態，権限および職責，人事・報酬制度などの仕組みが，経営者によって適切に構築されていることが重要です。また，組織の慣行とは，例えば，組織内に問題があっても指摘しにくい慣行が形成されていないかという議論です。もし，このような慣行が形成されていると，その他の基本的要素である「統制活動」「情報と伝達」「モニタリングの有効性」に重大な悪影響を及ぼすことになります。

（具体例）

- 不正行為や違法行為といった社内の事実を是正するため社内に内部通報制度を設けており，社内の誰でも利用できるよう周知されている
- 内部通報時に通報者が不利益を被らないよう保護の仕組みが整備されている

58　第Ⅰ部　だから内部統制対応が行き詰まる

⑥　権限および職責

　権限とは，組織の活動を遂行するため付与された権利のことを，職責とは，遂行すべき活動を遂行する責任ないし義務のことをいいます。事業活動の目的に適合した権限および職責が設けられ，適切な者に割り当てられていることは，内部統制の目的達成のために重要といえます。

　（具体例）

- 承認手続の実効性を確保するために，1人の上長に承認権限を集中させないよう，適切な範囲で権限が付与されている
- 承認手続の実効性を確保するために，職責として上長はレビューに徹し，実働作業はスタッフレベルに割り振られている

⑦　人的資源に対する方針と管理

　人的資源とは，組織の経営資源のうち人に関するものであり，人的資源に対する方針とは，経営上の方針の一部として設定される，雇用，昇進，給与，研修等の人事に関する方針です。組織の目的を達成していくためには，組織の保有する人的資源の能力を高度に引き出していくことが重要で，そのためには，人的資源に対する方針が適切に定められている必要があります。

　（具体例）

- 従業員の職責に応じた教育訓練制度が設けられており，雇用時，昇進時には履修が徹底されている
- 組織の事業目的に即した適切な人材を雇用できるように採用要件が定められている

　長くなりましたが，以上が1つ目の基本的要素であり，他の基本要素の中でも最も重要である「統制環境」の説明でした。

　次に他の基本的要素を見ていきましょう。

(2)　リスクの評価と対応

　「リスクの評価と対応」とは，組織目標の達成に影響するすべてのリスクを識別し分析，評価することによって，当該リスクを軽減できるよう対応措置を講じていく一連のプロセスです。

ここでのリスクとは，組織目標の達成を阻害する要因のことを指し，組織へ負の影響を及ぼすものを意味します（「不確実性」という意味で正の影響も含む場合がありますが，ここでは負の影響を及ぼすものと考えます）。

リスクは，外部的要因と内部的要因に分けることができます。外部的要因とは，具体的には天災，盗難，市場競争の激化，為替や資源相場の変動といった，組織を取り巻くものです。一方，内部的要因とは，組織の中で生ずるものです。具体的には，情報システムの故障・不具合，会計処理の誤謬・不正行為の発生，個人情報および高度な経営判断に関わる情報の流失または漏洩などが挙げられます。

リスクの評価と対応は，「リスクの評価」と「リスクの対応」に分けられます。

① リスクの評価

リスクの評価とは，組織目標の達成に影響を与える事象について，組織目標の達成を阻害する要因をリスクとして識別，分析および評価するプロセスをいいます。一般的にリスクの評価手続は，次の(a)～(d)の手順で行います。

ⓐ リスクの識別

組織目標の達成に影響を与える可能性のある事象を把握し，どのようなリスクがあるかを特定します。

ⓑ リスクの分類

識別したリスクを，全社的なリスクか個別業務にかかるリスクか，過去に生じたリスクか未経験のリスクか，などの観点から分類します。

ⓒ リスクの分析

分類したリスクについて，当該リスクが生じる可能性と影響度を分析し，リスクの重要性を見積もります。

ⓓ リスクの評価

見積もったリスクの重要性に照らし，対応策を講じるべきリスクか否かを評価します。

② リスクへの対応

リスクの対応とは，上記のリスクの評価を受けて，当該リスクへの適切な対

応方法を選択するプロセスをいいます。いわゆる「**リスクマネジメント**」と呼ばれる行為です。リスクへの対応にあたっては，評価されたリスクについて，「**回避**」「**低減**」「**移転**」または「**受容**」の中から，適切な対応を選択することとなります。

  (a)　回　　避

　いわゆる，「君子危うきに近寄らず」です。リスクの原因となる活動を見合わせる，または中止することを意味し，リスクの発生する可能性や影響が非常に大きい，あるいはリスクを管理することが困難な場合などに，リスクの回避が選択されることとなります。

　（具体例）

- 赤字を拡大させるおそれのある事業からの撤退
- シナジーが見込めない M&A の取りやめ

  (b)　低　　減

　リスクの発生可能性や影響を低くするため，新たな内部統制を設けるなどの対応を取ることをいいます。本書で解説している内部統制の整備や運用という活動は，基本的にすべて，リスクマネジメントのうち，リスクの"低減"措置に該当します。

　（具体例）

- 設備・資材購入時の上長承認
- 購買者と支払者との業務分担（相互牽制）

  (c)　移　　転

　リスクの全部または一部を組織の外部に転嫁することで，リスクの影響を低くすることをいいます。例えば，自動車保険に加入することで，万が一事故にあった際に生じた損失の大部分を保険会社に転嫁できますね。そういう意味で損害保険への加入は，代表的なリスクの"移転"措置といえます。

　（具体例）

- 損害保険への加入

  (d)　受　　容

　リスクの発生可能性や影響に変化を及ぼすような対応をとらないこと，つまり，リスクを受け入れる決定を行うことをいいます。リスクへの事前の対応に

かかる費用が，その効果を上回るという判断が行われた場合，または，リスクが顕在化した後でも対応が可能であると判断した場合，リスクが許容できる水準以下のものであれば，組織はリスクをそのまま受容することが考えられます。

想定されるリスクが実際に発生したとしても，その影響度が無視しうるものであれば，あえて上記のような回避，低減，移転といった対抗措置を取らない，といった判断も合理的といえます。

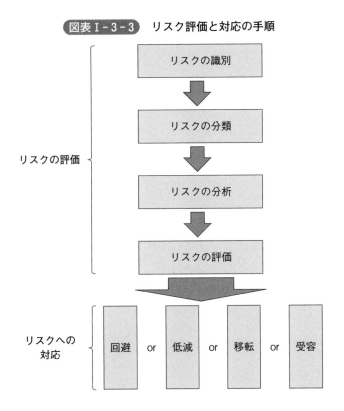

図表Ⅰ-3-3　リスク評価と対応の手順

(3) 統制活動

「統制活動」とは，経営者の命令および指示が適切に実行されることを確保するために定める方針および手続のことです。統制活動には，権限および職責の付与，職務の分掌等の広範な方針および手続が含まれます。

このような方針および手続は，各現場部門の業務に組み込まれ，組織内のすべての者に遂行されることにより機能するものです。

経営者は，企業の諸活動において不正や誤りが発生するリスクを減らすために，各担当者の権限および職責を明確にし，各担当者が権限および職責の範囲において適切に業務を遂行していく体制を整備する必要があります。そして，権限および職責を明確化ないし整備する際に留意すべき重要な点は，職務を複数人で適切に分担または分離させ，相互牽制を図ることです。それにより，不正や誤謬が起こらないような抑止効果が生まれます。

また，**業務遂行を属人的でなく組織化することは，担当者の交代等によって組織として業務に対応ができなくなるリスクを克服する**ことにつながります。

（具体例）

- 購買における上長承認
- 購買者と支払者の業務分担
- 上長による会計記録の承認

(4) 情報と伝達

「情報と伝達」とは，必要な情報が識別，把握および処理され，組織内外および関係者相互に正しく伝えられることを確保することです。

組織内のすべての者が各々の職務の遂行に必要とする情報が適時かつ適切に，識別，把握，処理および伝達されることは，組織が目標を達成するために非常に重要です。また，必要な情報が伝達されるだけでなく，それが受け手に正しく理解され，その情報を必要とする組織内のすべての者に共有されることも重要です。

情報と伝達は，内部統制の他の基本的要素を相互に結び付け，内部統制の有効な運用を可能とする機能を持ちます。

（具体例）

- 稟議書制度
- 社内掲示板
- 内部通報窓口・コンプライアンス委員会
- 受注，出荷，売上計上といった一連の業務に関する情報が各担当者や適切

な上長に順番にデータ連携される仕組み（ワークフロー）

(5) モニタリング

「モニタリング」とは，内部統制が有効に機能していることを継続的に評価するプロセスをいいます。モニタリングにより，内部統制は常に監視，評価および是正されることになります。

モニタリングには，業務に組み込まれて行われる「**日常的モニタリング**」と，業務とは独立した視点から実施される「**独立的評価**」があります。両者を個別にまたは組み合わせて行うことは，内部統制の有効性の向上につながります。

① 日常的モニタリング

日常的モニタリングとは，通常の業務に組み込まれた一連の手続を実施することにより，内部統制の有効性を継続的に検討・評価するということです。業務活動を遂行する部門内で実施される内部統制の自己点検ないし自己評価も，日常的モニタリングに含まれます。

日常的モニタリングは業務実施部署内で行われるため，十分な独立性はありませんが，日常的に実施されることで，内部統制の有効性の向上に貢献します。

（具体例）

- 会計伝票起票者自身による，正確性のセルフチェック
- 請求書上，承認印に漏れがないかの，承認者本人のチェック

② 独立的評価

独立的モニタリングとは，日常的モニタリングでは発見できないような経営上の問題の有無を，独立の立場から評価するために，定期的または随時に行われるものです。

（具体例）

- 経営者によって設置された内部監査部門による，各部署の業務執行のモニタリング
- 取締役会による取締役の業務執行のモニタリング
- 監査役等による取締役の業務執行のモニタリング

(6) IT（情報技術）への対応

「ITへの対応」とは，組織目標を達成するために，あらかじめ適切な方針および手続を定め，それを踏まえて，業務の実施において組織の内外のITに対し適切に対応することをいいます。ITへの対応は，**「IT環境への対応」**と**「ITの利用および統制」**からなります。

① IT環境への対応

組織は，組織を取り巻くIT環境を適切に理解し，それを踏まえて，ITの利用および統制について適切な対応を行う必要があります。ここで，IT環境とは，組織が活動するうえで必然的に関わる内外のITの利用状況のことであり，社会および市場におけるITの浸透度，組織が行う取引等におけるITの利用状況，および組織が選択的に依拠している一連の情報システムの状況等を意味します。

（具体例）

- 社会および市場におけるITの浸透度
- 組織が行う取引等におけるITの利用状況
- 組織が選択的に依拠している一連の情報システムの状況（情報システムに依拠しているかどうか，依拠している場合にどのような情報システムに依拠しているか等）
- ITを利用した情報システムの安定度
- ITに係る外部委託の状況

② ITの利用および統制

ITの利用および統制とは，組織内において，内部統制の他の基本的要素の有効性を確保するためにITを有効かつ効率的に利用するということを意味します。また，組織内において業務に体系的に組み込まれてさまざまな形で利用されているITに対して，組織目標を達成するために，あらかじめ適切な方針および手続を定め，内部統制の他の基本的要素をより有効に機能させることを意味します。

すなわち，ITの利用および統制は，それ自体が独立で存在するものではなく，

他の基本的要素の有効性を補助し促進させるものといえます。そのため，他の基本的要素においてさまざまな IT の利用および統制が考えられ，具体的には以下のようなものが挙げられます。

(a) 「統制環境」の有効性を確保するための IT の利用
- 経営者による IT 利用の推進
- IT に関する戦略，計画，予算等の策定および体制の整備
- 組織の構成員の IT に関する基本的な知識や活用する能力
- IT に係る教育，研修に関する方針

(b) 「リスクの評価と対応」の有効性を確保するための IT の利用
- システムを利用した滞留債権の識別の自動化による，タイムリーな貸倒リスクの識別。また，当該貸倒リスクの識別に基づく追加債権計上の防止措置

(c) 「統制活動」の有効性を確保するための IT の利用
- IT の利用による統制活動の実施の自動化（後述の IT 業務処理統制）

(d) 「情報と伝達の有効性」を確保するための IT の利用
- E メールやイントラネットでの稟議書の掲示など，業務に必要な情報伝達の手段としての IT の利用

(e) 「モニタリング」の有効性を確保するための IT の利用
- 日常使用する業務システムに組み込むことによる日常的モニタリングの自動化

　独立に存在しえない「IT への対応」が内部統制の基本的要素の 1 つとされているのは，業務を実施する過程において，組織内外の IT に対し適切に対応することが，現代における内部統制の目的を達成するために不可欠といえるからです。それは，今や多くの組織が IT 抜きでは業務を遂行することができなくなっており，組織に深く IT が浸透しているという状況を鑑みてのことです。
　しかし，それは組織に新たな IT システムの導入を要求したり，既存の IT システムの更新を強いるというものではありません。あくまで IT は，リスク対応として実施する内部統制の 1 つの手段に過ぎず，人の手で行われる内部統制によってリスクを低減することができるのであれば，それでも問題はないの

です。

　また，基準ではITの統制とは，「ITを取り入れた情報システムに関する統制であり，自動化された統制を中心とするが，しばしば，手作業による統制が含まれる」とも記載しています。これは例えば，システムにより自動で滞留債権のリストアップを行った情報をもとに，人間が相手先債権を評価し，取引継続の有無や貸倒引当金計上の有無を判断する場合などが想定されるものと考えられます。

(7)　6つの基本的要素の関係性

　これまで，本節では内部統制の6つの基本的要素について，それぞれイメージしやすいよう，できる限り具体例とともに紹介してきました。ただ，それでもまだ全体的なイメージが湧かない方も多いのではないでしょうか。

　そこで筆者のこれまでの内部統制対応経験をもとに，6つの基本的要素ごとに関係性が強い部署や担当者，また，各要素間の関係性を，筆者なりにまとめてみました。

　まず「統制環境」は，コーポレートガバナンスと呼ばれる領域，すなわち取締役や監査役など，会社の中でもトップマネジメントに関係することが多い項目です。後述の全社的な内部統制がこれに当たります。それゆえに，他の5つの基本的要素の根幹・基礎をなしていると考えられます。

　「リスクの評価と対応」は，主に内部統制チームや内部監査室といった，社内における監視機能を司る部署に関係することが多い要素です。内部統制チームや内部監査室がリスクを識別するために適切な情報を入手できるよう，内部通報制度などの「情報と伝達」の仕組みを利用します。

　また，識別されたリスクは，内部統制チーム等による現場部門への適時の改善指導がなされます（これも「情報と伝達」といえます）。改善指導により，現場部門はリスクに対する対応策として「統制活動」，すなわち内部統制を整備・運用することになります。後述しますが，業務プロセスレベルの内部統制がこれに該当します。よって，「統制活動」は企業の各現場部門に強く関係するといえます。

　現場部門による「統制活動」の実施状況は，内部統制チーム等による「モニ

タリング」活動によって監視されます。ゆえに「モニタリング」も，「リスクの評価と対応」と同様，内部統制チーム等に最も関係する項目といえるでしょう。

さらに，内部統制チーム等による「モニタリング」活動で発見された社内の問題点は，また「情報と伝達」を通じて「リスクの評価と対応」プロセスでリスクとして識別，分析された後，当該リスクの対応策として「統制活動」にフィードバックされるのです。

最後に，これら一連の活動は情報システム部が管理・運用するITを活用して行われることが多いため，各基本的要素の有効性は「ITへの対応」を適切に行うことによって向上されるのです。

前節では，内部統制の4つの目的は相互に関連し合う関係であることを説明しましたが，このように，6つの基本的要素もまた，相互に作用し合っているといえます。そうすることで，内部統制の4つの目的を達成することができるのです。

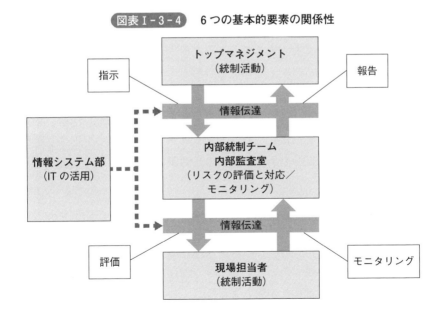

図表 I-3-4　6つの基本的要素の関係性

68 第Ⅰ部 だから内部統制対応が行き詰まる

第4節 内部統制の限界

　前節では，内部統制の基本的枠組み（フレームワーク）に照らして，内部統制はリスクに対応する有効な手段である旨，説明してきました。しかし，基準ではそんな内部統制も実は完全なものではなく，その性格上，固有の限界を有していると示しています。

　その限界とは，適切に整備され，運用されている内部統制であっても，内部統制が本来有する制約のため有効に機能しなくなることがあり，内部統制の目的を常に完全に達成するものとはならない場合があること，すなわち弱点を意味します。

　それでは，内部統制には一体どのような弱点が存在するのでしょうか？　以下，内部統制の限界（弱点）についてみていきます。

(1)　判断の誤り，不注意，共謀による限界

　内部統制の多くは，人によって実施されます。人が介在する以上，統制実施者が時には判断を誤ることもあるでしょう。そうした場合には，業務が正確に遂行されなくなり，内部統制を整備した目的が達成されない可能性があります。

　また，内部統制の方法の1つとして，内部牽制を効かすことができるように，1つの業務を複数人の担当者によって実施させることがあるのは先述のとおりです。しかしながら，結局は担当者同士が共謀することによって内部牽制が機能しなくなり，内部統制を整備した当初の目的が達成されない可能性があります。

(2)　環境の変化，非定型取引による限界

　内部統制は，当初予定されていた処理には対応できますが，急な環境の変化に対応できずに処理を誤ったとしても，その誤りを見過ごし，当初の目的を達成することができない可能性があります。

　例えば，1日に何度も行われるような日常的取引については，処理担当者も承認者も取引についてよく理解し，これに関する処理とその正確性の確認作業

第3章　そもそも内部統制とは？　69

に慣れているはずです。そのため，処理を誤ったり，また誤った処理を見過ごすリスクは低いと考えられます。

けれども，めったに発生しない異常取引が行われた場合には，処理担当者も承認者も取引を十分に理解できないまま処理を行ってしまうかもしれません。その結果，当該取引に関する処理を誤ったり，誤った処理を見過ごしてしまう可能性があります。

(3)　費用対効果による限界

内部統制は，業務を適切に遂行できるように，経営者によって社内に設けられるものです。そのため，組織の事業目標の達成を阻害するほどに過度の費用をかけて内部統制を整備・運用することはナンセンスといえます。

そのため経営者は，費用対効果の観点から，内部統制を整備・運用することによって得られる便益と，これを整備・運用することによる費用を勘案して内部統制を整備・運用する範囲を決定することとなります。裏を返せば，内部統制は常に整備・運用にかかる費用の制約を受けるということです。

(4)　経営者による不正・内部統制無効化による限界

内部統制は，経営者によって社内に設けられる仕組みに過ぎないため，経営者自身による不正行為には有効に機能しないという弱点があります。すなわち，経営者が不正を指示した場合，部下である従業員はこれを指摘することができないため，たとえ業務プロセスレベルでしっかりと内部統制を整備・運用していたとしても，意味がなくなってしまう可能性があるということです。

これは，最近の企業不祥事の多くが，経営トップ主導による事件であったことを考えると，実によく理解できます。

以上，(1)～(4)のように，**内部統制は4つの固有の限界を有するため，その目的の達成にあたって絶対的なものではありません。**各基本的要素が有機的に結び付き，一体となって機能することで，目的を合理的な範囲で達成しようとするものといえます。

そのため，内部統制報告制度において内部統制の有効性を評価する際には，

図表 I-3-5　内部統制の限界

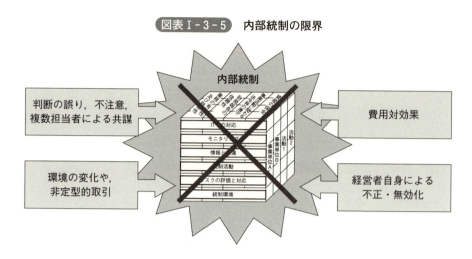

「"内部統制が有効に機能しないリスク"に対して，さらに"内部統制を整備・運用"し，その"内部統制を評価"する」必要はないと考えます。なぜなら，これでは堂々巡りになり，内部統制対応に際限がなくなってしまうからです。

内部統制対応において重要なことは，内部統制には上記のような固有の限界があるということを十分に理解したうえで，**リスクを合理的な範囲で低減できるように内部統制を整備・運用し，評価を実施する**ことであると考えます。

第Ⅱ部　内部統制評価と効率化の実務

第4章
フェーズ1・計画

　内部統制対応を楽にしたいのであれば，内部統制の評価方法から見直すべきです。なぜならば，内部統制対応が大変になってしまう原因のほぼすべてが，内部統制評価を過剰に実施してしまうことに起因するからです。

　そこで第Ⅱ部では，内部統制評価の実務手順とともに，効率化のポイントを解説することで，内部統制対応に関わるすべての関係者の負担軽減の実現を目指すこととし，まず最初の本章では，内部統制評価実務の最初のフェーズである"計画"から解説していきます。

この章のポイント

- 内部統制評価効率化のポイントは計画段階にあり。
- 評価範囲の最小化は最大の効率化ポイント。
- 戦略的な評価手続のスケジューリングで二度手間を回避する。
- 全社的な内部統制を有効に保つことで評価範囲を最小化する。
- 事業拠点の識別方法を工夫することで評価範囲と負荷を最小化する。
- 重要性の観点を組み込むことで評価範囲を最小化する。
- 経営者は評価範囲の決定根拠や評価の方針を記録しておく必要がある。

72　第Ⅱ部　内部統制評価と効率化の実務

第1節　評価実務を始める前に押さえておくべき事項

　ここでは，内部統制評価と効率化実務を始める前に，効率化を達成するために必須となる基本的事項について，少しだけ詳しく確認していきます。

(1)　内部統制対応実務において準拠すべき基準等

　第1章にて，財務報告に係る内部統制報告制度とは，金商法193条の2において上場企業に義務付けられている制度である旨，解説しました。ただし，本条文では「上場企業の経営者が内部統制報告書を有価証券報告書と併せて提出しなければならないこと」，「内部統制報告書に独立の監査法人等による監査意見を受けなければならないこと」しか記載されておらず，上場企業が具体的にどのように内部統制評価を実施すればよいのかといった詳細までは示されていません。

　そこで，金融庁（企業会計審議会）や日本公認会計士協会が，より具体的な評価や監査の基準，実務上の指針を公表しています。上場企業や監査法人等は，これらのルールに準拠しながら内部統制対応を進めていくこととなります。しかしながら，これらのルールは実務ステップに基づく時系列の説明になっているわけではなく，関連する論点が各所に散らばっており，また文言も専門的で慣れない方にとっては非常に読みにくいものになっています。このため，これから内部統制対応を始める場合には，これらのルールを読んで実務を理解することは，かなりハードルが高いものと思われます。

　そこで本書では，これらのルールを踏まえ，具体的な実務の手順を論点ごとに整理し，噛み砕いて説明するとともに，ルールには書かれていない実務家ならではの効率化のポイントもご紹介していきたいと思います。

①　「財務報告に係る内部統制の評価及び監査の基準」ならびに実施基準

　上場企業（経営者）および監査法人等の双方に向けて公表された，内部統制報告制度対応の最も基本となるルールです。企業はこの基準と，基準をより実務的に解説した実施基準に基づき内部統制評価手続を実施，また意見を表明し，

監査法人等はこの基準および実施基準に基づいて，内部統制監査手続を実施し意見を表明する必要があります。

当基準は，制度開始当初の平成19年に公表されましたが，その後，中堅・中小上場企業を中心とした企業からの簡素化の要請に応える形で，平成23年3月に改正されています。主な改正ポイントは，以下のとおりです。

- 企業の創意工夫を活かした監査人の対応の確保
- 内部統制の効率的な運用手法を確立するための見直し
- 「重要な欠陥」の用語の見直し（「開示すべき重要な不備」への変更）
- 効率的な内部統制報告実務に向けての事例の作成

② 「財務計算に関する書類その他の情報の適正性を確保するための体制に関する内閣府令」（内部統制府令）および同ガイドライン

「内部統制府令」は，内部統制報告書の用語，様式，作成方法について定めているほか，外国会社や米国証券取引委員会に登録している国内上場企業の特例措置，上場間もない企業の免除規定について定めています。また，「内部統制府令ガイドライン」（正式には，「「財務計算に関する書類その他の情報の適正性を確保するための体制に関する内閣府令」の取扱いに関する留意事項について」）は，上記「内部統制府令」を補足するものです。

いずれも上記①の基準および実施基準を補足するもので，やはり上場企業（経営者）および監査法人等の双方に向けて公表されたものです。基準や実施基準でカバーできていない疑問点などについてのガイダンスがまとめられています。

③ 「財務報告に係る内部統制の監査に関する実務上の取扱い」

日本公認会計士協会から，監査法人等に向けて公表された，監査法人等が内部統制監査を実施する際に準拠すべき監査の実務指針です。この指針は，上場企業（経営者）に直接的に関係する内容ではありませんが，監査法人等の監査の視点や留意点等が記載されているため，監査法人と協議をしたり，交渉する際の参考として有用といえます。

74　第Ⅱ部　内部統制評価と効率化の実務

④　その他金融庁のガイダンス

そのほか，以下のように，中堅・中小上場企業など，簡素な組織構造をしている企業に向けた簡素化事例や，問答集などといったガイダンスも金融庁から公表されています。大手の上場企業やコングロマリットの企業では，なかなか使う機会も限定されると思いますが，単一事業拠点や中央集権的な業務管理をしている企業においては効率化のヒントがあるかもしれませんので，本書と併せてご参考にされるとよいと思います。

- 内部統制報告制度に関する Q&A（以下「Q&A」といいます）
- 内部統制報告制度に関する11の誤解（以下「11の誤解」といいます）
- 内部統制報告制度に関する事例集～中堅・中小上場企業等における効率的な内部統制報告実務に向けて～（以下「事例集」といいます）

(2)　内部統制報告制度における「内部統制」の範囲

①　対象となるのは「財務報告の信頼性」にかかる内部統制

第3章では，内部統制には「業務の有効性及び効率性」，「財務報告の信頼性」，「事業活動に関わる法令等の遵守」，「資産の保全」の4つの目的があり，これらの目的別に分類分けができることを説明しました。

ここで，内部統制報告制度の制度主旨は，投資家をはじめとする市場利害関係者に公表される財務報告の信頼性を担保することにありますので，4種類すべての内部統制を評価する必要はなく，**「財務報告の信頼性」に関する内部統制のみを評価対象**としています。

すなわち，どれだけビジネス上重要な内部統制であっても，財務報告の信頼性には影響しない内部統制であれば，評価対象に含める必要はありません。

例えば，受注前の見積承認や請求先や請求内容のチェック手続は，ビジネスリスクの観点からはとても重要な内部統制といえます。なぜなら，見積承認がないと赤字受注というビジネスリスクが低減できないですし，請求書のチェック手続がないと，請求漏れによる"とりっぱぐれ"リスクというビジネスリスクが低減できないからです。

しかしながら，実務家の方からすると意外と思われるでしょうが，財務報告の信頼性の観点，すなわち財務報告リスクの観点，言い換えれば会計監査の観

点からは，これらの内部統制は必ずしも重要でない場合もあります。というのも，たとえ赤字覚悟の安い値段で受注したとしても，会計上は損益計算書上，実際の安い値段で売上高が適切な時期に適切な価格で計上されていれば，会計監査上は問題にならないからです。また，請求漏れや回収漏れがあったとしても，貸借対照表上，回収されていない事実が適切に表現（例えば売掛金が引き続き計上されている，もしくは適切な債権評価の結果，貸倒引当金が設定されているなど）されていれば問題ないのです。このような場合は，**取引開始前の見積承認や請求チェックといった内部統制を，評価対象から外すことができる可能性**があります。

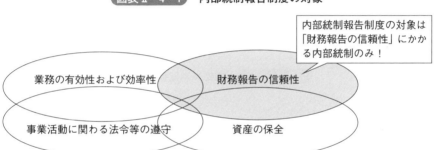

図表Ⅱ-4-1　内部統制報告制度の対象

②　そもそも「財務報告」とは

内部統制報告制度において評価の対象となるのは，「財務報告に係る内部統制」であるわけですが，では，ここでいう「財務報告」とは何を意味するのでしょうか。

この点，基準によると，「財務報告とは金融商品取引法上の開示書類（有価証券報告書及び有価証券届出書）に記載される財務諸表及び財務諸表に重要な影響を及ぼす可能性のある情報をいう」としています（基準Ⅰ.1.(2)）。また，「財務諸表及び財務諸表の信頼性に重要な影響を及ぼす開示事項等に係る外部報告をいう」としています（基準Ⅱ.1.(2)）。

すなわち，貸借対照表や損益計算書，キャッシュ・フロー計算書といった**財務諸表本表のみならず，財務諸表の数値を用いた注記等の開示情報も「財務報**

告」**に含められます**ので、こうした開示情報を作成するプロセスにかかる内部統制も評価の対象となります。

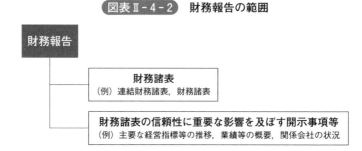

図表Ⅱ-4-2　財務報告の範囲

結果として、監査人による内部統制監査の対象範囲も、財務諸表監査の対象範囲よりも広くなります（監査の実務上の取扱いⅢ.3.）。

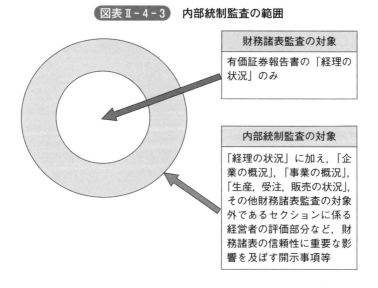

図表Ⅱ-4-3　内部統制監査の範囲

実施基準Ⅱ.1.①
　「財務諸表」とは、連結財務諸表の用語、様式及び作成方法に関する規則（昭和51年大蔵省令第28号）第１条に規定する連結財務諸表及び財務諸表等の用語、

様式及び作成方法に関する規則（昭和38年大蔵省令第59号）第1条に規定する財務諸表をいいます。

「財務諸表の信頼性に重要な影響を及ぼす開示事項等」とは，有価証券報告書等における財務諸表以外の開示事項等で次に掲げるものをいう。

　a．財務諸表に記載された金額，数値，注記を要約，抜粋，分解又は利用して記載すべき開示事項（以下「財務諸表の表示等を用いた記載」という。）。

　　　例えば，有価証券報告書の記載事項中，「企業の概況」の「主要な経営指標等の推移」の項目，「事業の状況」の「業績等の概要」，「生産，受注及び販売の状況」，「事業等のリスク」，「研究開発活動」及び「財政状態，経営成績及びキャッシュ・フローの状況の分析」の項目，「設備の状況」の項目，「提出会社の状況」の「株式等の状況」，「自己株式の取得等の状況」，「配当政策」及び「コーポレート・ガバナンスの状況等」の項目，「経理の状況」の「主要な資産及び負債の内容」及び「その他」の項目，「保証会社情報」の「保証の対象となっている社債」の項目並びに「指数等の情報」の項目のうち，財務諸表の表示等を用いた記載が挙げられる。

　　　なお，この点に係る経営者の評価は，財務諸表に記載された内容が適切に要約，抜粋，分解又は利用される体制が整備及び運用されているかについてのものであることに留意する。

　b．関係会社の判定，連結の範囲の決定，持分法の適用の要否，関連当事者の判定その他財務諸表の作成における判断に密接に関わる事項

　　　例えば，有価証券報告書の記載事項中，「企業の概況」の「事業の内容」及び「関係会社の状況」の項目，「提出会社の状況」の「大株主の状況」の項目における関係会社，関連当事者，大株主等の記載事項が挙げられる。

　　　なお，この点に係る経営者の評価は，これらの事項が財務諸表作成における重要な判断に及ぼす影響の大きさを勘案して行われるものであり，必ずしも上記開示項目における記載内容の全てを対象とするものではないことに留意する。

(3)　連結ベースの評価の原則

　上記では，内部統制報告制度の評価（ないし監査）の対象となるのは「財務報告の信頼性に係る内部統制」のみである点を解説しました。ただ，「財務報告の信頼性」という表現だけでは，まだ評価対象を明確にするには不十分です。なぜなら，上場企業が連結対象子会社や持分法適用対象の関連会社を有してい

78　第Ⅱ部　内部統制評価と効率化の実務

る場合，どの事業体までを対象として内部統制の評価を行うべきか，が明確ではないからです。

　この点，基準では，「財務報告に係る内部統制の有効性の評価は，原則として連結ベースで行う」（基準Ⅱ．2．(1)）と定められています。また，実施基準には，連結ベースとは「連結財務諸表を構成する有価証券報告書提出会社及び当該会社の子会社並びに関連会社」を意味すると補足されています（実施基準Ⅱ．2．(1)）。

　このように，内部統制報告制度における「財務報告に係る内部統制」の評価は，連結グループ全体を対象として重要性の観点から評価範囲を決定し，内部統制が有効か否かの最終的な結論付けも連結グループ全体の観点から行うことになります。そのため，親会社では内部統制に「開示すべき重要な不備」がなかったとしても，**子会社において連結上，重要な虚偽記載につながりうる内部統制上の不備が発見された場合は，親会社の内部統制報告書上，「開示すべき重要な不備」が開示される結果につながります。**

図表Ⅱ-4-4　子会社の会計処理を原因とする，近年の重要な不備の開示事例

決算期	会社名	不備の原因	監査法人	監査意見	
				財務諸表監査	内部統制監査
2016/12月期	㈱電通	買収した子会社にかかる金融負債の過大計上が発見された（グループとして金融負債の公正価値を評価する際に適用した前提条件の検討が不十分であった，また当該見積結果に対する連結グループ内のモニタリング体制が不十分であった）	トーマツ	適正	適正
2017/ 3月期	沖電気㈱	海外子会社の債権評価誤りについて，社内に関連する全社的な内部統制や財務報告プロセスにかかる内部統制が整備されていなかった	新日本	適正	適正
2014/ 3月期〜2017/ 3月期（訂正報告）	亀田製菓㈱	グループにおいて海外子会社の棚卸資産の過大計上を適時に発見し是正することができなかった	トーマツ	適正	適正
2012/ 3月期2016/ 3月期2017/ 3月期（訂正報告）	富士フイルムホールディングス㈱	海外子会社のリース取引に関する売上高および受取債権の不適切な会計処理等があったことが明らかとなった（グループ内部で適時に発見，是正できなかった）	新日本	適正	適正
2016/ 3月期	東芝テック㈱	海外子会社在庫評価額に係る誤謬，売上関連に係る誤謬，買掛金・未払金に係る誤謬等をグループ内で適時に発見，是正できなかった（決算・財務報告プロセスに関する内部統制の不備があった）	新日本	適正	適正

実際，内部統制報告書上，「開示すべき重要な不備」が報告される企業の中には，誰もが知るような日本を代表する大企業も時に名を連ねており，その多くが，子会社による不適切会計を見抜けなかった財務報告体制の不備を理由としています（**図表Ⅱ-4-4**参照）。

なお，「実効性の確保について」では，過去数年間の「開示すべき重要な不備」のケースが企業規模や原因別に詳しく分析され紹介されています。

また，子会社および関連会社が上場企業である場合など，特殊な事情がある場合の取扱いは以下のとおりです。

① 子会社自体が上場企業である場合

連結子会社は評価範囲決定の際の対象となります。その子会社が上場している場合，当該子会社自身が内部統制報告制度のもと内部統制対応をしているはずですので，財務報告に係る内部統制報告書を利用することが可能です。

② 持分法適用関連会社が上場企業，もしくは他の上場企業の子会社である場合

原則として，持分法適用となる関連会社も評価範囲決定の際の対象となります。ただし，当該関連会社が，内部統制報告制度のもと，内部統制報告書を作成し監査を受けている場合，または他の会社の子会社であって，他の会社が内部統制報告書を作成し監査を受けている場合には，①に準じ，当該関連会社の財務報告に係る内部統制報告書や，当該関連会社の親会社の内部統制報告書（または有効性に関する書面）を利用することが可能です。

なお，当該関連会社における他の支配株主の存在の有無，当該関連会社への投資持分および持分法損益の状況，役員（取締役，監査役等）の派遣や兼任の状況などによって，子会社と同様の評価が行えないことが考えられます。そうした場合には，全社的な内部統制を中心として，当該関連会社への質問書の送付，聞き取りあるいは当該関連会社で作成している報告等の閲覧，当該関連会社に係る管理プロセスの確認等適切な方法により評価を行うこととされています（実施基準Ⅱ.2.(1)）。

③ 在外子会社がある場合

在外子会社も同様に評価範囲決定の際の対象となります。ただし，当該在外子会社等について，所在地国に適切な内部統制報告制度がある場合には，当該制度を適宜活用することが可能です。また，所在地国に内部統制報告制度がない場合であっても，歴史的，地理的な沿革等からわが国以外の第三国の適切な内部統制報告制度が利用できることが考えられ，そのような場合には，これを適宜活用することが可能とされています（実施基準Ⅱ．2．(1)）。

(4) 有効性評価基準日

内部統制報告制度においては，上場企業の経営者は「財務報告に係る内部統制」の有効性を評価し，内部統制報告書として外部に評価結果を公表しなければならない点は，先述のとおりです。

それでは，内部統制の「有効性」はどの時点で判断すればよいのでしょうか？

その答えは，「決算期末日」です。例えば3月決算会社の場合は，3月31日ですし，12月決算会社の場合は12月31日となります。また，新規上場企業の場合は，上場後最初に到来する決算期末日が，最初の評価基準日（内部統制報告日）となります。

決算期末日時点で有効か否かの結論を出す（本書では"総合的評価"と呼びます）わけですから，たとえ期中において内部統制の評価を行った結果，不備項目（＝非有効項目）が発見されていたとしても，その後，現場担当者により期末日までに適切に改善がなされ，かつ内部統制チームによる再評価手続の結

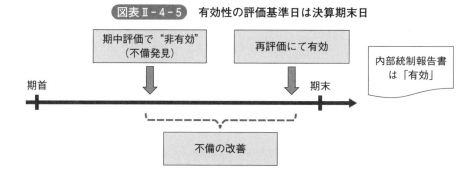

図表Ⅱ-4-5　有効性の評価基準日は決算期末日

果,「有効」と結論付けられれば,内部統制報告書上は,「有効」と結論付けることが可能となるわけです。

(5) 内部統制対応に携わる3つの関係者

内部統制対応には大きく,以下の3つの関係者が存在し,この3者の連携によって内部統制対応プロジェクトが進行します。

1つ目は,**内部統制の実施者(現場担当者)**,すなわち,企業の事業を担う,各現場業務に携わる現場部署の担当者のことで,業務の中に内部統制を整備し,運用する責任を有します。

2つ目は,**内部統制の評価者(内部統制チーム)**です。会社代表者に代わり,内部統制の整備・運用状況の有効性を評価する実行部隊です。本書の読者の中には,内部統制チームに所属されている方も多くいらっしゃるかと予想しますが,内部監査室や内部統制チームがまさにこれに該当します。

3つ目は,**監査法人**等です。企業の内部統制報告の適正性を監査する責任を有する外部の独立監査人です。上記の内部統制評価者の評価の方法や結果が適切か否かを検証し,「内部統制監査報告書」上で監査意見を表明する役割と責任があります。

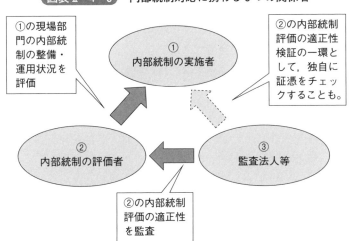

図表Ⅱ-4-6 内部統制対応に携わる3つの関係者

(6) 関係者それぞれの負荷

① 内部統制実施者にとっての負荷

まず，内部統制実施者である現場担当者にとって最も大変と予想される負荷は，**「エビデンス」と呼ばれる証憑書類の準備・提出作業**です。なぜ，エビデンスの準備が最も大変かというと，それは年間の内部統制プロジェクトが始まると，**内部統制評価者や監査法人等から，請求書や受注書，契約書など，似たような「エビデンス」を，何度も何度も要求される**ことになるからです。

当然のことながら，現場担当者は主たる業務である，日々の現場業務をこなすことで忙しいはずです。そのうえ，内部統制評価者や監査法人等からの資料要求に対応しなければならなくなりますし，**それが1度や2度ではなく，年に何回も，しかも毎年，繰り返しサンプルの差し替えや追加サンプルにかかるエビデンスを要求されるので，大変なストレスを感じることも少なくない**のではないかと思料します。そして，下記**内部統制評価者の評価手続が増えれば増えるほど，内部統制評価者や監査法人等から要求されるエビデンスの量や回数は増えますので，現場担当者の負荷やストレスもこれに応じて増える**ことになるはずです。

② 内部統制評価者（内部統制チーム）にとっての負荷

内部統制評価者である内部統制チームにとっての負荷とは，**内部統制評価のための文書化作業や，現場担当者へのヒアリング，観察，エビデンスのチェックといった評価手続と，評価手続で得られた結論を記録するための調書化作業**に尽きるといえます。

内部統制報告制度において上場企業は，基準（や実施基準）に基づき，必要十分な評価手続を行うこととされています。また，内部統制評価者による内部統制評価は，監査法人等による監査を受けます。

そのため，どれだけ大変だからといって，内部統制評価者はむやみに評価手続を簡略化することはできません。しかしながら，評価手続が増えれば増えるほど，評価者自身の負荷も，現場担当者への資料依頼も増えることになりますし，加えて下記の監査法人の監査手続を増やすことにもつながりかねません。

基準の趣旨や要請をしっかりと理解したうえで，過剰な評価手続にならないように注意する必要があります。

③ 監査法人等にとっての負荷

監査法人等は，独立監査人の立場ではありますが，基準（や実施基準）に基づき，内部統制評価者の評価の方法や結果が適正か監査を行うことになります。

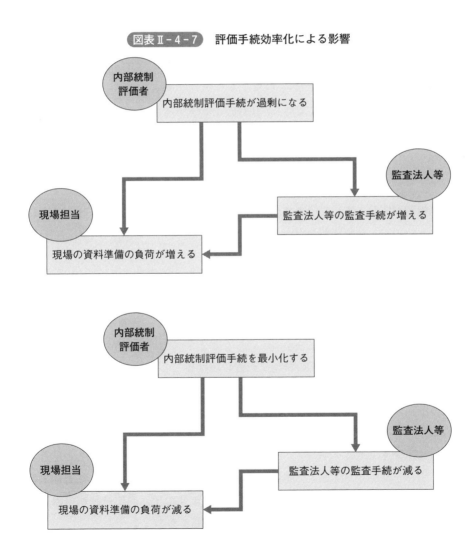

図表Ⅱ-4-7 評価手続効率化による影響

84　第Ⅱ部　内部統制評価と効率化の実務

　そのため，基準の趣旨や要請に照らして，内部統制評価者の評価手続が過少であったり不十分な場合には，指摘とともに改善を求めることになります。他方で，先述のとおり，監査法人の基本的スタンスは保守的ですから，内部統制評価者が過剰な評価手続を実施している場合には特段指摘はせずに，それを前提に監査手続を実施することとなります。そのため，**内部統制評価実施者の評価手続が増えれば増えるほど，監査法人の監査領域は増える**ことになると考えられます。

第2節　内部統制評価効率化最大のポイントは計画段階にあり

(1)　評価範囲最小化により，内部統制地獄から抜け出す

　先述のとおり，内部統制対応のステップは，大きく分けて①計画→②文書化→③評価→④不備の改善→⑤再評価→⑥総合的評価，という流れに分けることができます。ここで，もし**評価範囲を不必要に広げてしまうと，文書化すべき業務範囲が広がってしまいます**。対応初年度においては文書化作業が最も負荷が大きいので，評価範囲が広がることは，内部統制チームにとっても，ヒアリングに付き合わなければならない現場担当者にとっても大変な負荷となります。

　また，**文書化範囲が広がるということは，そこで識別される財務報告リスクとそれをカバーするための内部統制の数も増える**ことになるはずです。とすると，内部統制の評価手続も自ずと増加してしまいます。評価手続に関しては，原則として毎期継続的に実施することになりますので，**評価手続の増加した分は半永久的に内部統制対応の負荷に影響し続ける**ことを意味します。

　さらに，**評価するリスクないし内部統制が増えることは，相対的に，発見される不備項目が増える可能性が高まる**ことを意味します。とすると，現場担当者にとっては内部統制の改善の負荷が，内部統制チームにとっては不備改善状況の進捗管理（モニタリング）の負荷や再評価手続の負荷が，増えることとなります。それだけではなく，**発見された不備項目が増えることで，決算期末日まで残ってしまう不備の数も相対的に高まりますので，内部統制報告書上の「開示すべき重要な不備」につながる危険性が高まる**のです。

加えて，評価範囲が増えるということは，監査法人等の監査対象が増えることを意味します。そのため，**評価範囲が増えると監査法人等への監査報酬も増えてしまう**ことに注意が必要です。

こうした負のスパイラル，いわゆる「内部統制地獄」は毎年続いていくことになります。なぜなら，評価範囲や評価手続の方法は正当な理由がない限り継続することが求められること，また，先述のとおり監査法人等は基本的に保守的なスタンスですので，評価範囲を不用意に減らすことにはネガティブな反応を示しがちだからです。

逆に，最初に評価範囲を最小限に抑えることができれば，文書化の範囲が狭

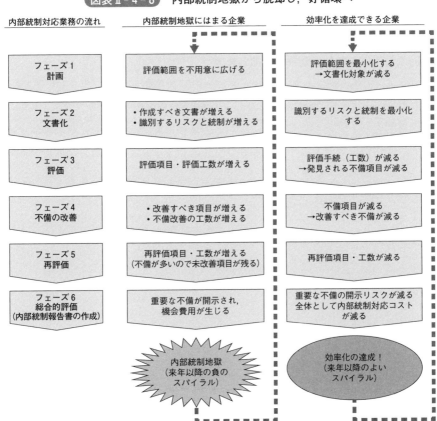

図表Ⅱ-4-8　内部統制地獄から脱却し，好循環へ

86　第Ⅱ部　内部統制評価と効率化の実務

まります。**文書化範囲が減る**ということは，**識別すべき財務報告リスクやこれ
に対応する内部統制の数も減り，評価手続の量も減る**はずです。そして，評価
手続が減れば，**発見される不備の数も減りますので，不備改善や再評価の負荷
も減ります**。このようにして，内部統制チームや現場担当者の負荷は減ります
し，結果として内部統制報告書上，**「開示すべき重要な不備」につながる危険
性も減る**わけです。**監査法人等による監査対象も減る**ため，監査法人等の工数
が減り，無理なく監査報酬を減らすことができるかもしれません。

　こうした影響は毎期継続しますので，好循環は来期以降も続くことになりま
す。

⑵　バカにならない効率化による経済効果

　内部統制対応を効率化することができれば，本来必要であった内部統制対応
人員（ないし工数）を削減することが可能になります。しかも，**その効果は永
続的で何年にもわたり効果を発揮します。**

　例えば，毎年の内部統制チームメンバーの工数が40％削減でき（5人→3人），
また監査法人等の監査メンバーの工数も25％削減され（4人→3人），さらに
内部統制チームメンバーや監査メンバーの依頼に基づき対応をしなければなら
ない現場担当の負荷も25％削減できる（4人→3人）という大胆な仮定を置い
てみます（**図表Ⅱ-4-9**）。

　それぞれの年収や年間報酬からコストの削減効果を算出してみると，なんと
年間2,000万円，10年間で2億円ものコスト削減効果があることがわかります。

　もちろん，この試算はさまざまな仮定に基づくものですから，個々の企業に
よって経済効果は変わってくると思いますが，数字を置いて考えてみると，改
めて効率化の重要性がおわかりになるはずです。

図表Ⅱ-4-9　効率化によるコスト削減効果試算

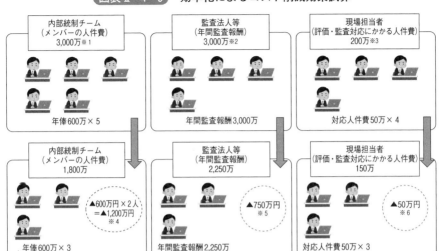

年間コスト削減効果：▲1,200万＋▲750万＋▲50万＝▲2,000万円!!
10年間のコスト削減効果＝▲2,000万円×10年＝▲2億円!!

※1　東京商工リサーチによる2018年3月期決算「上場企業1,893社の平均年間給与」調査より，上場企業平均年収を600万円と想定（実際にはさらに交通費・法定福利費が計上されるが省略）。
※2　2018年版上場企業監査人・監査報酬実態調査報告書（日本公認会計士協会　監査人・監査報酬問題研究会）より，2015年，2016年の上場企業監査報酬の中央値3,000万円と想定。
※3　※1同様に年収を600万円と想定し，そのうち1か月分を評価・監査対応に費やしていると仮定。
※4　効率化によって，内部統制対応人員が2名削減できたものと仮定。
※5　効率化によって，監査コストが4分の1削減できたものと仮定。
※6　効率化によって，対応人件費が4分の1削減できたものと仮定。

(3) 評価スケジュールの分散化により，関係者の負荷を平準化する

　計画段階で，もう1つ重要なのは，**評価手続のスケジューリング**です。先にも述べたように，内部統制の有効性を判断する評価基準日は連結グループ親会社の決算期末日ですから，「評価手続の実施も期末日ギリギリでよいのでは？」と思われる方もいらっしゃるのではないでしょうか。

　たしかに，基準には評価手続の開始についての個別具体的な規定はありませんから，そのような考え方も一理あるかもしれません。

　しかしながら通常は，**発見された多くの内部統制上の不備を改善するためには多くの時間と労力を費やす**必要があります。また，内部統制評価手続は膨大ですので，期末日直前にすべての評価手続を集中させるのは，評価する側もさ

れる側も監査する側も，限られた人的資源の中で対応することを前提とすると現実的ではありません。

このように，関係者の負荷の観点，また評価戦略の観点から，一般的には，期中の一定の期間を評価対象期間として，暫定的な評価手続（本書では，以下「期中評価」といいます）を行い，そこで発見された不備を改善しながら，期末直前に期中手続で発見された不備項目の改善状況に重点を置いた再評価手続（本書では以下「ロールフォワード評価（またはRF評価）」といいます）を行うことで，**年間を通じて全体の評価業務の負荷の分散化・平準化を図る**ことになります。

図表Ⅱ-4-10　評価手続分散化のメリット

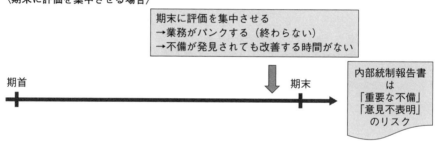

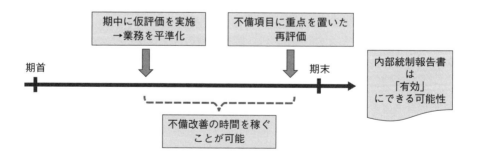

(4) フロー変更が予定されている業務は二度手間に要注意

評価手続実施スケジューリングの際，注意すべき点としては，業務フローの

変更が予定されている業務にかかる評価手続の実施タイミングです。いくら期中（年度の途中）において当時の業務フローに基づいて内部統制を評価していても，その業務フローが決算期末日時点で存在していなければ，当該評価結果は期末における内部統制の有効性の判断（総合的評価）に反映させることはできず，**骨折り損のくたびれ儲けで何の意味もない**からです。

よくありがちなケースが，基幹業務システムのリプレイス（入れ替え）に伴う業務フローの変更です。せっかく内部統制チームが汗水垂らしながら文書化を進めていても，その矢先にシステムリプレイスに伴って業務フローがガラッと変わってしまっては，それまでの苦労が水の泡です。

そのため，もし評価範囲となる業務プロセスにおいて，評価対象年度内においてシステムのリプレイスが予定されているのであれば，そのプロセスの文書化や評価手続は保留するべきです。また，情報システム部門にシステムリプレイス後に予定されている業務フローをヒアリングしながら文書化作業を暫定的に進めたり，システムの要件定義段階（業務フロー設定段階）で情報システム部門と協議することで，フロー完成後に内部統制上の不備がないよう事前に内部統制的な観点を加味してもらうべきと考えます。

こうした**計画的な事前の配慮が，後々の手戻り，ないし二度手間によるコストと労力の無駄遣いリスクを回避する手段として重要**です。

なお，システムリプレイスに関連して注意が必要な点としては，スケジュールの遅延により評価本番年度の決算期末日時点でシステムリプレイスが完了しない場合です。このような場合は，従来の旧業務フローに基づいて財務情報が生成され財務報告がなされるはずですので，内部統制チームは従来の業務フローを評価する必要があります。また，期末日ギリギリになってシステムリプレイスが完了した場合も危険です。この場合は，期末日に存在する新フローのもとで十分な取引実績がないことから，評価の結論を得るに足りる十分なサンプルが取れず，その業務の重要性によっては内部統制報告上，意見表明ができなくなるおそれがあります。

そのため，内部統制対応の観点からは，システムリプレイスが決算期末日ギリギリに予定されている場合は，かなり注意が必要といえますので，予定されている**システムリプレイスの内容やスケジュールについて情報システム部門と**

90　第Ⅱ部　内部統制評価と効率化の実務

十分に連携のうえ，安全なシステムリプレイスのタイミングを協議されること
をお勧めします。

(5)　M&A や組織再編に伴う内部統制評価範囲への影響

　さらに評価範囲の決定・スケジューリングの際に注意すべき点は，M&A や
グループ内の組織再編など，事業単位（事業拠点）の大幅な改正の可能性です。
　先述のとおり，財務報告に係る内部統制報告制度において，内部統制報告の
対象は，親会社単体ではなく，連結グループ全体の財務報告の信頼性について
評価する必要があります。そのため，評価対象年度の期中に，M&A により新
たにグループに加わった連結対象子会社や持分法適用関連会社も，原則として
内部統制の評価対象に含めるべきか否かの検討対象となります。
　ただし，下半期などに発生した M&A など，十分な評価期間が残されてい
ない時期における M&A については，「やむを得ない事情」として，内部統制
報告書にその旨を記載したうえで，評価範囲から外すことができます。
　他方で，上半期に発生した M&A については，原則として評価対象から外
すことができなくなりますので，評価範囲の決定や評価手続のスケジューリン
グに際しては，経営者は内部統制評価手続への影響に十分に注意するとともに，
内部統制チームは年度の評価範囲や評価スケジュールを作成する際は，経営者
へ報告するとともに，当該年度に予定されている M&A の有無や規模感など
ぐらいは確認しておく必要があると考えます。
　内部統制の評価範囲の決定方法については次節にて解説します。

第3節　内部統制評価範囲の決定方法

　前節では，内部統制評価範囲を慎重に決定することの重要性や注意点につい
て解説してきました。本節では，いよいよ内部統制評価と効率化実務の最初に
して最大のポイントである「内部統制の評価範囲の決定方法」について詳しく
解説していきます。

(1) 計画段階における暫定的決定と期末における見直し

　これから解説する**評価範囲の決定は，年間を通じて2回**行います。**1回目は期首における計画段階**で，**2回目は期末の総合的評価時**です。

　基本的には，期首計画段階における評価範囲は前期末決算数値をもとに決定し，期末の総合的評価段階では，当期末の実績数値をもとに再度範囲を検討し，期首において暫定的に決定された評価範囲が妥当であったかを見直すことになります。

　よって，期末における見直し時に，「評価範囲が足りなかった！」という結果にならないよう，計画段階においては，前期末実績数値をベースにしながらも，**前期数値に含まれていた異常項目の排除や，公表されている当期の業績予想，さらには予定されているM&Aや組織再編による連結・拠点別財務数値への影響も可能な限り加味**したうえで，評価範囲を決定しておく必要があります。

(2) トップダウン型のリスクアプローチ

　日本における内部統制報告制度（いわゆるJ-SOX）の特徴として，まずはコーポレートガバナンスなど企業グループ全体にかかる内部統制（全社的な内部統制）を評価してから，その評価結果を踏まえて「財務報告に係る重大な虚偽記載」につながるリスクに着眼し，必要な範囲で，各業務プロセスに係る内部統制を評価するという評価範囲の決定方法を採用しています。これを**トップダウン型のリスクアプローチ**といいます（**図表Ⅱ-4-11**参照）。

　すなわち，基準は基本的な考え方として，社内の内部統制を手当たり次第に評価するのではなく，まずは企業の屋台骨である全社的な内部統制の有効性を押さえてから，必要な範囲でのみ，各業務レベルの内部統制を評価することで，**評価の有効性と効率性の両立を追求**しているのです。

　なお，基準上，財務報告に係る内部統制は，大きく下記の種類に分けられています（**図表Ⅱ-4-12**参照）。

- 「全社的な内部統制」
- 「（業務）プロセスレベルの内部統制」

そして，プロセスレベルの内部統制はさらに，以下に分けられます。

- 「全社レベルの決算財務報告プロセスにかかる内部統制」
- （重要な事業拠点における）事業目的に大きく関わる勘定科目に至る業務プロセス（本書では以下「重要プロセス」といいます）
- その他の質的に重要な勘定科目に至る業務プロセス（本書では以下「その他個別プロセス」といいます）

図表Ⅱ-4-11　トップダウン型のリスクアプローチ（左側）

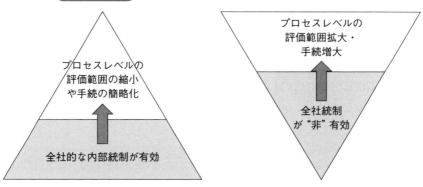

図表Ⅱ-4-12　財務報告に係る内部統制の全体像

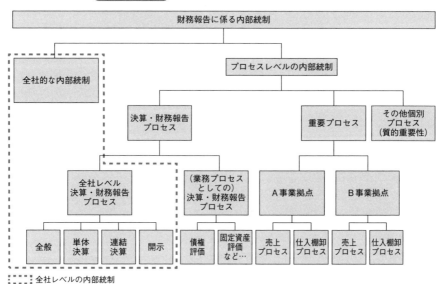

以上の各プロセスにかかる内部統制の評価範囲を，以下で**図表Ⅱ-4-13**の順に説明していきたいと思います。

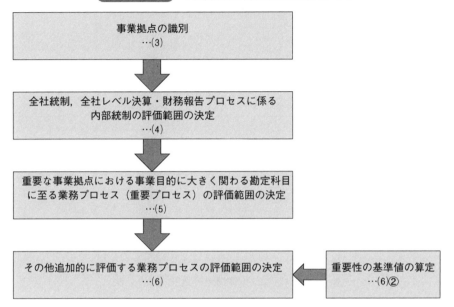

図表Ⅱ-4-13　内部統制の評価範囲決定ステップ

(3) 事業拠点の識別

① 事業拠点とは

評価範囲の決定に際し，重要な概念となるのが「**事業拠点**」です。

事業拠点は，企業グループにおける事業の管理単位を意味しますので，法人格単位として識別されるほか，事業部・セグメント単位，支店単位，地域支部単位といった事業拠点の識別方法が考えられます。

> **実施基準Ⅱ.2.(2)①（注1）**
> 　事業拠点は，必ずしも地理的な概念にとらわれるものではなく，企業の実態に応じ，本社，子会社，支社，支店のほか，事業部等として識別されることがある。

94　第Ⅱ部　内部統制評価と効率化の実務

監査の実務上の取扱いⅦ. 3. (1)①90

　事業拠点は，企業集団を構成する会社単位で捉えることが多いと考えられるが，必ずしも地理的な概念や法的な組織区分にこだわる必要はなく，経営者が企業集団の経営管理（権限委譲の状況や事業上のリスク，プロセスや経営管理手法の同質性等を含む。）の実態に応じて事業拠点を識別しているかどうかを検討する必要がある。例えば，企業集団が事業部制により運営されており，事業部ごとに特色ある事業と管理体制がとられている場合は，各事業部で管理している子会社を含めて各事業部を事業拠点として捉えた方が適切な場合もある。また，各都道府県や地域ごとに販売会社を設立している場合は，販売会社をまとめて一つの事業拠点として捉えた方が適切な場合もある。

---

②　効率化のポイント

　評価戦略上，評価範囲の最小化という観点からは，どのように事業拠点を"くくる"のが，業務フローの親和性（すなわち，文書化パターンの簡素化）や，連結売上高のカバレッジ（カバー率）を踏まえて望ましいのか，検討することになります。後々最も効率的に評価範囲を絞ることができるのか，会社単位で

図表Ⅱ-4-14　事業拠点の識別パターン例

		いろは株式会社グループ									
		いろは株式会社（親会社）			ドレミ株式会社（国内子会社）			アルファベット Inc.,（海外子会社）			
		いろは事業			ドレミ事業			AB事業部		CD事業部	
		い支店	ろ支店	は支店	ド支店	レ支店	ミ支店	a支店	b支店	c支店	d支店
日本	関東	●	●		●						
	関西			●		●	●				
海外	北米							●	●		
	アジア									●	
	欧州										●

識別される事業拠点数

● 支店単位を事業拠点とした場合　　　　　　　10

地域別に事業拠点を識別した場合　　　　　　5

事業別に事業拠点を識別した場合　　　　　　4

法人格別に事業拠点を識別した場合　　　　　3

あったり，事業部単位であったり，セグメント単位であったりと，さまざまな
パターンでシミュレーションを重ねます（**図表Ⅱ-4-14**参照）。

　特に，**共通の業務フローごとに事業拠点を識別**していくことは，その後の文
書化作業や評価手続を効率化させることにつながりますので，例えば物理的に
拠点が離れていたとしても，業務フローの同質性を意識しながら事業拠点を識
別することをお勧めします。

(4)　全社的な内部統制，および全社レベル決算・財務報告プロセスに係る内部統制の評価範囲の決定

①　全社的な内部統制とは

　「全社的な内部統制」とは，企業集団全体に関わり，連結ベースでの財務報
告全体に重要な影響を及ぼす内部統制をいうとされています（実施基準Ⅱ. 2.
(1)）。基準においては，全社的な内部統制は，企業グループ全体の財務報告の
信頼性に重要な影響を与える，**最も重要**な統制という位置付けになっています。

　実施基準上，全社的な内部統制の評価項目の例として，**図表Ⅱ-4-15**に表示
した42項目が挙げられています（実施基準Ⅱ.（参考1））。

　図表Ⅱ-4-15　**財務報告に係る全社的な内部統制に関する評価項目の例**[(注)]

統制環境
・経営者は，信頼性のある財務報告を重視し，財務報告に係る内部統制の役割を含め，財務報告の基本方針を明確に示しているか。
・適切な経営理念や倫理規程に基づき，社内の制度が設計・運用され，原則を逸脱した行動が発見された場合には，適切に是正が行われるようになっているか。
・経営者は，適切な会計処理の原則を選択し，会計上の見積り等を決定する際の客観的な実施過程を保持しているか。
・取締役会及び監査役等は，財務報告とその内部統制に関し経営者を適切に監督・監視する責任を理解し，実行しているか。
・監査役等は内部監査人及び監査人と適切な連携を図っているか。
・経営者は，問題があっても指摘しにくい等の組織構造や慣行があると認められる事実が存在する場合に，適切な改善を図っているか。
・経営者は，企業内の個々の職能（生産，販売，情報，会計等）及び活動単位に対して，適切な役割分担を定めているか。
・経営者は，信頼性のある財務報告の作成を支えるのに必要な能力を識別し，所要の能力を有する人材を確保・配置しているか。
・信頼性のある財務報告の作成に必要とされる能力の内容は，定期的に見直され，常に適切なものとなっているか。

96　第Ⅱ部　内部統制評価と効率化の実務

- ・責任の割当てと権限の委任が全ての従業員に対して明確になされているか。
- ・従業員等に対する権限と責任の委任は，無制限ではなく，適切な範囲に限定されているか。
- ・経営者は，従業員等に職務の遂行に必要となる手段や訓練等を提供し，従業員等の能力を引き出すことを支援しているか。
- ・従業員等の勤務評価は，公平で適切なものとなっているか。

リスクの評価と対応

- ・信頼性のある財務報告の作成のため，適切な階層の経営者，管理者を関与させる有効なリスク評価の仕組みが存在しているか。
- ・リスクを識別する作業において，企業の内外の諸要因及び当該要因が信頼性のある財務報告の作成に及ぼす影響が適切に考慮されているか。
- ・経営者は，組織の変更やITの開発など，信頼性のある財務報告の作成に重要な影響を及ぼす可能性のある変化が発生する都度，リスクを再評価する仕組みを設定し，適切な対応を図っているか。
- ・経営者は，不正に関するリスクを検討する際に，単に不正に関する表面的な事実だけでなく，不正を犯させるに至る動機，原因，背景等を踏まえ，適切にリスクを評価し，対応しているか。

統制活動

- ・信頼性のある財務報告の作成に対するリスクに対処して，これを十分に軽減する統制活動を確保するための方針と手続を定めているか。
- ・経営者は，信頼性のある財務報告の作成に関し，職務の分掌を明確化し，権限や職責を担当者に適切に分担させているか。
- ・統制活動に係る責任と説明義務を，リスクが存在する業務単位又は業務プロセスの管理者に適切に帰属させているか。
- ・全社的な職務規程や，個々の業務手順を適切に作成しているか。
- ・統制活動は業務全体にわたって誠実に実施されているか。
- ・統制活動を実施することにより検出された誤謬等は適切に調査され，必要な対応が取られているか。
- ・統制活動は，その実行状況を踏まえて，その妥当性が定期的に検証され，必要な改善が行われているか。

情報と伝達

- ・信頼性のある財務報告の作成に関する経営者の方針や指示が，企業内の全ての者，特に財務報告の作成に関連する者に適切に伝達される体制が整備されているか。
- ・会計及び財務に関する情報が，関連する業務プロセスから適切に情報システムに伝達され，適切に利用可能となるような体制が整備されているか。
- ・内部統制に関する重要な情報が円滑に経営者及び組織内の適切な管理者に伝達される体制が整備されているか。
- ・経営者，取締役会，監査役等及びその他の関係者の間で，情報が適切に伝達・共有されているか。
- ・内部通報の仕組みなど，通常の報告経路から独立した伝達経路が利用できるように設定されているか。
- ・内部統制に関する企業外部からの情報を適切に利用し，経営者，取締役会，監査役等に適切に伝達する仕組みとなっているか。

モニタリング
・日常的モニタリングが，企業の業務活動に適切に組み込まれているか。 ・経営者は，独立的評価の範囲と頻度を，リスクの重要性，内部統制の重要性及び日常的モニタリングの有効性に応じて適切に調整しているか。 ・モニタリングの実施責任者には，業務遂行を行うに足る十分な知識や能力を有する者が指名されているか。 ・経営者は，モニタリングの結果を適時に受領し，適切な検討を行っているか。 ・企業の内外から伝達された内部統制に関する重要な情報は適切に検討され，必要な是正措置が取られているか。 ・モニタリングによって得られた内部統制の不備に関する情報は，当該実施過程に係る上位の管理者並びに当該実施過程及び関連する内部統制を管理し是正措置を実施すべき地位にある者に適切に報告されているか。 ・内部統制に係る開示すべき重要な不備等に関する情報は，経営者，取締役会，監査役等に適切に伝達されているか。

IT への対応
・経営者は，IT に関する適切な戦略，計画等を定めているか。 ・経営者は，内部統制を整備する際に，IT 環境を適切に理解し，これを踏まえた方針を明確に示しているか。 ・経営者は，信頼性のある財務報告の作成という目的の達成に対するリスクを低減するため，手作業及び IT を用いた統制の利用領域について，適切に判断しているか。 ・IT を用いて統制活動を整備する際には，IT を利用することにより生じる新たなリスクが考慮されているか。 ・経営者は，IT に係る全般統制及び IT に係る業務処理統制についての方針及び手続を適切に定めているか。

(注)　全社的な内部統制に係る評価項目の例を示したものであり，全社的な内部統制の形態は，企業の置かれた環境や特性等によって異なると考えられることから，必ずしもこの例によらない場合があること及びこの例による場合でも，適宜，加除修正がありうることに留意する。

②　全社的な内部統制を有効に保つことの重要性

　先述のトップダウン型のリスクアプローチに伴い，全社的な内部統制をしっかりと整備・運用し，有効性を保つことで，この後の業務プロセスレベルの統制評価範囲を縮小，または手続を簡素化させることができることとされています。よって，**内部統制の評価範囲を最小化させるためには，まずは全社的な内部統制を「有効」にすることが最低限の前提条件**であり，以降の業務プロセスの評価範囲においても全社的な内部統制が「有効」であることを前提に話を進めます。それどころか，**全社的な内部統制の不備は「開示すべき重要な不備」**の例示として挙げられています（実施基準Ⅱ.3.(4)①）。内部統制報告書の意見形成の観点からも，全社的な内部統制を有効に保つことは最低限の条件となります。

98　第Ⅱ部　内部統制評価と効率化の実務

図表Ⅱ-4-16　全社的な内部統制を有効に保つことで期待される効率化の効果例

・重要な事業拠点など，業務プロセスの評価範囲の縮小
・翌期の評価手続の簡素化（運用テストにおける前期の評価結果の利用など）
・監査法人等による自社の評価結果の利用

図表Ⅱ-4-17　開示すべき重要な不備となりうる，全社的な内部統制の不備の例

a．経営者が財務報告の信頼性に関するリスクの評価と対応を実施していない。
b．取締役会又は監査役等が財務報告の信頼性を確保するための内部統制の整備及び運用
　を監督，監視，検証していない。
c．財務報告に係る内部統制の有効性を評価する責任部署が明確でない。
d．財務報告に係るＩＴに関する内部統制に不備があり，それが改善されずに放置されて
　いる。
e．業務プロセスに関する記述，虚偽記載のリスクの識別，リスクに対する内部統制に関
　する記録など，内部統制の整備状況に関する記録を欠いており，取締役会又は監査役若
　しくは監査委員会が，財務報告に係る内部統制の有効性を監督，監視，検証することが
　できない。
f．経営者や取締役会，監査役等に報告された全社的な内部統制の不備が合理的な期間内
　に改善されない。

③　全社レベル決算・財務報告プロセスに係る内部統制とは

　決算・財務報告プロセスに係る内部統制とは，主に経理部における会計処理
や財務諸表作成，開示といった一連の決算・開示作業に係る内部統制のことで，
業務プロセスにかかる内部統制（すなわち全社的な内部統制以外の内部統制）
の１つです。

　ただし，決算・財務報告プロセスは，**全社的な観点**で評価することが適切な
部分（本書では以下「全社レベル決算・財務報告プロセス」といいます）と，
個別の業務プロセスとして評価することが適切な部分（以下「業務プロセスと
しての決算・財務報告プロセス」といいます）に**分けられる**と考えられ，それ
ぞれについて評価範囲を決定のうえ，評価を実施していくこととなります。

監査の実務上の取扱い168項

　内部統制評価の実施基準では，決算・財務報告に係る業務プロセスを，全社的
な観点で評価することが適切と考えられるものと財務報告への影響を勘案して個
別に評価対象に追加することが適切なものがあるとの整理がされている。これは，

> 連結会計方針の決定や会計上の予測，見積りなど経営者の方針や考え方等のように全社的な内部統制に性格的に近いといえるものと，個別財務諸表作成に当たっての決算整理に関する手続等は，業務プロセスに係る内部統制に近い性格があるとの解釈と考えられる。

④ 決算・財務報告の特殊性を踏まえた評価計画

ところで，決算・財務報告プロセスは，この後ご紹介する他の業務プロセスと比べ，以下のような特徴があります。

- **財務報告の最下流の工程であること**（財務報告に与える影響が直接的かつ重要）
- **実施頻度が少ないこと**（多くて月～四半期に１回，場合によっては年度末に１回のみ）
- **コントロールの多くが決算期末日の後に実施されること**（ほとんどの決算整理仕訳や開示作業は決算期末日後にしかできない）

上記３つの特徴を踏まえると，財務報告に与える影響が大きい領域であるにもかかわらず，**不備を改善できるチャンスは他の業務プロセスと比べて極めて少ないため**，評価スケジュールの策定の際には，前期決算実績をサンプルとして極力早めに期中評価を実施し，不備改善を経理担当にフィードバックしておくことをお勧めします。

⑤ 全社的な内部統制，および全社レベル決算・財務報告プロセスに係る内部統制の評価範囲の決定方法

基準上，**全社的な内部統制**の評価範囲は，**原則としてすべての事業拠点**としています（実施基準Ⅱ．2．(2)）。すなわち，有価証券報告書提出会社（連結親会社）のみならず，その**子会社や持分法適用関連会社も，原則的に全社的な内部統制の評価対象に含まれます**。

また，決算・財務報告プロセスのうち，**全社レベル決算・財務報告プロセス**も基準上，全社的な内部統制に準じ，全社的な内部統制と同様の評価範囲とすることと規定されていることから，**原則としてすべての事業拠点を評価対象**とすることとなります。

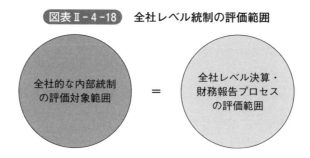

図表Ⅱ-4-18　全社レベル統制の評価範囲

⑥　効率化のポイント

ⓐ　僅少拠点の排除

このように全社的な内部統制，および全社レベル決算・財務報告プロセスにかかる内部統制は，原則としてすべての事業拠点が評価対象となります。ただし，基準においては，**「財務報告に対する影響の重要性が僅少である事業拠点に係るものについて，その重要性を勘案して，評価対象としない」**ことも許容されています。

ここで，「財務報告に対する影響の重要性が僅少である事業拠点」の判断については，例えば，**売上高で全体の95％に入らないような連結子会社**は僅少なものとして，評価の対象から外すといった取扱いが考えられるとされています。しかしながら，その判断は，経営者において，必要に応じて監査人と協議して行われるべきものであり，**特定の比率を機械的に適用すべきものではないことに留意**する点も併せて述べられています。

そこで，評価戦略上，評価範囲最小化の観点からは，連結売上高を，先に識別した事業拠点ごとに分解，上位からランキング化し，上位95％をカバーするに至る事業拠点にのみ評価対象を絞り込むことが有効です。

図表Ⅱ-4-19　僅少拠点除外による全社レベル統制の最小化

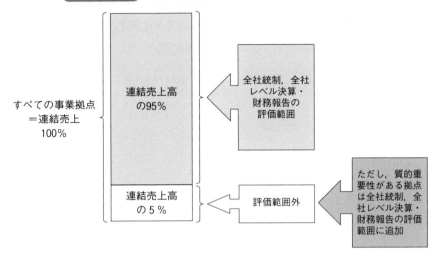

図表Ⅱ-4-20　全社レベル統制の評価範囲決定例

(b) 中央集権化，業務画一化による簡素化

　全社レベルの内部統制のうち，特に統制環境に関する項目や，決算・財務報告プロセスの全般的事項は，親会社が企業グループ全体を統治するように**中央集権化させることで，実質的な評価範囲を大幅に縮小させることが可能**となります。また，評価対象となる子会社においても，子会社別に独自の管理運営方法を許さずに，企業グループにおける**画一化された規程の利用**（例：決裁権限規程や人事考課規程，研修制度など）を用いることで，実質的な評価の範囲を

102　第Ⅱ部　内部統制評価と効率化の実務

縮小させることが可能になります。

(5) 重要な事業拠点における事業目的に大きく関わる勘定科目に至る業務プロセス（重要プロセス）の評価範囲

① 業務プロセスにかかる内部統制対応は負荷が重たい

ここまでは，「全社的な内部統制」や「全社レベル決算・財務報告プロセス」といった全社横断的な内部統制の評価範囲について述べてきました。ここからは，内部統制対応の中でおそらく最も業務負荷が「重たい」，すなわち業務が多くなるであろう，売上高や売上原価といった個別の勘定科目に至る業務プロセス（以下，「業務プロセス」といいます）について，どのように評価範囲を決定していくのか解説していきたいと思います。

売上高に至る業務プロセス（売上プロセス）や売上原価に至る業務プロセス（仕入プロセス）は，企業の本業に関わる業務プロセスゆえ，日々，膨大な取引が絶え間なく発生している業務領域です。また，例えば国内販売と輸出販売など業務や相手先，地域の違いによって，部署や業務フローのパターンが違うことも一般的です。そのため，内部統制評価にあたっては，「売上高」ひとつとっても，異なる業務フローパターンごとに文書化，評価手続が必要になりますし，識別した内部統制の有効性を評価するにあたり，年間に発生した膨大な取引の中から，統計学的に信頼性ある結論を出すに足りる十分なサンプル数の抽出とチェックが必要（すわなち，サンプルの数だけエビデンスの準備作業とチェック作業が必要）になります。

そのため内部統制関係者は，このような対応負荷が「重たい」業務プロセスについても，全社レベルの内部統制と同様，企業グループレベルで原則として全拠点を評価する必要があるのではないか，と戦々恐々とされるのではないでしょうか。

しかしながら幸い，答えはノーです。なぜなら，先述のとおり，内部統制報告制度は「トップダウン型のリスクアプローチ」を採用しているためです。全社的な内部統制の有効性を確認したうえで，事前に重要な事業拠点に絞って評価範囲を決定するとともに，適宜に評価範囲の妥当性を見直しながら，必要十分な範囲のみ評価を実施していけば足りるのです。

② 重要な事業拠点の選定

評価対象とすべき業務プロセスを特定する最初のステップとして，まず評価対象とする事業拠点を選定します。

例えば，企業が複数の事業拠点を有する場合には，評価対象とすべき事業拠点を売上高等の重要性によって決定します（これを「重要な事業拠点」の選定といいます）（実施基準Ⅱ.2.(2)①）。

実施基準では，重要な事業拠点の選定方法として，「例えば，本社を含む各事業拠点の売上高等の金額の高い拠点から合算していき，連結ベースの売上高等の一定の割合に達している事業拠点を評価の対象とする」と例示するととも

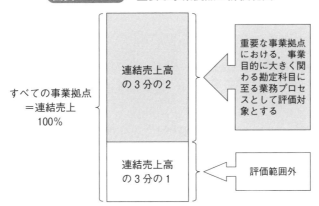

図表Ⅱ-4-21　重要な事業拠点の評価範囲

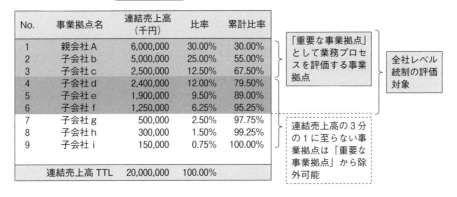

図表Ⅱ-4-22　重要な事業拠点の範囲決定例

104　第Ⅱ部　内部統制評価と効率化の実務

に，一定割合の例として，「**連結ベースの売上高等の一定割合を3分の2程度**」と示しています。

　すなわち，事業拠点ごとに（原則内部取引消去後）売上高を上位ランキング化し，連結売上高の約67％（約3分の2）をカバーするに至るまでの事業拠点を，「重要な事業拠点」として評価対象とすればよいのです。

③　3分の2を下回ることが許容されるケース

　当該事業拠点が前年度に重要な事業拠点として評価範囲に入っている場合で，

- 前年度の当該拠点に係る内部統制の評価結果が有効であること
- 当該拠点の内部統制の整備状況に重要な変更がないこと
- 重要な事業拠点の中でも，グループ内での中核会社でないなど特に重要な事業拠点でないこと

を確認できた場合には，当該事業拠点を本年度の評価対象としないことができるとされ，その場合，結果として，売上高等のおおむね3分の2を相当程度下回ることがありうるとされています（実施基準Ⅱ.2.(2)①（注2））。

④　逆に3分の2以上に範囲を増やすことが求められるケース

　業務プロセスにかかる内部統制の評価範囲の決定は「トップダウン型のリスクアプローチ」が基本であることから，**全社的な内部統制が有効と判断されない場合には，3分の2以上に増やす必要**が出てきます。

　ただし，具体的にどこまで割合を増やすのかは基準で具体的に明示されていません。したがって，企業がしっかりと理論武装をしたうえで，最終的には監査法人との協議事項となると考えられます。

⑤　関連会社の検討

　関連会社については，連結ベースの売上高に関連会社の売上高が含まれていないことから，当該関連会社の売上高等をそのまま上記の一定割合の算出に当てはめることはできません。そのような場合における取扱いとして，基準では，別途，各関連会社の財務報告に対する影響の重要性を勘案して評価対象を決定することとされています（実施基準Ⅱ.2.(2)①（注3））。しかし，具体的な量

的基準値などは示されていないことから，実務の現場では問題となる可能性があります。

Q&A（問5）においては，関連会社の利益に持分割合を掛けたものと連結税前利益とを比較する方法のほか，関連会社の売上高に持分割合を掛けたものと連結ベースの売上高を比較する方法などが例として挙げられ，このような方法を容認しています。

⑥　効率化のためのポイント

文書化作業や評価手続の負荷の程度は，連結売上高の3分の2をカバーするに至る事業拠点として，どのように事業拠点をまとめて識別するか，で大きく変わってきます。そのため，効率化の観点からは，事業拠点の識別単位を決定するにあたり，以下の点に注意しながら慎重に決定する必要があります。

ⓐ　業務フローの同質性，母集団の同一性

支店など，たとえ物理的には複数の事業拠点であったとしても，内部統制実務に際しては業務フローが同じものを，1つの"事業拠点"としてひとまとめに束ねることができれば，**文書化作業は1か所で済みます**。また，その後評価手続を行うに際しても，全体の母集団（内部統制評価の対象となる，個々の取引情報によって構成される，取引情報の集合体。例えば○○月度の売上高明細）を大きくまとめることができるため，支店ごとに母集団を設定しサンプリングする方法と比べて，相対的にサンプル数を減らすことが可能になります。

例えば，国内に同一のシステムにより売上データを管理している，同じ業務を行う5つの支店があったとしましょう。もし，事業拠点を5つそれぞれの単位で識別してしまうと，母集団もそれぞれで識別することになるため，評価時のサンプリングも各支店で25件ずつ（すなわち，25件×5支店＝全125件）といったサンプル数が必要になります（なぜ25件かについては第6章参照）。他方で，もし同一業務として5つの支店を1つの事業拠点として識別すれば，5つの支店全体の取引情報を1つの母集団として識別できるため，サンプル数も全部で25件で済むことになります。つまり，**事業拠点の識別の仕方だけで評価時の手間が5倍も変わってくる**のです。

そのため，なるべく**業務フローが同一の単位で事業拠点を識別することが**，

図表Ⅱ-4-23 事業拠点の識別方法による負荷の差

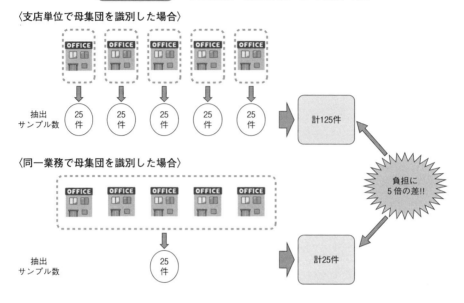

後々の作業負荷の効率化の観点から有効です。

(b) 連結売上高に対するカバレッジ

より多くの売上高を1つの事業拠点にまとめるように事業拠点を識別すると、数としては少ない事業拠点に評価対象を絞ることが可能です。しかし、事業拠点としてまとめた、物理的な各事業体（例えば支店など）の業務フローが統一化されていない場合は、実質的に評価対象範囲を広げてしまうことになります。そのため、事業拠点を識別する際は、**表面的な売上高の高い事業拠点のくくり方を採用することのないよう、慎重な検討が必要**です。

なお、業務フローが複雑な拠点が重要な事業拠点に入らないような事業拠点の識別方法をあえて選択するという考え方も、なきにしもあらずです。例えば、**図表Ⅱ-4-24**の事業セグメント単位で事業拠点を識別した場合では、法人格単位で識別した場合と比べ、子会社ｂが重要な事業拠点から外れる結果となります。そのため、仮に子会社ｂの業務フローが複雑で、評価戦略の観点からｂ社を重要な事業拠点から除外したいという思惑がある場合には、（同図表では評価対象会社数は増えるものの）あえて事業セグメントを単位とした事業拠点

第4章　フェーズ1・計画　107

図表Ⅱ-4-24　事業拠点の識別方法によるカバレッジへの影響

〈法人格単位で事業拠点を識別した場合〉

No.	事業拠点 （法人名）	事業 セグメント	連結売上高 （千円）	比率	累計比率
1	親会社A	A事業	6,000,000	30.00%	30.00%
2	子会社b	B事業	5,000,000	25.00%	55.00%
3	子会社c	A事業	2,500,000	12.50%	67.50%
4	子会社d	A事業	2,400,000	12.00%	79.50%
5	子会社e	A事業	1,900,000	9.50%	89.00%
6	子会社f	A事業	1,250,000	6.25%	95.25%
7	子会社g	B事業	500,000	2.50%	97.75%
8	子会社h	B事業	300,000	1.50%	99.25%
9	子会社i	B事業	150,000	0.75%	100.00%
	連結売上高 TTL		20,000,000	100.00%	

> A社, b社, c社の3拠点のみ業務を文書化・評価すればOK！

〈事業セグメント単位で事業拠点を識別した場合〉

No.	事業拠点 （事業セグメント）	法人名	連結売上高 （千円）	比率	累計比率
1	A事業	親会社A	6,000,000	30.00%	30.00%
3	A事業	子会社c	2,500,000	12.50%	42.50%
4	A事業	子会社d	2,400,000	12.00%	54.50%
5	A事業	子会社e	1,900,000	9.50%	64.00%
6	A事業	子会社f	1,250,000	6.25%	70.25%
2	B事業	子会社b	5,000,000	25.00%	95.25%
7	B事業	子会社g	500,000	2.50%	97.75%
8	B事業	子会社h	300,000	1.50%	99.25%
9	B事業	子会社i	150,000	0.75%	100.00%
	連結売上高 TTL		20,000,000	100.00%	

> 事業拠点数は1つだが, 実質的に5社の業務を文書化・評価しなければならなくなってしまう！

の識別方法も考えられます。

⑦　評価対象とする業務プロセスの識別

　重要な事業拠点が決まったら, その重要な事業拠点の中で, どの業務プロセスを評価していくのか,「業務プロセスの選定作業」が必要となります。「（重要な事業拠点における）事業目的に大きく関わる勘定科目に至る業務プロセス」の識別です。ただし,「事業目的に……」はやや長いので, 本書では「**重要勘定に至る業務プロセス**」や「**重要プロセス**」と表現します。

　基準上, 重要勘定として, 一般的な事業会社を前提とし, 原則として, 以下の3勘定を挙げています。

108　第Ⅱ部　内部統制評価と効率化の実務

- **売上**
- **売掛金**
- **棚卸資産**

　これら3つの重要勘定に至る業務プロセスは，**原則として，すべての業務フローを評価の対象とする必要があります。**

　例えば，売上高に至る業務プロセスの中でも，国内販売と輸出販売，また卸売と小売があり，それぞれ異なる固有の業務フローがあったとしましょう。重要勘定である売上高に占める割合は，国内販売の卸売が80％，国内小売が15％，輸出販売が5％の割合であったとして，基準に基づけば，原則としては，それらすべての業務フローについて評価が必要となるのです。

　なお，棚卸資産に至る業務プロセスには，販売プロセスのほか，在庫管理プロセス，期末の棚卸プロセス，購入プロセス，原価計算プロセス等が関連してくると考えられますが，これらのうち，どこまでを評価対象とするかについては，企業の特性等を踏まえて，虚偽記載の発生するリスクが的確に捉えられるよう，適切に判断される必要があり，監査法人との重要な協議論点となると考えられます。

⑧　重要勘定に至る業務プロセス選定時の効率化ポイント

ⓐ　業務関連性および財務報告影響が低いプロセスの除外

　上述のとおり，**重要勘定に至る業務プロセスは原則としてすべての業務プロセスを評価する必要**があります。ただし，例えば，当該重要な事業拠点が行う重要な事業または業務との関連性が低く，財務報告に対する影響の重要性も**僅少である業務プロセスについては，それらを評価対象としない**ことができます。

　そして，財務報告に対する影響が僅少かどうかの実務的な判断としては，監査の実務上の取扱いに次のように示されています。

監査の実務上の取扱い（Ⅶ.3.⑵③104）

　経営者は次のいずれかの方法または組み合わせに基づいて，毎期継続して評価対象から除外するプロセスの僅少性を判定する。

　・各重要な事業拠点で，評価対象から除外した取引種類に関連する事業目的に

大きく関わる勘定科目残高が各事業拠点の事業目的に大きく関わる勘定科目
残高に及ぼす影響度（事業拠点ごとに除外プロセスが僅少か判断する方法）
・各重要な事業拠点で，評価対象から除外した取引種類に関連する事業目的に
大きく関わる勘定科目残高の合計が事業目的に大きく関わる勘定科目の連結
財務諸表残高に及ぼす影響度（連結ベースで除外プロセスの合計が僅少か判
断する方法）

　また，実施基準においては，機械的に適用すべきではないとの注意点を示し
つつも，「重要な事業又は業務との関連性が低く，財務報告に対する影響の重
要性も僅少なもの」から除外可能な基準値として，以下のように「5％」とい
う僅少性の基準値を示しています。

実施基準Ⅱ．2．⑵②イ
（注1）　「企業の事業目的に大きく関わる勘定科目」については，（売上，売掛金
　　　及び棚卸資産の3勘定はあくまで例示であり，）個別の業種，企業の置か
　　　れた環境や事業の特性等に応じて適切に判断される必要がある。
　　　　例えば，銀行等の場合，預金・貸出業務等を中心とする多くの銀行等に
　　　ついては，預金，貸出金，有価証券の3勘定に至る業務プロセスを，原則
　　　的な評価対象とすることが考えられる。
（注2）　重要な事業拠点における企業の事業目的に大きく関わる勘定科目に至る
　　　業務プロセスの評価範囲については，経営者が重要な虚偽記載の発生する
　　　リスクを勘案して，企業ごとに適切に判断すべきものであり，その判断基
　　　準について，一概に言うことは適切ではないと考えられるが，例えば，売
　　　上を「企業の事業目的に大きく関わる勘定科目」としている場合において，
　　　売上に至る業務プロセスの金額を合算しても連結売上高の概ね5％程度以
　　　下となる業務プロセスを，重要な事業又は業務との関連性が低く，財務報
　　　告に対する影響の重要性も僅少なものとして評価の対象からはずすといっ
　　　た取扱いはありうるものと考えられる。なお，この「概ね5％程度」につ
　　　いては機械的に適用すべきでないことに留意する。

　以上のことから，評価範囲最小化の観点からは，社内で評価範囲決定に関す
る判断基準や判断過程，結論の根拠をしっかりと記録したうえで，以下のよう
な業務プロセスは評価対象から除外することが可能と考えられます。

- 各重要な事業拠点で評価対象から除外した重要勘定に至る業務プロセスが，各事業拠点の当該重要勘定の５％以下となる業務プロセス
- 評価対象から除外した重要勘定に至る業務プロセスの合計が，当該重要勘定の連結合計の５％以下となる業務プロセス

　例えば，先の例の売上プロセスの中でも95％をカバーするに至る国内取引（国内卸売80％＋国内小売15％）の業務フローは文書化・評価対象とするものの，残り５％に含まれる輸出売上にかかる業務フローは文書化・評価の対象外とすることが考えられます。

　(b)　買掛金の消込みにかかる業務プロセスの除外

　先述のとおり重要勘定は「売上・売掛金・棚卸資産」です。

　そのため，棚卸資産勘定の形成過程である，“仕入”プロセス，すわなち，「（借方）仕入（棚卸資産）／（貸方）買掛金」という買掛金の計上サイドの業務プロセスは，重要プロセスとして評価対象に含める必要があると考えられます。

　しかしながら，計上された買掛金を減少させる，「（借方）買掛金／（貸方）現預金」の業務プロセスは，もはや棚卸資産勘定から離れた業務プロセスになるため，評価対象から外したとしても問題はないと思われます。実際，弊社のコンサルティング先では，基本的に当該プロセスは重要プロセスから除外しています（いずれの企業も大手監査法人による監査を受けていますが，協議・交渉の末，除外することが問題になったケースはありません）。

　(c)　原価計算プロセスの評価対象を限定化する

　原価計算プロセスについては，基準上も期末の在庫評価に必要な範囲を評価対象とすれば足りると考えられ，必ずしも原価計算プロセスの全工程にわたる評価を実施する必要はないとされています。

⑨　収益認識会計基準の公表に伴う，内部統制評価範囲へ影響の検討

　わが国においては，企業会計原則の損益計算書原則に，「売上高は，実現主義の原則に従い，商品等の販売又は役務の給付によって実現したものに限る。」とされているものの，収益認識に関する包括的な会計基準はこれまで開発されていませんでした。一方，国際会計基準審議会（IASB）および米国財務会計基準審議会（FASB）は，共同して収益認識に関する包括的な会計基準の開発

を行い，2014年5月に「顧客との契約から生じる収益」（IASBにおいては IFRS 第15号，FASBにおいては Topic 606）を公表しました。

これらの状況を踏まえ，わが国においても，以下の企業会計基準およびその適用指針（以下「収益認識基準等」といいます）が公表されました。

- 企業会計基準第29号「収益認識に関する会計基準」
- 企業会計基準適用指針第30号「収益認識に関する会計基準の適用指針」

これらの収益認識会計基準等は，2021年4月1日以後開始する連結会計年度および事業年度の期首から適用されることになります。また，2018年4月1日以後開始する連結会計年度および事業年度の期首から早期適用も可能です（なお，早期適用については，追加的に，2018年12月31日に終了する連結会計年度および事業年度から2019年3月30日に終了する連結会計年度および事業年度までにおける年度末に係る連結財務諸表および個別財務諸表から適用することができることとされています）。

この基準適用により，従来全額売上として計上されてきた**返品リスクのある販売取引や，ポイント付の商品・サービス販売などについて，一部の金額が売上計上できなくなります**。その結果，**内部統制評価範囲決定に際して，分母として用いられる連結売上高，および各事業拠点の売上高に影響が出てくる**ことが予想されます。

また，本会計基準の適用により，内部統制評価範囲決定上，最も大きな影響を及ぼすと予想されるのは，百貨店においてよく見られる消化売上や，商社においてよく見られる在庫リスクを伴わない売上など，いわゆる**代理売上**取引です。

本会計基準に基づくと，自社で在庫リスク等を負わない代理売上については，手数料相当分のみを売上として計上することとされています。そのため，従来売上高と売上原価を総額で計上していた百貨店や商社に関しては，自社の売上高と売上原価とが相殺表示され純額化されることで，いっきに売上高の金額が減ることとなります。

当然，内部統制評価範囲決定の際に用いられる連結売上高と各事業拠点の売上高の額も大きく変更されますので，その結果，「全社レベルの内部統制」や「重要な事業拠点」の範囲の見直しが必要となる可能性がある点，注意が必要です。

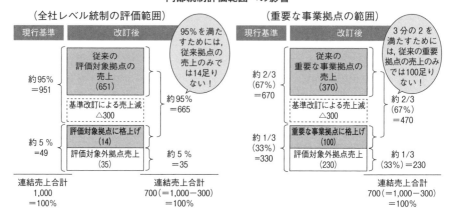

図表Ⅱ-4-25 収益認識会計基準の適用に伴う内部統制評価範囲への影響

(6) その他追加的に評価する業務プロセス（質的に重要な業務プロセス）の評価範囲

① 質的重要性の考慮要素

ここまで、「全社的な内部統制」や「全社レベル決算財務報告プロセス」、さらには「重要な事業拠点における、財務報告に重要な影響を与える勘定科目に至る業務プロセス（いわゆる重要プロセス）」の評価範囲について解説してきました。これらの評価範囲の決定方法は、連結売上高の95％や、3分の2といった量的な重要性の基準値に基づき決定されることを説明しました。

ただ、残念ながら、**プロセスレベルの内部統制の評価はこれだけに限りません**。なぜなら、実施基準において、経営者は量的重要性の観点から評価範囲を決めた「重要プロセス」等に加え、財務報告への影響を勘案して**質的重要性の**

観点からも，追加的に評価すべき業務プロセスの有無を検討する必要がある旨，が定められているからです（実施基準Ⅱ．2．(2)②ロ）。

　質的重要性判断の考慮要素としては，実施基準において以下のa．～d．の4項目が示されています。

a. リスクが大きい取引を行っている事業または業務に係る業務プロセス

　例えば，財務報告の重要な事項の虚偽記載に結びつきやすい事業上のリスクを有する事業または業務（例えば，金融取引やデリバティブ取引を行っている事業または業務や価格変動の激しい棚卸資産を抱えている事業または業務など）や，複雑な会計処理が必要な取引を行っている事業または業務を行っている場合には，当該事業または業務に係る業務プロセスは，追加的に評価対象に含めることを検討する必要があります。

b. 見積りや経営者による予測を伴う重要な勘定科目に係る業務プロセス

　例えば，引当金や固定資産の減損損失，繰延税金資産（負債）など，見積りや経営者による予測を伴う重要な勘定科目に係る業務プロセスで，財務報告に及ぼす影響が最終的に大きくなる可能性があるものは，追加的に評価対象に含めることを検討する必要があります。経営者や経理担当者による恣意性が介在する余地が大きい項目だからです。

c. 非定型・不規則な取引など虚偽記載が発生するリスクが高いものとして，特に留意すべき業務プロセス

　例えば，通常の契約条件や決済方法と異なる取引，期末に集中しての取引や過年度の趨勢から見て突出した取引等非定型・不規則な取引を行っていることなどから虚偽記載の発生するリスクが高いものとして，特に留意すべき業務プロセスについては，追加的に評価対象に含めることを検討する必要があります。慣れない取引に係る会計処理は誤る危険性が高いからです。

d. 上記その他の理由により追加的に評価対象に含める特定の取引または事象

　例えば，コベナンツ（財務制限条項）に関係する事項，過去の不正・監査指摘事項，上場廃止基準に関係する事項などが考えられます。

　この場合において，財務報告への影響の重要性を勘案して，事業または

業務の全体ではなく、特定の取引または事象（あるいは、その中の特定の主要な業務プロセス）のみを評価対象に含めれば足りる場合には、その部分だけを評価対象に含めることで足りるとされています。

一般的には、上記の質的重要性の要件に照らして、追加的に評価対象となる業務プロセスとしては、債権評価（貸倒引当金）や退職給付、税効果（特に繰延税金資産の評価）、投資や固定資産評価（減損）といった、いわゆる「業務プロセスとしての決算・財務報告プロセス」が多いものと思われます。

② 効率化のポイント

⒜ 重要性の基準値によるスクリーニング

以上、量的重要性の観点から「重要プロセス」から除外されていたプロセスが、質的重要性の観点から「敗者復活」的に評価範囲に含められる可能性がある点を解説しました。

それでは、上記a.〜d.に該当し、質的重要性があるとされる勘定や業務プロセスは、どんなに金額が小さくても評価対象に含める必要があるのでしょうか。

これはあくまで私見ですが、答えは"ノー"であると考えます。

なぜなら、内部統制報告制度の趣旨は、財務諸表上の"重要な虚偽記載"につながる内部統制の不備の有無を、投資家をはじめとする利害関係者に開示することであるため、たとえa.〜d.に該当したとしても、投資家の投資意思決定に影響しないような僅少なプロセスまですべて評価する必要はないと考えるからです。

このような考え方は、基準がトップレベル型のリスクアプローチを採用することで、その他の業務プロセスにかかる評価範囲を限定化させている基本的な立場にも整合するものと考えられます。よって、質的重要性の観点から追加的に評価する業務プロセスの範囲決定に際しても、金額的な重要性を加味して、最終的な評価範囲を決定することが可能と考えられます。

なお、**基準上は評価範囲決定時における重要性の基準値について明確には言及していません**。そのため、企業経営者が質的重要性のある業務プロセスについて、さらに金額的重要性をもって評価範囲の絞り込みを行うとするならば、

専門的な判断のもと，独自に評価範囲決定時における金額的な重要性の基準値を決定する必要があります。

その際，注意すべきは，基準が「（評価の結果）発見された不備の重要性の基準値」として例示している「連結税引前当期純利益の5％」よりも相当程度下回る金額に設定する必要がある点です。そうでなければ評価手続実施対象の精度が粗くなってしまい，結果として開示すべき重要な不備が評価対象から漏れてしまう危険があるからです（開示すべき重要な不備は，単独の不備のみならず，複数の不備が合わさって重要と判断される場合もあるのです）。

また，ベンチャー企業など赤字上場企業や，直近年度が赤字決算の企業の場合では，連結税前当期純利益といったベンチマークが利用できないケースがあります。そのような場合には，代替的に連結総資産や連結売上高をベンチマークとする必要があると考えられます。しかし，これらのベンチマークは利益と比べると大きい金額であることが想定されるため，パーセンテージ設定の際は，仮に税前当期純利益をベンチマークとした場合の基準値と比べて著しく大きくならないよう，調整することが必要と考えられます。

(b)　全社レベル内部統制の評価から除外された拠点

その他追加的に評価する業務プロセス（質的に重要な業務プロセス）の評価対象決定にあたって検討する事業拠点の範囲について，基準では「重要な事業拠点及びそれ以外の事業拠点」と示しており，企業グループを構成する全事業拠点が質的重要性検討の対象であるとも読めます。

しかしながら，基準において最も重要とされている「全社的な内部統制」ですら評価をしないような僅少な事業拠点（すなわち，連結売上高の95％に含まれない事業拠点）にまで，果たして業務プロセスの評価は必要なのでしょうか。

これはあくまで私見ではありますが，トップレベル型のリスクアプローチを採用している基準の趣旨に鑑みるならば，全社的な内部統制評価範囲から除外された事業拠点については，質的重要性の検討対象から除外することは可能と考えます。

ただし，**経営者は**，合理的に評価の範囲を決定し，当該内部統制の**評価の範囲に関する決定方法および根拠等を適切に記録しなければならない**とされており（基準Ⅱ．2．(2)），また**監査法人への説明が必要になる**ことから，なぜ質的

116　第Ⅱ部　内部統制評価と効率化の実務

重要性の検討対象から除外したのか，どの拠点を除外したのか，といった自社の論拠や判断基準，検討の過程，結果といった情報は**「評価範囲決定調書」**としてしっかりと記録しておく必要があります。

図表Ⅱ-4-26　評価範囲決定過程のまとめ

①全社的な内部統制の評価範囲の選定	②全社レベルの決算・財務報告プロセスに係る内部統制の評価範囲の選定	業務プロセスに係る内部統制の評価範囲の決定 （③重要な事業拠点における企業の事業目的に大きく関わる勘定科目に至る業務プロセスの選定，④その他の業務プロセスの選定）		

Q1. 全社的な内部統制か？（※1）
No →
Q2. 全社レベルの決算・財務報告プロセスか？（※1）
No →
Q3. 連結売上高の3分の2をカバーするために必要な事業拠点か？（※2, 3）
No →

Yes ↓
Q4. 企業の事業目的に大きく関わる勘定科目（例：売上，売掛金，棚卸資産など）か？（※3）
No →

Q5. 質的重要性があるか？（下記のいずれかに該当するか？）
a. リスクが大きい取引を行っている事業・業務
b. 見積りや経営者による予測を伴う重要な勘定科目に係る業務プロセス
c. 非定型・不規則な取引など虚偽記載が発生するリスクが高いもの
d. 上記その他の理由により追加的に評価対象に含める必要があるか（※3）
No →

Yes ↓
Q6. 金額的に重要な業務プロセスか？
（たとえば，不備の重要性の判断基準である，連結税前利益の5％の，さらに20％を超える勘定に至る業務プロセス）（※3）
No →

Yes ↓

評価対象外

Q1. Yes ↓　Q2. Yes ↓　Q4. Yes ↓　Q6. Yes ↓

評価対象

※1　全社的な内部統制および全社レベルの内部統制は原則的に全事業拠点が対象であるため，Q1，Q2ではいずれかに該当する場合（Yesの場合），評価対象としています。
※2　全社的な内部統制の評価結果が有効でない場合は，Q3のカバー率を3分の2よりも増加させる必要があります。
※3　Q1，Q2にて財務報告へ与える影響が僅少であることから評価対象外となった事業拠点がある場合には，Q3以降（特にQ5，Q6に影響が出ます）の検討対象に入れなくてもよいと考えます。

第Ⅱ部　内部統制評価と効率化の実務

第5章
フェーズ2・文書化

　評価範囲が決まったら，いよいよ内部統制文書の作成，すなわち「文書化」作業の開始です。文書化作業の目的は，その後の評価手続の実施に必要となる，自社の評価範囲の業務プロセス等に内在する財務報告リスクと，これに対応する内部統制（以下「コントロール」といいます）の洗い出しにあります。いわば，**評価手続を行うための「下準備」作業**です。

　ただし，「下準備」とはいっても，文書化作業は，内部統制チームにとっても評価対象となる現場担当者にとっても，内部統制導入**初年度において最も負荷の高い業務**です。そのため，文書化作業を論理的に簡素化し，また効率化することは，導入期における内部統制対応の効率化，およびその後の評価手続簡素化の大きな成功要因となります。

　そこで本章では，具体的にどのような手順でどのような文書を作成していくのが効率的か，またやり直しによる二度手間リスクを最小限にするために，文書化の際の注意点について解説していきます。

この章のポイント

- 文書化することは内部統制対応のゴールではなく，評価手続の「下準備」に過ぎない。
- 3点セット文書化は，業務記述書＆フローチャート→リスクコントロールマトリクス（RCM）の順で行うと効率的。
- ヒアリングと同時にエビデンス確認もすることで，二度手間を回避する。
- 共通する業務フローは参照を利用し，文書の共通化を図る。
- 財務報告リスクに絞る。
- 財務報告リスクは原因×勘定科目×アサーションで識別する。
- コントロールありきで考えない。
- RCMでキーコントロールを極限まで絞り込む。

118　第Ⅱ部　内部統制評価と効率化の実務

第1節　文書化作業の成果物と手順

(1)　文書化作業で作成する調書

①　3点セットとは

文書化作業で作成すべき資料として，最も一般的な例が，いわゆる「3点セット」と呼ばれる以下の3種類の資料です。

(a)　業務記述書

　各業務プロセスにおける取引の発生から会計処理に至るまでの過程を，文章にまとめた調書。また，当調書上で財務報告に係るリスクと社内に存在する統制（コントロール）を抽出するための調書。

(b)　フローチャート

　業務記述書の内容を，抽出されたリスクとコントロールとともに視覚的に図示した調書。

(c)　リスクコントロールマトリクス（以下「RCM」といいます）

　業務記述書やフローチャートにて特定された財務報告リスクと，これに対応する統制（コントロール）の対応表。また，当調書上で，財務諸表を作成するための要件（アサーション。136頁参照）や，運用状況の評価対象となる統制上の要点（キーコントロール）を表示する。

　これら3点セットについては，実施基準の末尾にて例示が載せられていますが，これに縛られることなく，フォーマットや表現方法，ワープロソフトや表計算ソフトなどの利用ソフトの選択など，各社の創意工夫をもって自由に決めることが可能です。

　ご参考までに，筆者がコンサルティングの現場で利用しているフォーマットをご紹介します。その後の評価手続を効果的かつ効率的に進められるよう，必要十分な情報が一覧化できるように工夫してあります（**図表Ⅱ-5-1～3**（120頁以降）参照）。

② 既存の社内資料を転用すれば楽になる？

実は，基準では3点セットという作成文書を例示しているものの，企業が文書化にあたって**作成すべき資料を指定するルールはありません**。また，金融庁公表の「内部統制報告制度に関する11の誤解」では，「特別な文書化が必要か」との問いに対して，「企業の作成・使用している記録等を適宜，利用」と回答しています。「監査の実務上の取扱い」においても，中小規模企業においては，必要とされる文書化の程度と範囲について一定の配慮が必要である旨が記載されています。

これは，内部統制対応負荷の軽減という経済界からの強い要請に対する配慮から，社内資料を適宜使えるように示したものと考えられます。そのため，すでに ISO 審査目的など，企業内に業務フロー図等の資料があれば，それを内部統制報告制度の目的に転用することも可能とされています。

しかしながら筆者は，内部統制報告制度のために既存の社内資料を用いることは基本的にはお勧めしません。

その理由は，既存資料の転用は評価範囲（文書化範囲）が過大になってしまったり，また漏れが生じる危険性が高く，**かえって大変になる**からです。

たしかに，既存の社内文書を転用できれば，導入期の大きな負荷である文書化作業自体は楽になるかもしれません。しかしながら，内部統制報告制度における文書化作業は，「評価を行うための下準備」，最初のステップである点を忘れてはいけません。下準備を怠ると，後々大変な苦労が待ち受けているのです。

具体的には，以下の2つの観点から問題が生じる危険があります。

ⓐ 業務フローがズレる

既存資料に記録されている業務フローは，ISO など，別の目的で必要な内容が記録されていると思われますが，これは必ずしも内部統制報告制度（J-SOX）の評価範囲と一致しているとは限りません。

内部統制報告制度は，親会社のみならず子会社等も対象になりうる一方で，対象業務フローは，重要な事業拠点における重要勘定に至る業務プロセスや，質的重要性のあるその他追加プロセスのみに絞り込めば十分であるためです。そのため，既存資料と内部統制報告制度の範囲は一致しないことのほうがむしろ自然ですので，**既存資料を転用することで評価範囲が過大になったり，漏れ**

120　第Ⅱ部　内部統制評価と効率化の実務

図表Ⅱ-5-1　業務記述書

大分類		中分類		小分類		コントロールか単なるアクティビティか	関連する勘定科目	業務内容（コントロールの場合は，網掛け表示。(注)参照）
プロセスコード	プロセス名	番号	サブプロセス名	番号	タスク名			
RR1	売上・売掛金プロセス	1	製品売上	1	新規取引先口座開設	●	売上高・売掛金	RR1-1-1 C1 承認 顧客から引き合いを受けると，営業担当は取引先口座開設申請を作成し，決裁権限規程に基づく決裁権限者が承認を行う。承認証跡は申請書上に承認印が残される。 ●●円以上：社長 ●●円～●●円まで：営業部長 ●●円未満：営業所長
RR1	売上・売掛金プロセス	1	製品売上	2	与信管理	―	―	新規取引先に関しては，本社経理担当が与信調査を行ったうえで経理部長の承認のもと，与信限度枠を設定する。
RR1	売上・売掛金プロセス	1	製品売上	3	マスター管理	●	売上高・売掛金	RR1-1-3 C1 アクセス制限 顧客マスタや単価マスタに関しては，アクセス権限表にてあらかじめ定められた情報システム部の従業員のみが変更可能。
RR1	売上・売掛金プロセス	1	製品売上	3	マスター管理	●	売上高・売掛金	RR1-1-3 C2 承認 顧客マスタ，単価マスタの変更・新規登録は，情報システム部長の事前承認が必要（画面上で承認ボタン）。承認の証跡は承認ログにて記録される。
RR1	売上・売掛金プロセス	1	製品売上	3	マスター管理	●	売上高・売掛金	*RR1-1-3 C2 承認* *顧客マスタ，単価マスタの変更・新規登録は，情報システム部長の事前承認が必要（画面上で承認ボタン）。承認の証跡は承認ログにて記録される。*
…	…	…	…	…	…	…	…	…
…	…	…	…	…	…	…	…	…
RR1	売上・売掛金プロセス	1	製品売上	7	収益認識・売上計上	●	売上高・売掛金	RR1-1-7 C1 突合 経理部担当者が月次で会計システム上の売上明細と当月発行の納品書・請求書とを突合し売上計上金額の確認を行う。確認の証跡は売上明細上に押印にて記録。
RR1	売上・売掛金プロセス	1	製品売上	7	収益認識・売上計上	●	売上高・売掛金	RR1-1-7 C2 突合 経理部担当者が年次で期末直前直後の出荷取引5件を抽出し，会計システム上の売上明細と突合することで，売上計上の期ズレの有無を確認。確認の証跡は抽出したサンプルの納品書と売上明細上に押印にて記録。
…	…	…	…	…	…	…	…	…
…	…	…	…	…	…	…	…	…

（注）　░░░：コントロールポイント　　*斜体*：別リスクに対する同コントロールのコピー

IT統制か	実施者	頻度	関連資料・エビデンス	財務報告リスク		
				不正リスクか	リスクに関連する勘定とアサーション	財務報告リスクの名称
−	社長 営業部長 営業所長	その都度	取引先口座開設申請	●	売上高・売掛金の実在性	RR1-1-1 R1 架空の売上取引が計上されることで売上高・売掛金の実在性を損なうリスク
		−	−	−	−	− (債権評価はその他プロセスとして評価するためここでは債権評価にかかるリスクは識別しない)
●	情報システム部の担当者	常時	・アクセス権限表 ・ログイン画面	●	売上高・売掛金の実在性・網羅性	RR1-1-3 R1 不正なマスタ操作により，売上高・売掛金の実在性・網羅性が損なわれるリスク
−	情報システム部長	その都度	承認ログ画面	●	売上高・売掛金の実在性・網羅性	RR1-1-3 R1 不正なマスタ操作により，売上高・売掛金の実在性・網羅性が損なわれるリスク
−	情報システム部長	その都度	承認ログ画面	−	売上高・売掛金の実在性・網羅性	RR1-1-3 R2 単価登録を誤ることで，売上高・売掛金の実在性・網羅性が損なわれるリスク
…	…	…	…	…	…	…
…	…	…	…	…	…	…
−	経理部担当者	月次	売上明細 納品書ファイル	−	売上高・売掛金の実在性・網羅性	RR1-1-7 R1 仕訳を誤る・入力を誤ることで売上高・売掛金の実在性・網羅性が損なわれるリスク
−	経理部担当者	年次	売上明細 納品書	−	売上高・売掛金の期間配分の適切性	RR1-1-7 R2 未納品・未提供の取引について売上を計上することで売上高・売掛金の期間配分の適切性が損なわれるリスク
…	…	…	…	…	…	…
…	…	…	…	…	…	…

図表Ⅱ-5-2 フローチャート

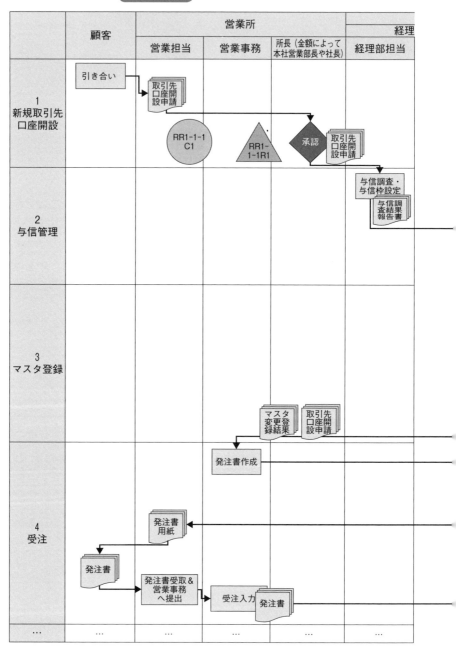

第 5 章 フェーズ 2・文書化 123

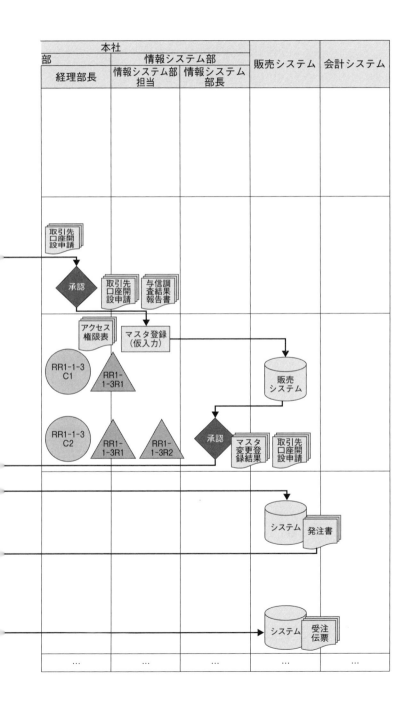

124 第Ⅱ部　内部統制評価と効率化の実務

図表Ⅱ-5-3　リスクコントロールマトリクス（RCM）

| リスク | 適正な財務諸表作成のための要件（アサーション） | | | | | | | 不正リスク | 関連する勘定科目 |
	実在性	網羅性	権利と義務の帰属	評価の妥当性	期間配分の適切性	表示の妥当性			
RR1-1-1 R1 架空の売上取引が計上されることで売上高・売掛金の実在性を損なうリスク	●	●	－	－	－	－	●	売上高・売掛金
RR1-1-3 R1 不正なマスタ操作により，売上高・売掛金の実在性・網羅性が損なわれるリスク	●	●	－	－	－	－	●	売上高・売掛金
RR1-1-3 R1 不正なマスタ操作により，売上高・売掛金の実在性・網羅性が損なわれるリスク	●	●	－	－	－	－	●	売上高・売掛金
RR1-1-3 R2 単価登録を誤ることで，売上高・売掛金の実在性・網羅性が損なわれるリスク	●	●	－	－	－	－	－	売上高・売掛金
…	－	－	－	－	－	－	－	…
…	－	－	－	－	－	－	－	…
RR1-1-7 R1 仕訳を誤る・入力を誤ることで売上高・売掛金の実在性・網羅性が損なわれるリスク	●	●	－	－	－	－		売上高・売掛金
RR1-1-7 R2 未納品・未提供の取引について売上を計上することで売上高・売掛金の期間配分の適切性が損なわれるリスク	－	－	－	－	●	－		売上高・売掛金

第5章 フェーズ2・文書化 125

コントロール記述 ＆コントロールNo.	IT	統制実施部署・担当者	実施頻度	エビデンス名
RR1-1-1 C1 承認 顧客から引き合いを受けると，営業担当は取引先口座開設申請を作成し，決裁権限規程に基づく決裁権限者が承認を行う。承認証跡は申請書上に承認印が残されれる。 ●●円以上：社長 ●●円～●●円まで：営業部長 ●●円未満：営業所長	―	社長 営業部長 営業所長	その都度	取引先口座開設申請
RR1-1-3 C1 アクセス制限 顧客マスタや単価マスタに関しては，アクセス権限表にてあらかじめ定められた情報システム部の従業員のみが変更可能。	●	情報システム部の担当者	常時	・アクセス権限表 ・ログイン画面
RR1-1-3 C2 承認 顧客マスタ，単価マスタの変更・新規登録は，情報システム部長の事前承認が必要（画面上で承認ボタン）。承認の証跡は承認ログにて記録される。	―	情報システム部長	その都度	承認ログ画面
RR1-1-3 C2 承認 顧客マスタ，単価マスタの変更・新規登録は，情報システム部長の事前承認が必要（画面上で承認ボタン）。承認の証跡は承認ログにて記録される。	―	情報システム部長	その都度	承認ログ画面
…	―	…	…	…
…	―	…	…	…
RR1-1-7 C1 突合 経理部担当者が月次で会計システム上の売上明細と当月発行の納品書・請求書とを突合し売上計上金額の確認を行う。確認の証跡は売上明細上に押印にて記録。	―	経理部担当者	月次	売上明細 納品書ファイル
RR1-1-7 C2 突合 経理部担当者が年次で期末直前直後の出荷取引5件を抽出し，会計システム上の売上明細と突合することで，売上計上の期ズレの有無を確認。確認の証跡は抽出したサンプルの納品書と売上明細上に押印にて記録。	―	経理部担当者	年次	売上明細 納品書

が生じる危険性が高くなります。また，無理に既存資料を転用し，「増改築」を繰り返すことで，かえって混乱をきたすことも十分に考えられます。

　⒝　リスクがズレる

　内部統制報告制度における内部統制の評価は，財務報告リスクにかかるもので十分です。しかしながら，既存資料は財務報告リスクに特化しているとは限らず，事業上のリスク（例えば，請求漏れリスクや貸倒リスクなど）も含まれていることがあります。

　よって，**本来不要な業務まで評価を余儀なくされ，逆に財務報告リスクの観点から必要な情報が漏れる危険**があります。

　以上のことから，制度としては３点セットに限定されるわけではありませんが，３点セットは実際よくできた資料ですし，監査法人等にとっても見慣れた資料ですので，後々の作業の効率性まで視野に入れて，ぜひ**「内部統制報告制度の利用目的に特化した」**調書作成をしていただければと思います。

　もし，すでに内部統制報告制度を導入済みで，既存の社内資料により制度対応をしている場合には，もしかすると過剰な対応をしている可能性があります。監査法人等は，企業が過剰に対応している分には業務を減らせとは言いません。企業の評価結果の中で監査に必要な部分だけを見ています。ですので，一度評価範囲や識別しているリスク，対応するコントロールについて“見直し”をすることも一案と思われます。

⑵　文書化の手順

　いざ３点セットを作成しようとしても，同時に３つの調書を作り始めると，どこから手を付けていいのかわかりませんね。そこで，次節からは３点セットの作成を前提に，具体的な手順を解説していきます。

　そもそも文書化作業の目的は，評価手続を行うに足りる，財務報告リスクの識別と対応するコントロールの識別にある点は，先述のとおりです。そのため，最終的には，財務報告リスクとコントロール（さらには，コントロールの中でも重要とされるキーコントロール）を抽出することを念頭に，まずは自社の業務の流れを把握する作業から開始します。

- ステップ1：
  業務記述書＆フローチャートの作成……第2節，第3節
- ステップ2：
  RCMの作成……第4節

第2節　業務記述書の作成

(1)　業務記述書作成の目的と作成方法

まずは，評価対象である自社の業務プロセスについて，事業の理解とともに，取引の発生から終了（会計情報として処理されるまで）の一連の流れを把握します。

把握の方法としては，対象となる現場担当者に対するヒアリングや取引にかかるエビデンスや規程などの関連資料の閲覧を併用しながら進めます。

(2)　作成時における効率化のための注意点

①　取引の発生から終了までを網羅する

取引の発生から，必ず会計情報として処理されるまでの過程を網羅します。内部統制報告制度は，会計の制度ですので，親会社の連結財務諸表の構成要素となる，**会計処理や開示情報作成が終了地点**となる点に注意が必要です。

②　リスクや統制のみならずプロセスの全体像を記録する

ヒアリングの段階では，リスクの所在やそれが事業リスクなのか，財務報告リスクなのか，コントロールは何なのか，という点を意識はしつつも，これらに限定せず，業務内容全体を網羅的に理解できることのほうが重要です。まず**はプロセスの全体像を洗い出し，記録する**ことに力点を置いてください。リスクとコントロールは，業務記述がひととおりでき上がったところでピックアップしていくイメージです。

③ 記載内容は事実誤認がないかヒアリング先の現場担当者にも確認してもらう

　ヒアリング内容を完全に理解し記録するのは，とても難しいことです。そのため，内部統制チームによって記載された業務記述内容に誤解がないか，**ヒアリング先の現場担当者にも確認してもらう**ことが，後々の二度手間リスクを軽減することにつながります。

④ 一連の業務に関係するエビデンスのサンプルを入手し，業務記述書と相互参照できるよう関連付けておく

　内部統制コンサルティングの現場でよく経験するのが，現場担当者の「**言ってることと，やってることが違う**」ケースです。

　現場担当者からは「ここで●●課長がA資料とB資料の一致を確認して承認をして……」と説明を受けていたため，その説明をもとに文書化作業を進めていたところ，後々，評価手続を行ってみると，「そんな承認は実はない」，ただ「その代わりにXXXさんがXXXという別のチェックをしていて……」という，内部統制チームにとっては文書化作業の大幅な見直しにつながる"ちゃぶ台返し"が，悲しいかな現場では割と頻繁に起こります。

　このような文書化と評価手続のやり直しによる二度手間リスクを極力排除するために，**業務記述書作成段階から，関連する業務規程やエビデンスサンプルを入手，閲覧しておくことは大変有効**です。これにより，現場担当者の記憶誤りや事実誤認による説明誤りを適時に修正することが可能になります。

⑤ 「現状」の業務を記録する

　現場担当者の「言ってること」と「やってること」が全然違ってしまう原因の1つとして，「あるべき論」を教えてくれている場合があります。

　社内のルール上「そうあるべき」であることが規定されているのであれば，ルール上の流れを記録しておくことは無駄ではないのですが，担当者の個人的な見解に過ぎない場合もあります。

　ここで，財務報告の観点からは，**「社内のルール」どおり業務を実施しているか，が必ずしも「あるべき姿」ではない点に注意が必要**です。ここが，通常

の内部監査と大きく異なる点です。なぜなら「社内のルール」自体が，財務報告の観点から不十分である場合もあるからです。

そのため，社内のルールどおりに業務を実施していればよいというものではなく，**「財務報告リスクが合理的な水準まで低減できるよう，適切に対応できている」ということが業務フローの「あるべき姿」**となります。

社内のルールは（しかるべき手続を経て）後から変更することも可能ですので，**業務記述の段階では等身大の「現状」を把握して記録する**ことを心がけましょう。

⑥　変更が予定されている業務の文書化は保留する

内部統制の有効性の評価基準日はあくまで「決算期末日」ですから，決算期末日に存在しない業務フローをいくら文書化しても何の意味もないということになります。

そのため「現状を記録」とお話しましたが，先述のとおり，システムリプレイスが予定されているなど，今後業務フローの大幅刷新が予定されている業務については，改編タイミングが作業上の支障にならなければ，**潔く文書化作業を一時中断し，業務フロー改編まで作業を保留しておいたほうが得策**と思われます（改編後の予想フローをヒアリングしながら文書化を進めるのもいいですが，新システムが稼働するまで関連するエビデンスの入手は困難と予想されますので）。

⑦　共通業務フローは参照を用いて文書を共通化する

あるA事業という業務プロセスと，B事業という業務プロセスについて，それぞれ売上・売掛金に関する文書化作業を進めている中で，当初は別々の業務フローから始まっていたものの，途中から部分的に共通のフローにつながる場合があります。例えば，受注管理等や納品業務といったサブプロセスは各支店や各事業部で行っているものの，請求，入金管理，会計業務といったサブプロセスは本社がすべての支店ないし事業部の取引をとりまとめ，集中管理しているケースなどです。

こうしたプロセスをまたぐ共通フローがある場合に，AとBのプロセスそれ

130 第Ⅱ部 内部統制評価と効率化の実務

図表Ⅱ-5-4 文書の共通化イメージ

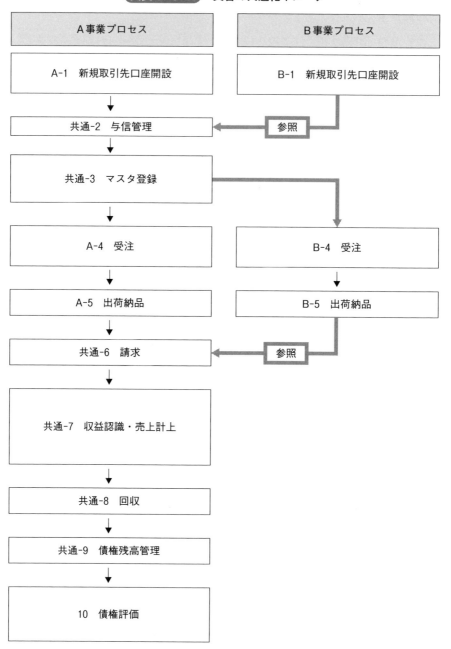

ぞれで同じサブプロセスの文書を作成し，リスクとコントロールを識別してしまうと二度手間となってしまいます。効率化の観点からは，**一方が他方の文書を部分的に参照する形をとる**ことをお勧めします。

(3) まだ業務フローや内部統制が未整備の企業の場合

上場を目指すほどの企業で，業務のフローが"まったくない"，という企業はそう多くないと思いますが，それでも"社内ルールとして業務フローが確立されていない"という企業は意外と多いのではないでしょうか。

このような業務フロー未確立の企業の場合には，次頁の**図表Ⅱ-5-5**のように，大まかな業務の流れに，あらかじめ想定される財務報告リスクとコントロールを書き出しておいて，ヒアリングをしながらチューニング，すなわち同時並行的に社内の内部統制の整備を進めるほうが効率的な場合もあります。

参考までに，同図表では一般的な商品販売業における販売プロセス（売上高・売掛金に至る業務プロセス）の想定フローをご紹介します。

なお，文書化作業やその後の評価作業の効率化を考えると，**業務フローはなるべく画一化・共通化し，枝葉のフローを作らない**ことがポイントです。枝葉が増えれば増えるほど，文書化作業やそのフローに関するリスクとコントロールの識別が必要になり，またサンプル数も増えていくからです。

(4) 一連の流れを洗い出せたら，リスクとコントロールを抽出する

一連の業務の流れを洗い出せたら，その中から，財務報告リスクと，対応するコントロールを抽出し，それぞれリスク番号とコントロール番号を付番しておきます。

財務報告リスクおよびコントロールの識別方法や記録の際の注意点は，第4節「リスクコントロールマトリクス（RCM）の作成」にて解説します。なお，業務記述書作成の段階では，後述のキーコントロールまでは検討不要です（キーコントロールはRCM上で選定します）。

132　第Ⅱ部　内部統制評価と効率化の実務

図表Ⅱ-5-5　商品販売プロセスの想定フロー例

想定される業務フロー	想定されるリスク	想定されるコントロール	想定されるエビデンス
1　新規取引先口座開設	・実在しない売上を計上するリスク（実在性リスク）	新規取引先口座開設に関する上長承認	新規取引先口座開設申請書
2　与信管理	財務報告リスク対象外 ←貸倒リスクはビジネスリスク。 （間接的には債権評価リスクにつながる可能性）	－	－
3　マスタ登録	単価登録を誤るリスク（実在性・網羅性リスク）	・マスタ管理のアクセス制限 ・マスタ登録の上長承認	・アクセス権限表（画面コピー） ・マスター登録時の承認画面
4　受注	財務報告リスク対象外 ←赤字受注はビジネスリスク。	－	－
5　出荷納品	財務報告リスク対象外 ←受注したとおりのモノを提供できないリスクはビジネスリスク	－	－
6　請求	財務報告リスク対象外	－	－
7　収益認識・売上計上	・仕訳を誤る・入力を誤るリスク（受注段階で入力作業している場合はそこに遡ってチェック）（実在性・網羅性） ・未納品・未提供の取引について売上を計上するリスク（期間配分の適切性リスク）	・仕訳入力結果と納品書・請求書との突合 ・期末前後のカットオフチェック	・売上計上仕訳の仕訳伝票＆納品書・請求書（担当者突合印）
8　回収	回収された売掛金が正しく消し込まれないリスク （回収方法のバリエーションに注意）	・（売掛金消込み）仕訳入力結果の突合	消込仕訳の仕訳伝票（担当者の突合印）
9　債権残高管理	上記売上と消込リスク参照。 （残高管理は補完的統制ゆえ，新たなリスク識別は不要）	・期末債権残高確認（会社独自実施分）	残高確認状
10　債権評価	（債権評価を誤るリスク） 質的重要性の観点から追加する業務プロセスにて評価のため省略。	・予防的統制：与信管理，エイジングリストによる滞留チェック ・発見的統制：貸し引き計算シートの上長承認	・与信枠決定の稟議書 ・売掛金エイジングリスト（滞留債権リスト） ・貸し引き計算シート

第5章　フェーズ2・文書化　133

第3節　フローチャートの作成

(1)　フローチャートを作ることのメリット

　業務記述書を作成する段階で，同時並行的にフローチャートを作ることをお勧めします。文書化の際，ヒアリング先の現場担当者に，ヒアリング結果を取りまとめた文書を確認してもらいたいたいと思っても，業務記述書はどうしても字の情報が多く，現場担当者にとって負荷が重いため，協力を得づらい場合があります。そんなときにフローチャートであれば，取引の流れが図で追いやすく，必要な情報に簡単にアクセスできますので，現場担当者にとっても負荷が少なくなるというメリットがあります。

　また，内部統制チームとしても，**フローチャートがあれば事後的に業務の流れを確認したり，担当者変更による引継ぎが格段にやりやすくなる**というメリットがあります。

　フローチャートに記載する内容は，基本的に業務記述書と同じです。表現方法として"言葉（文字）"ではなく"図"で表すという差だけです。よって，業務記述書をしっかりと作り込むことができれば，フローチャートの作成は簡単といえます。

　もし，上場準備中の企業であれば，上場審査書類である「新規上場申請のための有価証券報告書（Ⅱの部）」（以下「Ⅱの部」といいます）という社内管理体制の書類を作成する必要があり，その一環として，主要な製・商品およびサービスについて，受注から仕入・生産，納品および代金の回収・支払に至るまでの主な事務フローチャートを添付する必要があります。

　ここで，添付すべき業務の対象と，内部統制報告制度における評価対象となる業務プロセスは必ずしも一致するとは限りませんが，**内部統制報告制度において評価対象となる重要プロセス等は，Ⅱの部でも転用できる可能性が高い**ため，ここでフローチャートをしっかり作り込んでおくと，後々の上場準備作業も楽になるかもしれません。

(2) フローチャートで使用する記号例

フローチャートで使用する際は，文字よりも図形で表現したほうがわかりやすいといえます。あらかじめ，各プロセスで使用する図形（記号）について取り決めておくとよいでしょう。

図表Ⅱ-5-6　フローチャートの記号例

照合作業などの業務処理に使用します。

上長による承認手続などに使用します。

作成された書類を表します。

業務管理システムや会計システムなど，関連するシステムを表します。

対象業務に財務報告リスクがある場合に，リスクの所在やリスク番号を示すために使用します。

対象となるリスクに対し，照合作業や承認手続などの内部統制がある場合に，統制の所在や統制番号を示すために使用します。

第5章 フェーズ2・文書化 135

第4節 リスクコントロールマトリクス（RCM）の作成

(1) 3点セットの中で最も重要な調書

評価を行うためには，財務報告リスクとこれに対応するコントロールを洗い出し，理解する必要があります。そのため，評価実施者である内部統制チーム，および監査人にとって**最も重要な調書は，3点セットの中でも特にRCM**であると考えられます。むしろ先述の業務記述書やフローチャートは，RCMを作成するための下書き，といっても過言ではないかもしれません。

ただし，RCMをしっかりと作成するためには，まず業務記述書やフローチャートをしっかりと作り込み，業務の流れを理解する必要があります。また，後々，業務の流れを再確認したり，担当者が代わった場合の引継ぎでも業務記述書やフローチャートは大変有用です。そういう意味で，業務記述書やフローチャートも，適宜メンテナンスすることをお勧めします。

(2) 業務記述書とRCMの違い

業務記述書は，リスク項目に限らず，業務の一連の流れを時系列でまとめたものです。一方の**RCMは**，業務記述書で識別したリスクとコントロールのみを抽出し，**"リスク"別に対応関係を示せるように並び替えたもの**です。

よって，両者の記載されているリスクやコントロールにかかる内容自体は同じですが，その後の評価手続で使用されるのは，財務報告リスクに軸を置いて，リスク別にコントロールが集計されたRCMになります。

(3) 財務報告リスクの識別方法

① 財務報告リスクの識別は職人芸？

財務報告リスクは，財務報告の信頼性を脅かす要因を意味しますが，基準はその識別方法について明確に定めていません。また，大手の監査法人でも，おそらく財務報告リスクの識別方法について，確立した方法やマニュアルは存在しないと思われます（少なくとも，筆者が大手監査法人に在籍していた当時はありませんでしたし，その後多くの大手監査法人対応をする中でも聞いたこと

136　第Ⅱ部　内部統制評価と効率化の実務

はありません）。

　しかしながら，不思議なことに，監査の現場を数多く経験していくにつれ，「この科目はどの点について注意すべきか（どこがリスクか）」，「このような事業の場合，ここが危ない」といった，嗅覚が自然と身についてくるようになり，こういった監査の "勘所" は，実務指針や研修，監査実務を通じて多くの監査法人，公認会計士に共有されています。実務上はこうした公認会計士の専門的な判断により，企業の担当者を指導しながら識別されるケースが圧倒的に多いのです。

　そのため，筆者としては "全社レベルから業務プロセスに至るまで，どこにどのような「財務報告リスク」が存在するのか" というリスクの識別は，自社**監査法人以外の経験ある公認会計士に依頼**して，"専門的判断" という名の "職人芸" 的な嗅覚で識別してもらったうえで，監査法人との協議（折衝）を通じて最終確定していく方法が，実は一番確実で近道ではないか，と思っています。

　ただ，それでは読者の皆さまのなす術がなくなってしまうので，ここではご参考までに，弊社が内部統制コンサルティング現場で利用している，よりシステマティックに，かつ論理的に財務報告リスクを識別する方法をご紹介します。

　それは，リスクを以下の3つのコンポーネントに分解して説明する方法です。

　　原因×勘定科目×アサーション（※）

　リスク記載の表現を，以下の形式で統一するとわかりやすいでしょう。

　　「○○（原因）により，△△（勘定）の××（アサーション）が損なわれるリスク」

　（例）　架空売上が計上されることにより（原因），売上高・売掛金（勘定）の実在性（アサーション）が損なわれるリスク

　なお，アサーション（適正な財務諸表作成のための要件）とは，経営者が適正な財務諸表の作成を主張するために必要とされる要件のことで，財務報告リスクを考えるうえでの指標です。実施基準Ⅱ.3.(3)②イでは，以下の要件が示されており，後述の RCM 上で用いるアサーションも下記 a.～ f.の中から選択する必要があります。

　a.**実在性**

　　資産および負債が実際に存在し，取引や会計事象が実際に発生している

こと

b．**網羅性**

計上すべき資産，負債，取引や会計事象をすべて記録していること

c．**権利と義務の帰属**

計上されている資産に対する権利および負債に対する義務が企業に帰属
していること

d．**評価の妥当性**

資産および負債を適切な価額で計上していること

e．**期間配分の適切性**

取引や会計事象を適切な金額で記録し，収益および費用を適切な期間に
配分していること

f．**表示の妥当性**

取引や会計事象を適切に表示していること

内部統制報告制度において評価の対象となるのは，あくまで財務報告の信頼
性に関するリスクのみです。

例えば，下記の中で財務報告の観点から問題なのはどれでしょうか？

(a) 購入稟議制度がないために，社員が社用車として勝手に高級スポーツ
カーを購入してしまった。

(b) 債権滞留管理が徹底されていなかったために，回収期限到来済みの遅延
債権に気づかず債権回収不足が生じた。

(c) 税金計算を誤ってしまい，本来必要となる額の納税をしなかった。

(d) 与信管理が徹底されていなかったために，倒産寸前の企業に商品を掛売
りしてしまい，結局売掛金が貸し倒れた。

(e) 債権評価管理が甘く，十分な貸倒引当金を計上しなかった。

実は，(a)～(d)はすべて直接的には財務報告リスクではなく，財務報告リスク
といえるのは(e)のみと考えられます（専門家によって見解が相違する場合もあ
る点，ご容赦ください）。

(a)に対する見解 →資産保全の観点からは大きな問題といえますが，財務報
告の観点からは，トラックであろうがスーパーカーであろうが購入した資

産が正しく貸借対照表に計上されていれば問題ありません。

(b)に対する見解 →同じく資産保全の観点からは"とりっぱぐれ"は大きな問題といえます。しかしながら，(以下の(e)の債権評価の問題はあるにせよ)財務報告上は第一義的に回収された債権のみを消し込み，未回収の債権はそのまま債権として貸借対照表に計上されていれば問題ないといえます（むしろ，実際に回収していない債権を期限到来したからといって消し込んだとしたら，財務報告上問題です）。

(c)に対する見解 →これはかなり微妙ですが，この場合も資産保全や法令遵守の観点からは大変な問題ですが，財務報告の観点からは，申告額で未払法人税等が計上され，また実際の納付額で未払法人税等が消し込まれている限り，第一義的には財務報告上の問題とはいえないのではないでしょうか（未払法人税の計上誤り自体が監査上の問題になる可能性は大いにありますが）。

(d)に対する見解 →しつこいですが，これも資産保全の観点からは大問題ですが，財務報告の観点からは，実際に売ったタイミングと金額による売上高が計上され，貸倒れの事実が生じたタイミングで売掛金から貸倒損失に振り替えられている限り，財務報告の問題にはなりません。

(e)に対する見解 →これは貸借対照表の資産価額が実態と乖離してしまうため，財務報告リスクとして識別する必要があります。

② 陥りがちな誤り～内部統制ありきで考えてはいけない～

リスクを識別する際は，上記のような3つのコンポーネントを意識すると作りやすくなりますが，慣れないうちは，どうしてもコントロールありきでモノを考えてしまい，その結果，想定されていたコントロールがないことをもってすぐに「内部統制の不備」が識別されてしまう結果になりがちです。

よくある誤りは，例えばこうです。

「◇◇（コントロール）がないことにより，△△（勘定）にかかる××（アサーション）が損なわれるリスク」

どこが問題かわかりますでしょうか？

ポイントは，**「原因」を記載すべき箇所に「コントロールがない」ことを記**

述してしまっている点です。

内部統制報告制度は，あくまでリスクマネジメントの業務です。そのため，常に思考回路の順序として意識すべきは，「**どのようなリスクがあるか？　そのリスクは何かしらのコントロールによってカバーされているか？**」です。**コントロールがないからリスクがあるのではなく，リスクがあるからコントロールによってリスクを低減すべき**である点は，常に留意する必要があります。

（例）
- 誤：未承認の販売取引が行われることで，売上高，売掛金の実在性が損なわれるリスク
- 正：架空の販売取引が行われることで，売上高，売掛金の実在性が損なわれるリスク

→上記リスクを軽減するために通常整備されるコントロールとして，受注前の上長承認がある。

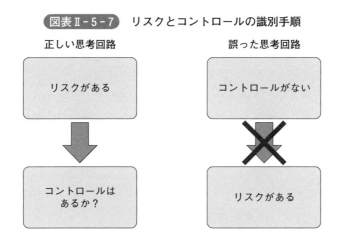

図表Ⅱ-5-7　リスクとコントロールの識別手順

③　コントロールチェックリストを使うことの危険性

そういった観点からは，筆者は**「チェックリスト方式」による機械的な内部統制のチェック手続は大変危険**であると考えています。

実施基準において，全社的な内部統制の例を42項目挙げており，多くの企業がこの42項目の有無を，自社の全社的な内部統制の有効性チェックに利用して

いるのではないかと予想します。しかしながら，ではそこに記載されている内部統制は，果たして貴社の事業の実情に合うものなのでしょうか？　もし，実施基準の例示どおりの内部統制がなかったとしたら，開示すべき重要な不備があるということを意味するのでしょうか^(注)？　実施基準の例示どおりの内部統制はないけれど，自社では別の形でコントロールが効いていることもあるでしょうし，そもそも該当するリスク自体が存在しない場合もあるはずです。

　　（注）　全社的な内部統制の不備は，開示すべき重要な不備を示唆するため。

　チェックリストを活用するのは，ゼロベースから統制を識別するよりもよほど効率的で論点が大ズレしないという安心感はありますが，**むやみに活用するのではなく，常にその内部統制が求められる背後にある趣旨，すなわちリスクの所在について意識を働かせる**必要があります。

④　リスクの重要性評価を行うことでリスクをスクリーニングする方法も

　中堅・中小企業向けの簡素化事例を紹介した「事例集」では，リスクの分析と評価を行う際に，見積要素のある項目や過去に監査指摘のあった事項など，特に重要なリスクと，それ以外のリスクを区分して特定し，特に重要なリスクに評価の重点を置くことで，評価手続のメリハリを付けるといった簡素化事例が紹介されています（事例３－２）。これは，あくまで中堅・中小企業向けの紹介事例ではありますが，識別したリスクの中で重要度別に評価対象とすべきリスクとそうでないリスクに分けて，評価対象のスクリーニングを行う方法も考えうるということです（ないしは，リスクの重要度に応じて評価手法に緩急を付ける方法も考えられます）。

(4)　コントロールの識別方法

　リスクが識別できたら，次に当該リスクを低減するためのコントロールの有無を確認していくことになります。

①　コントロールの種類

　コントロール欄の記述にあたっては，欄の頭に以下のようなコントロールカテゴリーを意識すると，業務フローの中から抽出しやすくなります。また，調

書への記録の際，コントロール記述は長文になりがちですが，コントロール記述欄の頭にカテゴリーを表記すると，読みやすく明確になります。

図表Ⅱ-5-8 コントロールカテゴリーの例

コントロール カテゴリー	IT業務 処理統制	解説
承認		上長による承認行為
突合		別資料間の情報の照合による確認
業務分掌		担当者を分けることで牽制する
インターフェース	●	異なるシステム間の情報の自動転送
自動計算	●	システムが自動で計算を実行（または自動で対象項目を抽出・集計）
自動仕訳	●	システムが自動で仕訳を起票
アクセス制限	●	システム内の情報の閲覧や操作権限の範囲を業務上必要な範囲に制御
マネジメントレビュー		上長による概括的・大局的な分析・チェック

※システムから自動出力された資料（債権の年齢調べ帳など）をもとに，レビュー（滞留債権レビューなど）を実施する統制（いわゆるIT依存統制）の場合には，自動計算のコントロールと，マネジメントレビューの2つに分解してコントロールを記載する場合もあります。

② 5W1Hの明記

コントロール内容を記載する際は，5W1Hを必ず明記するよう心掛けましょう。中でも，下記の4W1Hは必ず盛り込むようご注意ください（Whyはリスク低減のため，ということが明白なので，都度記載する必要はありません）。

- Who：誰が（統制実施部署・役職）
- When：いつ（どのくらいの頻度で）
- Where：どこで
- What：何を
- How：どのように（何と何を確認しているか，証跡は？）

（例）　経理課長（Who）が月次で（When）A資料のA欄とB資料のB欄のXXの金額の一致を突合により確認（What & How）をしている。突合の証跡は，A資料とB資料の下に経理課長の押印にて残される（証跡）。

※　Whereについては本社や営業所など，文脈で明白であれば省略可。

③ コントロール証跡の明確化

５Ｗ１Ｈのうち，Ｈについて，証跡がどのように残されているか（何をもってコントロールが行われたことを確認できるか）の記載は漏れがちですので，特に注意が必要です。というのも，評価作業を実施するうえでは，コントロールの実在性を確認する術として，**証跡の有無は重要な証拠**となるからです。そのため，監査法人等の第三者でも，後で何という資料を入手してどこを確認すればよいのか，容易に追跡ができるよう，エビデンスの名称（可能な限り正確に），および証跡の残し方（例：表紙に押印）については必ず記載するよう心掛けてください。

証跡の残し方は，すべての伝票に押印やサインが必ず必要というわけではなく，カバーシートやチェックシートなどでコントロールの実施状況を記録しておく方法も考えられます。しかしながら，何かしらの証跡を残しておかないと，せっかく適切にコントロールを実施しているのに，その整備・運用状況を立証することができなくなってしまいます。

④ 頻度欄の記載

後の評価フェーズ（運用状況の評価手続）では，チェック対象となるエビデンスを選定する作業（「サンプリング」といいます）の統一的なマニュアルを作る必要があります。その際，必要となるサンプル数は，「母集団」と呼ばれる対象取引の全体情報の数に応じて決定されます。取引の数は，すなわちコントロールの実施頻度を意味するからです。また定型的な業務の場合，その実施頻度がコントロールの母集団推定に役立ちます。よって，文書化の段階でコントロールの実施頻度の記載方法を定めたうえで記録しておくと，後の作業が効率的になります。

図表Ⅱ-5-9　実施頻度の種類例

(a) 常時	(e) 月次
(b) その都度（年間約●●回）	(f) 四半期ごと
(c) 日次	(g) 半期ごと
(d) 週次	(h) 年次

⑤ リスクとの対応関係の明確化

　コントロールの識別は，業務記述書にて洗い出した業務手続の中から，識別された財務報告リスクに対するコントロールを抽出する作業です。ただし，先述のとおり，業務記述書は，取引の始まりから終了までを時系列的に記載したものであるため，業務記述書内でコントロールを識別しただけでは，財務報告リスクとコントロールの対応関係が不明瞭となり，その後の評価手続に支障をきたしてしまいます。

　そこで，業務記述書で識別したリスクとコントロールを，RCMにて，**リスク別にコントロールを並べ変えることで，リスクとコントロールの対応関係**

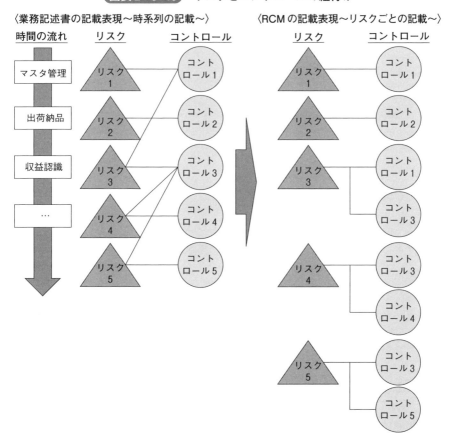

図表Ⅱ-5-10　リスクとコントロールの紐付け

144 第Ⅱ部 内部統制評価と効率化の実務

（紐付け）を明確化していきます。

(5) キーコントロールの選定

① キーコントロールとは

キーコントロールとは，各財務報告リスクに対応するコントロールの中でも，財務報告の信頼性に重要な影響を及ぼす統制上の要点をいいます。基準上はキーコントロールのことを「統制上の要点」と表現していますが，監査の現場では一般的に「キーコントロール」と呼びますので，本書でもキーコントロールと呼ぶことにします。

キーコントロールは，評価フェーズの中でも最も負荷のかかる運用状況評価の対象となり，後々の評価作業負荷に大きく影響しますので，キーコントロールの選定を論理的かつ戦略的に実施することは大変重要です。

② キーコントロールの抽出方法

基準上，キーコントロールの選定については特段言及されていません。そのため，**"専門家の判断"** を通じて，監査法人等とも協議を通じて最終確定していくことになります。しかしながら，キーコントロールを選定するうえでは下記について意識すると，よりシステマティックな選定が可能になります。

③ 1リスク1キーコントロールの識別

財務報告リスク1個につき，最低でも1つはキーコントロールを識別するよう注意すると，まったくカバーされない財務報告リスクが残ることを防ぐことができます。

ただし，そもそもリスクの重要度を事前に高・中・低など評価したうえで，重要度"高"のリスクについてキーコントロールの選定を行う，といった方法も考えられます（事例集3－2参照）。

④ キーコントロールとなるコントロールの要件

キーコントロールとして選ぶコントロールは，下記のように，**強力**，もしくは**広範囲**に対応できるコントロールとなります。

- 各財務報告リスクに対応するコントロールの中で，最も強力なもの（統制目標に最も有効な統制）

または

- より多くの財務報告リスクに対応するコントロール

図表Ⅱ-5-11 キーコントロール選定の優先順位

		統制の強弱（※1）	
		強	弱
統制のカバーするリスクの範囲	多	優先度1	優先度3（※2）
	少	優先度2	選定対象外

※1 統制の強弱の判断要素

①統制実施者の上下関係
  ⇒より上位者（責任者）により実施される統制が"強"。
②統制実施場所の位置づけ・タイミング
  ⇒より財務報告に近い（下流）統制，より会計期間末日に近い統制が"強"。

※2 "弱"の統制をキーにする際の留意点

当該統制のみで，対応する財務報告リスクを合理的水準まで低減できるか慎重に検討し，不十分と思われる場合には同リスクに対応する別の統制と併せ，複数キーコントロールとして選定を行う。

⑤ RCMサマリーの活用

リスクとコントロールの対応関係はRCMにて表現できますが，**図表Ⅱ-5-12**のような「RCMサマリー」をRCMの別表として作成すると，各財務報告リスクに対する各コントロールのカバー範囲がよりわかりやすくなり，キーコントロールの選定がしやすくなるのでお勧めです。

146　第Ⅱ部　内部統制評価と効率化の実務

図表Ⅱ-5-12　RCMサマリー

		コントロール				
		コントロール1	コントロール2	コントロール3	コントロール4	コントロール5
リスクポイント	リスク1	◎				
	リスク2		◎			
	リスク3	●		◎		
	リスク4			◎	●	
	リスク5			◎		●

（注）
◎　キーコントロール
●　コントロール

⑥　特に財務報告に重要な影響を与えるもの

　2011年3月の基準改訂においては，経済界からの制度対応負荷の軽減要請を受け，キーコントロールの中でも「財務報告の信頼性に特に重要な影響を及ぼすもの」を除くコントロールは，運用評価を一定の条件のもと，一定の複数年度置きに実施することが認められるようになりました。

　ただ基準上，「財務報告の信頼性に特に重要な影響を及ぼすもの」の明確な定義は示されておらず，"単なる"キーコントロールと，キーコントロールのうち"財務報告の信頼性に特に重要な影響を及ぼすもの"の区分けはあいまいであるため，例えば**図表Ⅱ-5-13**のような判断基準によって区分けしていくことが考えられます。

　また，逆にこのあいまいさを逆手にとって，キーコントロール選定に際しては，最初から「財務報告の信頼性に特に重要な影響を及ぼすもの」のみをキーとして抽出すると考えることで，その後の運用状況評価にかかる手続上の負荷が軽減される可能性が考えられます。すなわち，「財務報告の信頼性に特に重要な影響を及ぼすもの」ではないコントロールは，そもそもキーコントロールではないと考えるのです。

図表Ⅱ-5-13　財務報告の信頼性に特に重要な影響を及ぼすものの判断基準例

- 財務数値に直結するリスクに対するコントロールか
- コントロールの対象となる勘定の金額的な影響が重要か
- リスクに対応する唯一のコントロールか
- 同一リスクに対応するコントロールの中で最も強力に機能するか

図表Ⅱ-5-14　従来のキーコントロール概念と，財務報告の信頼性に特に重要な影響を及ぼすものの関係性

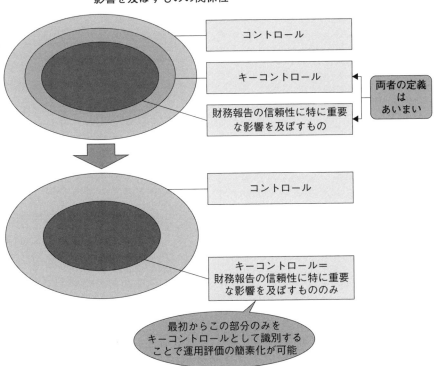

第Ⅱ部　内部統制評価と効率化の実務

第6章
フェーズ3・評価（整備・運用状況の評価）

　評価作業は，文書化作業と異なり初年度のみで終わるものではなく，原則として毎期継続的に実施する必要がある，大変骨が折れる作業です。

　しかしながら，一定の条件のもと複数年に1度の評価が許容される場合があったり，監査法人等による監査手続を省力化することで監査対応の手間を省力化するなどの効率化施策も考えられます。ただしそのためには，**自社の評価手続の過程や入手したサンプル，そこから得られた結論についてしっかりと記録を残す必要があります**。なぜなら，監査法人等に対して，自社の効率化施策の正当性を説明できる必要がありますし，監査法人等監査の省力化を狙うためには，まず自社の評価記録が彼らの監査証拠として利用するに足るだけの証拠力や信頼性，客観性を備えておく必要があるからです。

　逆にしっかり記録しておかなければ，手戻りが生じる可能性がありますし，狙えたはずの監査省力化が実現できなくなります。さらに自身が正しい結論を導き出すことができず，内部統制報告書の虚偽表示や監査の不適正意見にもつながりかねません。

　そこでこの章では，「**急がば回れ**」の観点から，「**監査に耐えうる**」品質の内部統制の評価手続の実施と調書の作成方法に重点を置いて，具体的な評価実務について解説していきたいと思います。無論，その中での効率化・簡素化ポイントも併せて説明していきます。

この章のポイント

- 評価フェーズは，期中とロールフォワード期間の2回に分ける。
- それぞれ整備状況評価と運用状況評価がある。
- 整備状況評価は"ウォークスルー"により，浅く広く定点評価する。
- 運用状況評価は"運用テスト"で，深く狭く期間評価する。
- 監査に耐えうる品質維持の観点から，評価マニュアルの整備が必須。
- 評価手続の内容と結果は，RCM上に，整備評価→運用評価の順に記録する。
- 専門家をうまく利用して，スピードアップと全体コストの最適化を図る。
- 外部に委託している業務についても評価が必要となる。

150　第Ⅱ部　内部統制評価と効率化の実務

第1節　評価手続の種類

(1)　期中評価とロールフォワード期間における評価

①　実施のタイミングによる評価の種類

評価手続の実施タイミングには，大きく分けて下記の**2つのタイミング**があります。

(a)　期中評価

会計年度の一定期間を評価基準日とした暫定的評価手続です。例えば，会計年度開始後6か月～9か月程度経過した時点の有効性を評価します。内部統制報告制度における有効性の評価基準日は決算期末日であることから，期中評価の結果は**あくまで暫定的評価**という位置付けになります。そのため，期中評価の結果のみでは内部統制報告書の意見表明には使えませんが，期末近くにすべての評価を行うことは現実的に困難であるため，期中にひととおりの評価を実施してしまうのが一般的です。本章では，基本的に期中評価を中心に解説していきます。

(b)　ロールフォワード期間における評価（以下「ロールフォワード評価（またはRF評価)」といいます）

ロールフォワード期間とは，期中評価の基準日から本番の有効性評価基準日である会計期末日までの期間を意味します。

RF評価は，期中評価にて暫定的に結論付けた内部統制の有効性に関する結論を，本番の有効性評価基準日である**会計期末日まで引き延ばすための追加的な評価手続**です。例えば，期中で有効と結論付けられたコントロールの整備・運用状況に変更がないことをヒアリング等により確認することで，期中の結論を期末日の結論として利用します。また，期中で非有効と結論付けられたコントロールについては，RF期間における改善状況を再度評価し，会計期末日における有効性を確認します。

RF評価手続の詳細は第8章にて解説します。

② なぜ期中評価とロールフォワードの2回に分けて評価するのか

第4章第2節でも解説したとおり，内部統制の有効性を判断する評価基準日は連結グループ親会社の決算期末日です。そのため，「評価手続の実施も期末日ギリギリでよいのでは？」と思われる方もいらっしゃるのではないでしょうか。基準にも，評価手続の開始についての個別具体的な規定はありませんから，そのような考え方も一理あるかもしれません。

しかしながら通常は，**発見された多くの内部統制上の不備を改善するためには多くの時間と労力を費やす**必要があります。また，**内部統制評価手続は膨大**ですので，期末日直前にすべての評価手続を集中させるのは，評価する側もされる側も監査する側も，限られた人的資源の中で対応することを前提とすると現実的ではありません。

このように関係者の負荷の観点，また評価戦略の観点から，期中とロールフォワード期間の2回に分けて評価を実施するのです。

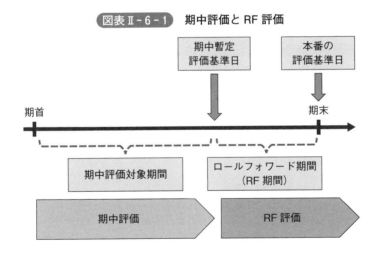

図表Ⅱ-6-1　期中評価とRF評価

(2) 整備状況評価と運用状況評価

① 深度別の評価の種類

期中評価，RF評価ともに，評価の深度によって整備状況の評価と運用状況の評価に分けることができます。

152 第Ⅱ部　内部統制評価と効率化の実務

⒜　整備状況の評価

　整備状況の評価とは，社内の各業務に潜在する財務報告リスクを低減するために，社内に対応するコントロールが規程などのルールとして存在し，社内に実在しているか否かを確認する手続です。

　そのため，整備状況の評価は，一定時点，**定点的な内部統制の有効性**を検証する手続といえます。

　なお，整備状況の評価手続は，一般的に後述の「**ウォークスルー**」という手続で実施されます。

⒝　運用状況の評価

　運用状況の評価とは，整備状況の評価手続によって有効に整備されていると判断されたコントロールについて，それらが評価対象期間を通じて，継続的に有効に運用されているか否かを確認する手続です。業務が，どの取引であっても，対象期間を通じて，定められたルールどおりに守られ，徹底されているかを確認するものです。

　そのため，運用状況の評価は，整備状況が定点的であったのに対し，**期間を通じた内部統制の有効性**を検証する手続といえます。

　なお，運用状況の評価手続は，一般的に「**運用テスト（有効性テスト）**」と呼ばれる手続で実施されます。

②　なぜ整備評価と運用評価を実施しなければならないのか

　本来であれば，すべての取引についてコントロールを確認できるのが理想です。しかしながら，限られた人員と時間的制約の中で，すべての取引を確認するのは困難です。そこでまずは，ウォークスルーを通じて**浅く広く**内部統制の

図表Ⅱ-6-2　整備状況と運用状況

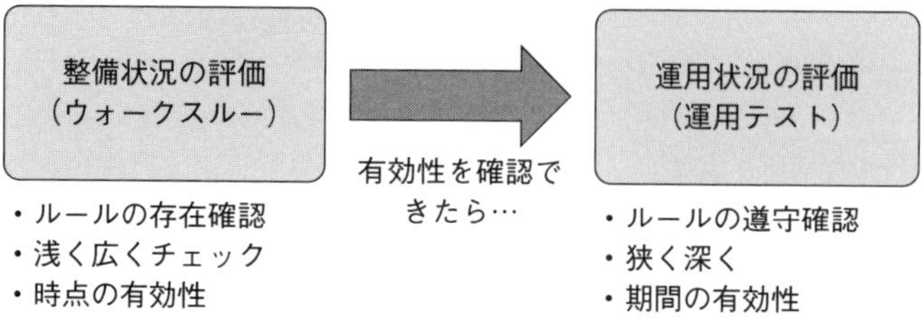

整備状況の評価
（ウォークスルー）

　　　有効性を確認で
　　　　きたら…

運用状況の評価
（運用テスト）

・ルールの存在確認
・浅く広くチェック
・時点の有効性

・ルールの遵守確認
・狭く深く
・期間の有効性

整備状況を確認し，定点的な有効性が確認できたら，それらのコントロールのうち，**重要な点が期間を通じて有効に機能しているか**を，運用テストによって確認するのです。

第2節　整備状況の評価実務～ウォークスルーとは～

(1) ウォークスルー手続（WT）の概要

整備状況の代表的な評価方法がウォークスルー（WT：Walk Through。なお，整備状況の評価をTOD：Test of Designともいいます）です。WTは，評価対象となる業務プロセスにおける取引を，1つサンプルとして抽出し，そのサンプル取引の開始から終了までの一連の業務の流れを，文書化作業にて識別したコントロールにかかるエビデンスを閲覧（または質問，観察等）することで，当該業務プロセスにかかるコントロールの整備状況の有効性を確認する手続です。

WTはサンプル数1件（複数拠点の場合は，拠点ごとに1件抽出するケース

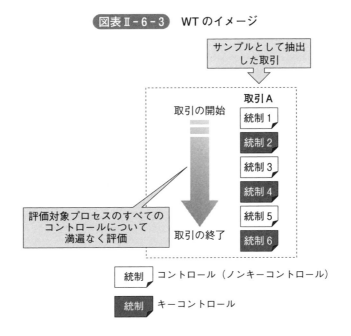

図表Ⅱ-6-3　WTのイメージ

154 第Ⅱ部 内部統制評価と効率化の実務

もあります）のみを抽出する一方，識別されたコントロールについてはひととおりの確認を行うことから，**"定点的"**，また，**"浅く広く"** コントロールの有効性を確認する方法といえます。

実施基準Ⅱ.3.(3)③

　経営者は，上記②によって識別した個々の重要な勘定科目に関係する個々の統制上の要点が適切に整備され，実在性，網羅性，権利と義務の帰属，評価の妥当性，期間配分の適切性，表示の妥当性といった適切な財務情報を作成するための要件を確保する合理的な保証を提供できているかについて，関連文書の閲覧，従業員等への質問，観察等を通じて判断する。この際，内部統制が規程や方針に従って運用された場合に，財務報告の重要な事項に虚偽記載が発生するリスクを十分に低減できるものとなっているかにより，当該内部統制の整備状況の有効性を評価する。

監査の実務上の取扱い145項

　ウォークスルー（取引の開始から取引記録が財務諸表に計上されるまでの流れを内部統制評価の実施基準3.(7)①ハ.ニ.ホ.ヘ.に記載の内部統制の記録等により追跡する手続）

---

(2) WT 実施担当者の適格要件

WT の実施者には，少なくとも次の要件を満たすことが必要と考えられます（後述第3節の運用テストも同様です）。

- **評価対象業務プロセスからの独立性**
- **評価手続を適切に実施するに足りる十分な専門能力**

また，「監査の実務上の取扱い」において，監査法人等が企業の内部統制評価結果を自身の監査証拠として利用する場合，企業の内部統制評価担当者の能力を評価することが求められています。その際の考慮事項として列挙されている事項と上記の要件は整合します（監査の実務上の取扱い233項参照）。

ところで，日常業務を遂行する者や当該部署担当者によるセルフチェック（自己点検）については，日々の業務の有効性向上につながるというメリットがあるため，積極的に取り入れることをお勧めします。しかしながら，内部統

制報告制度における"評価手続"という観点からは、**コントロール実施者本人（ないし実施部署）によるセルフチェックでは独立的評価とは認められない**ため、注意が必要です。

(3) WTの対象範囲

① WTの評価対象となるプロセス

WTの評価対象は、**評価範囲として決定されたすべての業務プロセス**です。

なお、全社的な内部統制についてはプロセスではないので、業務をフローという形で追うことはできませんが、全社的な内部統制についても同様に各コントロールについてサンプルを1件程度抽出し、コントロールの実在性を確認することになります。

② WTの対象となるコントロール

実施基準Ⅱ.3.(3)③では「統制上の要点（すなわちキーコントロール）」と示されていますが、WTの対象となるコントロールは、基本的に各プロセスにおけるすべてのコントロールを対象としておくことをお勧めします。すべてのコントロールの有効性を満遍なく確認しておくことで、万が一、当初キーコントロールにしようとしていたコントロールが非有効という結果になった場合に、代替的な統制（補完統制）をキーコントロールとして選定しやすくなるというメリットがあります。

(4) WTの評価方法

① WTマニュアルの作成

WTの対象となる業務プロセスが多岐にわたる場合、WT手続は、複数人の内部統制チーム担当によって、同時並行的に実施されることが多いと思われます。

そうした中で、**担当者ごとの評価の方法や視点、品質にバラつきが出ないよう、経営者はWT手続のマニュアル（ないしガイドライン）を作成し、あらかじめチームメンバーに周知・教育をしておく必要があります。**

このマニュアルには、プロセスごとの評価実施時期や評価実施担当者の役割

156 第Ⅱ部 内部統制評価と効率化の実務

分担，評価対象範囲となるプロセス，具体的な評価方法，評価の結果を記録するための調書の記載方法など，それぞれの担当者が一定の品質で，漏れなくダブりなく内部統制の評価手続を実施し，記録に残すことができるよう，必要十分な情報を盛り込んでおく必要があります。

② WT手続の代表的な評価手法

WTに限らず，コントロールの有効性を評価するための代表的な手法には，以下のようなものがあります。

ⓐ 再 実 施

再実施とは，コントロールが正しく機能している場合と同様の行為を評価者が再現し，コントロールが想定どおりに機能するかを確認することで，内部統制の有効性を確認する手法です。再実施は，一般的には証拠力が最も強い手続ですが，通常相当の労力を要します。

ⓑ 観　察

評価者が，コントロールの実施されている実際の現場を詳しく見ることにより，内部統制の有効性を確認する方法です。観察も，通常は実際にコントロールが実施されている現場に赴く必要があり，労力を要します。

ⓒ 閲覧・調査

コントロールの一環で作成，入手されたエビデンス（検討結果の文書，承認結果の文書，取引を記録した文書，関係者，取引先から入手した文書等）について，コントロール実施の証跡を詳細に閲覧，調査することで，内部統制の有効性を確認する方法です。

ⓓ 質　問

評価者が現場担当者などのコントロール実施者に対して質問・ヒアリングを実施し，内部統制の有効性に関する心証を形成する手法です。

ただし，質問は，一般的に証拠力が弱い手法とされているため，他の手続が採用可能な場合は，積極的に用いるべきではありません。また，質問を採用する場合にも，証拠力を高めるために，複数名の担当者に質問するか，観察などの他の評価手法と組み合せて実施することが望まれます。

第6章　フェーズ3・評価（整備・運用状況の評価）　157

図表Ⅱ-6-4　コントロールの評価手法

評価手法	内容
再実施	評価者が実際に同様の行為を実施することにより，内部統制の有効性を確認する手法。 証拠力が強いが，相当の労力を要する。
観察	評価者が現場の状況を観察することにより，内部統制の有効性を確認する方法。実際の現場に赴く必要があり，労力を要する。
閲覧・調査	評価者がエビデンス上の捺印状況など，コントロールの証跡を詳細に閲覧，調査することで，内部統制の有効性を確認する方法。
質問	評価者が質問・ヒアリングを実施し，内部統制の有効性に関する心証を形成する手法。 証拠力が弱い手法であるため，他の手続と組み合せて実施することが望まれる。

（左側に「高」から「低」へ向かう矢印、「証拠力」と記載）

(5) WT実施上の留意事項

WT実施の際は，例えば下記のような点に注意が必要です。

- RCMで識別された全コントロールについて実施する。
- 評価対象期間に開始し，かつ終了した取引のみをサンプルとして抽出
- 1つの取引について，開始から終了までの一連の流れを見る
- エビデンスの閲覧にあたっては，RCM上の記載内容と，実際の資料との証跡の相違の有無を確認し，コピーを調書化
- コントロールの実施証跡がエビデンス上から確認できない場合は，複数名への質問や観察手続を行う

(6) 前年度の整備評価結果の利用による簡素化

整備評価は，**原則として毎期実施する**必要があります。ただし，2011年3月の改正にて，**下記の条件を満たす場合に限り，前年度の整備状況の評価結果を継続して利用できる**ことになりました（実施基準Ⅱ.3.(3)③注意書き）。

- 全社的な内部統制の評価結果が有効であること
- 財務報告の信頼性に特に重要な影響を及ぼすキーコントロール以外のコントロールであること
- 前年度の評価結果が有効であり，かつ，前年度の整備状況と重要な変更が

158　第Ⅱ部　内部統制評価と効率化の実務

ないこと

・上記についてその旨を記録すること

図表Ⅱ-6-5　WT の前年度結果利用可否の検討フロー

```
┌─────────────────────┐
│  全社的な内部統制の評価結果  │─── No ──┐
│      が有効か？       │         │
└─────────────────────┘         │
          │ Yes                  │
┌─────────────────────┐         │
│  財務報告の信頼性に特に    │         │
│  重要な影響を及ぼす     │─── Yes ─┤
│  キーコントロールか？    │         │
└─────────────────────┘         │
          │ No                   │
┌─────────────────────┐         │
│  前年度の評価結果が有効か？  │─── No ──┤
└─────────────────────┘         │
          │ Yes                  │
┌─────────────────────┐         │
│  前年度の整備状況と重要な   │         │
│    変更がないか？      │─── No ──┤
└─────────────────────┘         │
          │ Yes                  │
┌─────────────────────┐   ┌─────────────────────┐
│  前年度評価結果利用可能    │   │    WT手続実施      │
│ （ただし記録を残す必要）   │   │                  │
└─────────────────────┘   └─────────────────────┘
```

(7)　調　書　化

　基準上，経営者は，財務報告に係る内部統制の有効性の評価手続およびその評価結果，ならびに発見した不備およびその是正措置に関して，記録し保存しなければならないものとされています（基準Ⅱ.3.(7)）。

　そのため，評価手続の記録に際しては，例えば以下のような情報を調書として記録する必要があります。

第6章　フェーズ3・評価（整備・運用状況の評価）　159

- 評価手続の実施者
- 評価手続の実施日
- 評価手続の種類・内容
- 閲覧した文書名・質問の対象者・観察現場
- 評価手続の結果
- 評価対象となったコントロールの有効性に関する結論

　これらの調書を作成し保管することは，とても面倒に感じることでしょう。しかしながら，経営者（内部統制チーム）が自身の実施した手続の内容や判断の根拠となるエビデンス，結論を秩序整然とまとめておくことで，監査法人等の監査証拠として利用してもらうことが可能になります。その結果，監査法人等が独自で抽出するサンプル件数を大幅に減らすことが期待でき，現場担当にとっての資料準備負荷軽減につながるのです。

図表Ⅱ-6-6 WT調書イメージ

リスク	適正な財務諸表作成のための要件（アサーション）						不正リスク	関連する勘定科目	コントロール記述＆コントロールNo.	キーコントロール	IT	統制実施部署・担当者	実施頻度	エビデンス名
	実在性	網羅性	権利と義務の帰属	評価の妥当性	期間配分の適切性	表示の妥当性								
RR1-1-1 R1 架空の売上取引が計上されることで売上高・売掛金の実在性を損なうリスク	●	●	－				●	売上高・売掛金	RR1-1-1 C1 承認 顧客から引き合いを受けると、営業担当は取引先口座開設申請を作成し、決裁権限規程に基づく決裁権限者が承認を行う。承認証跡は申請書上に承認印が残される。 ●●円以上：社長 ●●円〜●●円まで：営業部長 ●●円未満：営業所長		－	社長 営業部長 営業所長	その都度	取引先口座開設申請
RR1-1-3 R1 不正なマスタ操作により、売上高・売掛金の実在性・網羅性が損なわれるリスク	●	●	－				●	売上高・売掛金	RR1-1-3 C1 アクセス制限 顧客マスタや単価マスタに関しては、アクセス権限表にてあらかじめ定められた情報システム部の従業員のみが変更可能。		●	情報システム部の担当者	常時	・アクセス権限表 ・ログイン画面
RR1-1-3 R1 不正なマスタ操作により、売上高・売掛金の実在性・網羅性が損なわれるリスク	●	●	－	－	－	－	●	売上高・売掛金	RR1-1-3 C2 承認 顧客マスタ、単価マスタの変更・新規登録は、情報システム部長の事前承認が必要（画面上で承認ボタン）。承認の証跡は承認ログにて記録される。	●	－	情報システム部長	その都度	承認ログ画面
RR1-1-3 R2 単価登録を誤ることで、売上高・売掛金の実在性・網羅性が損なわれるリスク	●	●	－	－	－	－	－	売上高・売掛金	RR1-1-3 C2 承認 顧客マスタ、単価マスタの変更・新規登録は、情報システム部長の事前承認が必要（画面上で承認ボタン）。承認の証跡は承認ログにて記録される。	●	－	情報システム部長	その都度	承認ログ画面
RR1-1-7 R1 仕訳を誤る・入力を誤ることで売上高・売掛金の実在性・網羅性が損なわれるリスク	●	●	－	－	－	－	－	売上高・売掛金	RR1-1-7 C1 突合 経理部担当者が月次で会計システム上の売上明細と当月発行の納品書・請求書とを突合し売上計上金額の確認を行う。確認の証跡は売上明細上に押印にて記録。	●	－	経理部担当者	月次	売上明細 納品書 ファイル
RR1-1-7 R2 未納品・未提供の取引について売上を計上することで売上高・売掛金の期間配分の適切性が損なわれるリスク	－	－	－	－	●	－	－	売上高・売掛金	RR1-1-7 C2 突合 経理部担当者が年次で期末直前後の出荷取引5件を抽出し、会計システム上の売上明細と突合することで、売上計上の期ズレの有無を確認。確認の証跡は抽出したサンプルの納品書と売上明細上に押印にて記録。	●	－	経理部担当者	年次	売上明細 納品書

この部分は RCM の内容

第6章　フェーズ3・評価（整備・運用状況の評価）　161

期中における整備状況（TOD）の評価									
WTエビデンス参照番号	WT実施日／実施者	レビュー実施日／実施者	実施手続の種類・概要	対象とした取引（抽出したサンプル）	閲覧した文書、質問の対象者、観察のために赴いた業務プロセスの現場	WT手続の結果	統制単位での整備状況の結論	統制単位での不備の状況	統制単位での改善案
RR1-1-1 C1	●●年●●月●●日 CI太郎	●●年●●月●●日 CI一郎	閲覧 取引先口座開設申請を閲覧し、決裁権限規程に基づく適切な決裁者の承認印の有無を確認することで、新規取引先口座開設時の承認手続が適切になされているか検証する。	取引先番号●●●	取引先口座開設申請	閲覧の結果、取引先口座開設申請に当該取引金額（●●円）の承認権限者である社長の押印を確認した。 以上より、当該統制は有効に整備されているものと判断する。	有効	－	－
RR1-1-3 C1	●●年●●月●●日 CI太郎	●●年●●月●●日 CI一郎	再実施 下記①、②の手続を実施することで、顧客・単価マスタ管理画面へのアクセス制限が有効に整備されているか検証する。 ①アクセス権限表にて認められた従業員A氏のIDにてマスタ変更画面へアクセスし変更が可能であること ②アクセス権限表上、権限が付与されていない従業員B氏のIDにて上記画面にアクセスができないこと	●●年●●月●●日 情報システム部 A氏 B氏	左記参照	再実施の結果、①A氏のIDではマスタ管理画面へアクセス可能であり、登録が可能であることを確認した。②本来権限がないはずのB氏のIDでもマスタ管理画面へアクセスすることができることを確認した。 以上より、当該統制は有効に整備されていないものと判断する。	非有効	アクセス権限表で定めたアクセス権限者以外もマスタ管理画面にアクセス可能であることが判明した。	マスタ管理画面へのアクセス権限を、アクセス権限表で定められた従業員のみに絞るべき。
RR1-1-3 C2	●●年●●月●●日 CI太郎	●●年●●月●●日 CI一郎	閲覧 マスタ変更登録の承認ログを閲覧し、情報システム部長●●氏のIDが承認者として記録されていることを確認することで、マスタ変更・新規登録にかかる承認手続が有効に整備されているか検証する。	取引先番号●●●	承認ログ画面	閲覧の結果、承認者のIDは情報システム部長●●氏のものではなく、情報システム部員●●氏のものであることが判明した。 以上より、当該統制は有効に整備されていないものと判断する。	非有効	マスタ変更登録承認が、本来の承認権限者である情報システム部長●●氏ではなく、同部員の●●氏であることが判明した。	マスタ変更登録承認者を本来の承認権限者である情報システム部長●●氏のみに限定すべき。
…	…	…	…	…	…	…	…	…	…
…	…	…	…	…	…	…	…	…	…

この部分がWT調書

162　第Ⅱ部　内部統制評価と効率化の実務

第3節　運用状況の評価実務〜運用テストとは〜

⑴　運用テスト（TOE）の概要

　運用状況の評価は，整備状況評価によって有効に整備されていると判断されたコントロールが，評価対象期間中，継続的に有効に運用されているか否かを検証する作業です。

　運用状況の評価は，運用テスト（TOE：Test of Operating Effectiveness ともいいます）と呼ばれる手続によって行われます。

　先に述べた整備状況の評価（WT）では，期中のある時点における内部統制の"定点"的な有効性しか確認できないため，他の取引も含め，評価対象期間においてある程度継続的に当該内部統制が有効に機能しているか，運用テストによって別途確認する必要があるのです。

　なお，ここで「評価対象期間においてある程度継続的に」としたのは，内部統制報告制度における内部統制の有効性の評価基準日が決算期末日であることから，評価対象年度1年間にわたって内部統制が継続的に有効に機能している必要はなく，決算期末日までの一定期間継続的に有効に運用していれば足りるからです。

⑵　運用テストの実施者の適格要件

　運用テストの実施者も，WT と同様，少なくとも次の要件を満たすことが必要と考えられます。
- **評価対象業務プロセスからの独立性**
- **評価手続を適切に実施するに足りる十分な専門能力**

　また，コントロール実施者自身のセルフチェックでは独立的評価と認められない点も同様です。

⑶　運用テストの対象となるコントロール

　運用テストは，**WT の対象となったコントロールのうち，**
- **キーコントロール**

かつ，

- **有効と判断されたもの**

のみを対象に，WTで抽出したサンプル以外の複数のサンプルを抽出して，WTと同様のコントロールが実施されているかを確認します。

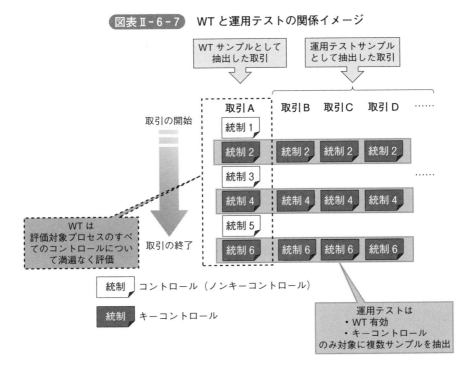

図表Ⅱ-6-7　WTと運用テストの関係イメージ

　もちろん，すべてのコントロールについて運用テストを実施することが禁じられているわけではありませんが，効果的かつ効率的に評価を行う観点から，同財務報告リスクのうち，最も重要な役割を果たすコントロール，または，より多くの財務報告リスク低減に資するコントロールである，キーコントロールのみを対象とするのです。

　また，**なぜWTで有効と判断されたもののみを評価対象とするか**というと，それはWTですでに非有効と結論付けられたコントロールについては，社内にルールとしての内部統制が備わっていないはずですので，いくらほかのサンプルを集めて運用テストを実施したところで非有効になることが目に見えてお

164 第Ⅱ部 内部統制評価と効率化の実務

り，**手間と時間の無駄**であるからです。

(4) 運用テストの評価方法

① 運用テストマニュアルの整備

運用テストでは，複数件のサンプルを抽出する必要があります（サンプル抽出のことをサンプリングといいます）。そのため，運用テストを実施するにあたっては，評価者ごとの品質のバラつきを防ぐため，また監査法人等に対して客観的なルールに基づく理論的な評価作業を実施していることを説明できるよう，あらかじめ社内で統一された**運用テストのマニュアル**を整備し，その中で**サンプリングルールについても規定しておく**必要があります。

② 運用テストの評価手法

WT と同様，基本的には再実施，観察，閲覧・調査，質問を，コントロールの内容に応じて単独で，または複合して適用します。ただし，WT が押印の有無などの形式的な証跡に重点を置いて有効性の検討を行っていた場合でも，運用テストでは，**より実質的な有効性の検証が必要**となる場合もあります。

例えば，上長が会計伝票に承認印を残していたとして，実質的に上長の承認が機能しているか（印が形骸化していないか）を，**数字の計算の正確性検証を実施したり，質問によって上長の理解度の確認を行う**などです。

③ 運用テストの実施時期

実施基準によれば，評価時点（期末日）における内部統制の有効性を判断するには，適切な時期に運用状況の評価を実施することが必要とされています（実施基準Ⅱ．3.(3)④ハ）。

ここで「適切な時期」について明確な定めはありません。しかしながら，決算期末日までに重要な不備を残さないようにするためには，内部統制上の不備（＝非有効項目）を極力早期に発見し，改善策を実行，再評価を行う必要があります。

他方で，有効性に関する結論を付けるためには，必要十分なサンプル抽出ができるだけの期間も必要です。

さらには，後述するロールフォワード評価の効率化の観点からは，あまりにも期中評価の基準日が決算期末日から乖離してしまってもいけません。

上記を鑑みると，具体的な運用テストの開始時期は，**評価対象年度開始後おおむね6か月〜7か月が目安**になるのではないかと考えられます。

(5) サンプリング

① 特定項目抽出と代表的サンプリング

運用テストの実施に際して，経営者は，原則としてサンプリングにより十分かつ適切な証拠を入手することになります（実施基準Ⅱ．3．(3)④ロ）。母集団（サンプル抽出のもとになる取引の集合体）を推定する必要があるため，金額的重要性のある項目のみを抽出するような，特定項目の抽出による評価は，通常，予定されていません（監査の実務上の取扱い153項）。

というのは，**特定項目の抽出では，抽出した項目についての結論しか導き出すことができず，母集団に含まれる他の同質な非抽出項目についての結論が導き出せない**ためです。すなわち，特定項目抽出では，母集団（一定の取引にかかるコントロールの継続的な有効性）に対する結論は導き出せないということです。

例えば，売上計上に関する仕訳伝票の承認というコントロールの有効性を評価する際に，当年度に発生した売上計上取引のうち，金額が大きい取引のみをサンプルとして抽出するだけでは，売上取引全体のコントロールの有効性に関する結論は導き出せず，不十分ということになります。もし，金額が大きい項目のみを優先的にサンプルとして抽出（特定項目の抽出）するのであれば，**他の同質な非抽出項目について，別途サンプリングによる評価**（代表的サンプリングといいます）を行い，母集団全体に対する結論付けを行う必要があります。

② 統計的サンプリングと非統計的サンプリング

代表的サンプリングの方法には，大きく分けて以下の2種類があります。

(a) 統計的サンプリング

次の2つの要件を同時に満たすサンプリング方法です。

- **サンプルの抽出に恣意性の入らない無作為抽出法を用いること**

- 母集団に関する結論付けを導き出すにあたって確率論の考え方を用いること

　この方法は，より少ないサンプル件数で正確に母集団に対する結論付けが可能です。一方で，専門的知識が必要となるうえ，サンプリングの準備が煩雑となるデメリットがあります。

(b)　非統計的サンプリング

(a)の統計的サンプリング以外のサンプリング方法です。

　この方法は，実施が比較的容易ですが，実施者の恣意性が介入する危険性が出てきます。

　経営者（内部統制チーム）は，**必ずしも統計的サンプリングを採用する必要はありません**。しかしながら，非統計的サンプリングを採用する場合，少なくともサンプル抽出にあたっては特定の時期や場所から偏ったサンプルを抽出せず，また抽出サンプルについてすり替えが行われないように事前にチームリーダーなどの上長承認を受けるなど，**恣意性を排除する必要がある**点，注意が必要です。

③　効率化のポイント〜サンプリングによって現場の負荷が劇的に減る〜

　経営者（内部統制チーム）が，**無作為抽出**により客観的にサンプルを抽出している場合は，監査法人等による内部統制監査に際しても，内部統制チームの抽出したサンプルを一部（場合によっては大部分），自身の**監査証拠として利用**できます（監査の実務上の取扱い158項）。

　先述のとおり，現場担当者にとって内部統制対応の大きな負荷の１つは，本業のかたわら，**依頼されたエビデンスの収集と準備に時間を要する**ことです。内部統制チームや監査法人等あちらこちらから，別のタイミングで似たようなエビデンスの準備を何度も何度も依頼されることは，**現場担当にとって大きなストレスにつながります**。

　しかしながら，監査法人が内部統制チームのサンプリング手法を信頼して依拠してくれるようになり，独自の抽出サンプルを減らしてくれるようになれば，**現場担当の内部統制監査対応の負荷を劇的に減らすことにつながります**（無論，

（図表Ⅱ-6-8）　**統計的サンプリングによる運用テストサンプル件数（例）**

許容逸脱率が9％，サンプリングリスクが10％（信頼度が90％），予想逸脱率が0％である場合のサンプル数は，次の表の枠囲みのとおり。

運用評価手続のための統計的サンプル数

		許容逸脱率										
		2%	3%	4%	5%	6%	7%	8%	9%	10%	15%	20%
予想逸脱率	0.00%	114 (0)	76 (0)	57 (0)	45 (0)	38 (0)	32 (0)	28 (0)	[25] (0)	22 (0)	15 (0)	11 (0)
	0.25%	194 (1)	129 (1)	96 (1)	77 (1)	64 (1)	55 (1)	48 (1)	42 (1)	38 (1)	25 (1)	18 (1)
	0.50%	194 (1)	129 (1)	96 (1)	77 (1)	64 (1)	55 (1)	48 (1)	42 (1)	38 (1)	25 (1)	18 (1)
	0.75%	265 (2)	129 (1)	96 (1)	77 (1)	64 (1)	55 (1)	48 (1)	42 (1)	38 (1)	25 (1)	18 (1)
	1.00%	＊	176 (2)	96 (1)	77 (1)	64 (1)	55 (1)	48 (1)	42 (1)	38 (1)	25 (1)	18 (1)
	1.25%	＊	221 (3)	132 (2)	77 (1)	64 (1)	55 (1)	48 (1)	42 (1)	38 (1)	25 (1)	18 (1)
	1.50%	＊	＊	132 (2)	105 (2)	64 (1)	55 (1)	48 (1)	42 (1)	38 (1)	25 (1)	18 (1)
	1.75%	＊	＊	166 (3)	105 (2)	88 (2)	55 (1)	48 (1)	42 (1)	38 (1)	25 (1)	18 (1)
	2.00%	＊	＊	198 (4)	132 (3)	88 (2)	75 (2)	48 (1)	42 (1)	38 (1)	25 (1)	18 (1)
	2.25%	＊	＊	＊	132 (3)	88 (2)	75 (2)	65 (2)	42 (1)	38 (1)	25 (1)	18 (1)
	2.50%	＊	＊	＊	158 (4)	110 (3)	75 (2)	65 (2)	58 (2)	38 (1)	25 (1)	18 (1)
	2.75%	＊	＊	＊	209 (6)	132 (4)	94 (3)	65 (2)	58 (2)	52 (2)	25 (1)	18 (1)
	3.00%	＊	＊	＊	＊	132 (4)	94 (3)	65 (2)	58 (2)	52 (2)	25 (1)	18 (1)
	3.25%	＊	＊	＊	＊	153 (5)	113 (4)	82 (3)	58 (2)	52 (2)	25 (1)	18 (1)
	3.50%	＊	＊	＊	＊	194 (7)	113 (4)	82 (3)	73 (3)	52 (2)	25 (1)	18 (1)
	3.75%	＊	＊	＊	＊	＊	131 (5)	98 (4)	73 (3)	52 (2)	25 (1)	18 (1)
	4.00%	＊	＊	＊	＊	＊	149 (6)	98 (4)	73 (3)	65 (3)	25 (1)	18 (1)
	5.00%	＊	＊	＊	＊	＊	＊	160 (8)	115 (6)	78 (4)	34 (2)	18 (1)
	6.00%	＊	＊	＊	＊	＊	＊	＊	182 (11)	116 (7)	43 (3)	25 (2)
	7.00%	＊	＊	＊	＊	＊	＊	＊	＊	199 (14)	52 (4)	25 (2)

※　この表は，ある程度大きな母集団を想定して作成されたものである。
※　括弧内は予想逸脱件数
※　「＊」の箇所は，サンプル数が多くなり費用対効果が合わないため件数が示されていない。
（American Institute of Certified Public Accountants Audit and Accounting Guide-AUDIT SAMPLING (1983) p.107「TABLE2 Statistical Sample Sizes for Compliance Testing Ten-Percent Risk of Overreliance (with number of expected errors in parentheses)」を一部修正）
（監査の実務上の取扱い付録2より抜粋）

168　第Ⅱ部　内部統制評価と効率化の実務

その分，監査工数の軽減にもつながるはずです）。

　よって，内部統制チームは，現場担当の負荷軽減の観点からも，適切なサンプリングを行うべきなのです。

④　サンプル数の決定

　抽出すべきサンプル数は，評価者が受け入れることのできる所定の内部統制からの逸脱率（許容逸脱率），母集団の中に存在すると予想する所定の内部統制からの逸脱率（予想逸脱率），必要とするサンプリングの信頼度および母集団を構成する項目数から決定されます（監査の実務上の取扱い154項，監査基準委員会報告書530「監査サンプリング」参照）。

図表Ⅱ-6-9　**非統計的サンプリングによる運用テストサンプル件数（例）**

		必要サンプル件数
統制の実施頻度	年次[*1]（年1回）	1
	半期[*1]（年2回）	1＋1
	四半期[*1]（年4回）	1＋1
	月次（年12回）	2
	週次（年48回）	5
	日次（年240回）	25
	1日に複数回（年241回以上）／常時	25[*2]

（＊1）　＋1＝必ず年度末分をサンプリングする。
（＊2）　属性サンプリングにおける信頼性90％，許容誤謬率9％，予想誤謬率0％のときの最低サンプル数を参考に設定。

⑤　エラー発見時の追加的手続

　運用テストの結果，抽出した複数のサンプルの中に，定められたルールどおりに内部統制が実施されていないサンプルが発見されることがあります。例えば，会計伝票上に経理部長の承認印を確認する運用テストで，抽出した25枚の伝票中，1枚だけ経理部長の押印が残されていなかった場合などです。

　こうしたルールどおりに内部統制が運用されていないサンプルのことを，「**エラー**」と呼びます。発見されたエラーについては，それが特定のサンプルについてのみ偶然生じたものなのか，それとも他のサンプルでも同様に生じうる問

題なのか，検討する必要があります。その検討結果に応じて，当該内部統制の運用状況は有効なのか，非有効なのか結論付けることになります。具体的手順は以下のとおりです。

(a) 同様のエラーが**他のサンプルでも生じうると判断される場合**

　この場合，母集団全体を代表するサンプルにエラーが発見されたことを意味するため，**追加手続は行わず，結論は"非有効"**となります。

(b) エラーが特定のサンプルのみ生じたものと判断される場合

　当該**エラーが例外的と予想される場合**には，**サンプルを追加抽出し，再度運用テストを実施**します。

○効率化のポイント

　追加手続を実施する場合のサンプル件数は，経営者が決定することになります。例えば，非統計的サンプリングの場合には，当初の抽出サンプル数に含まれるエラーの数に応じた追加抽出サンプル件数をあらかじめ定めておくなどの対応が考えられます（例：25件中1件のエラーが出たら追加でもう25件抽出など）。

　ただし，**効率化の観点からは，追加抽出できるサンプル件数，サンプル回数には上限を定めておくことが重要**です。そうしないと，何度もサンプリングを余儀なくされ，一定（おおよそ90％）の確からしさのもとで，効率的に母集団に対する結論（すなわち，内部統制の有効性に関する結論）を導き出す，という目的を達成できなくなってしまうからです。

⑥　複数事業拠点がある場合

　内部統制報告が義務付けられる上場企業または上場準備企業の中には，本社等にて定められた同一の方針に基づく標準的な業務フローに基づき業務を遂行する複数の営業所や支店，事業所を有している企業も多いと思われます。

　このように，評価の対象となった業務プロセスが，統一的な規程により業務が実施され，意思決定にかかる情報と伝達が良好であり，内部統制の同一性をモニタリングする内部監査機能が有効に機能している場合には，運用テストのサンプリングにあたり，**一定期間で一巡することを念頭に，今期テスト対象と**

170 第Ⅱ部 内部統制評価と効率化の実務

する拠点を抽出し，その拠点に対して運用テストを実施する方法も認められます。

また，それら複数の事業拠点の同一性に留意しながら，**複数拠点を１つの母集団として設定**し，運用テストを行うことも認められています（以上，実施基準Ⅱ．3．(3)④ロ，監査の実務上の取扱い137項③，Q&A問10参照）。

この方法では，**全体のサンプル件数を減らすことができる一方，すべての事業拠点から平等にサンプルが抽出されるように注意する**必要があります。

⒜ 全拠点からサンプル抽出する方法

サンプル抽出の段階で全拠点から抽出する方法や，全拠点のうちある程度のカバー率で複数の拠点を無作為抽出し，選定された拠点からサンプル抽出する方法などが考えられます。

メリット：

- 全拠点の内部統制に対する意識が向上するため，全社（場合によっては企業グループ）レベルでの内部統制の有効性が高まる。
- 全拠点など母集団を大きく設定することで，**全体の抽出サンプル数を減らすことができる。**

デメリット：

- 多くの拠点からエビデンス入手が必要となり，**依頼の手間や入手管理状況の管理（ステータスチェック）の手間が発生**する。
- **一部の拠点からのエビデンス入手が滞ることで，テスト全体の結論付けが遅れてしまう**危険がある。

⒝ ローテーション方式による方法

全社的な内部統制の運用状況の評価結果が有効な場合には，一定期間（例えば３年）で全拠点を一巡することに留意しながら，無作為抽出の方法を導入するなどして，当期の運用テスト対象拠点を決定する方法も認められています。

メリット：

- 一部の拠点からまとめてエビデンスを入手できるため，**資料依頼の手間やステータス管理の手間が減る。**

デメリット：

- その年の評価対象外となった拠点の**内部統制に対する意識レベルが低下し，**

内部統制が適切に運用されない危険がある。

- しかしながら，監査法人等の独自サンプリングの結果，評価対象外拠点も監査法人等のサンプル抽出対象拠点となる可能性があり，その結果，エラーが発見されると，**経営者（内部統制チーム）による内部統制評価の適正性に疑義が生じる**。

⑹ 複数年に1度の対応の可否

運用テスト，すなわちキーコントロールに対する運用状況の評価は，原則として毎期実施する必要があります。ただし，2011年3月の改訂により，下記のような一定条件のもと，前年度の運用状況の評価結果を継続して利用しながら，一定の複数会計期間内に1度の頻度で運用テストを実施することも認められました（実施基準Ⅱ.3.⑶④注1）。

- 全社的な内部統制の評価結果が有効である場合であること
- 対象となるコントロールが財務報告の信頼性に特に重要な影響を及ぼすキーコントロールではないこと
- 前年度の評価結果が有効であり，かつ，前年度の整備状況と重要な変更がないこと
- 上記について，記録すること

ただ，各キーコントロールについて少なくとも整備状況の重要な変更の有無は確認する必要があるため，WTや整備状況ヒアリングシート等で重要な変更がないか確認し，検討結果を記録する必要がある点に注意が必要です。

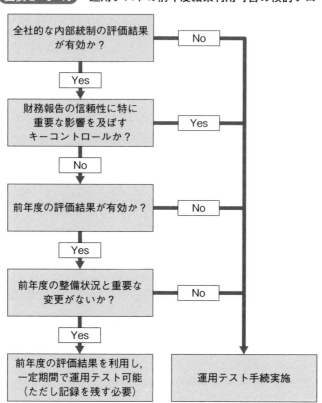

図表Ⅱ-6-10　運用テストの前年度結果利用可否の検討フロー

(7) その他小規模企業の効率化ポイント

　事業規模が小さく，比較的簡素な構造を有している組織等の運用状況の評価においては，特に，それぞれの組織の状況等に応じ，評価方法を工夫して効率的に実施することができる旨，基準では明記されています。

　例えば，適切な全社的な内部統制が整備および運用されていることを前提に，一律に，通期において業務プロセスに係る内部統制については運用状況の評価が求められるものではないこと，また，組織内における各階層（例えば，部長レベル，担当者レベル等）において必ず評価が求められるものではないことなどです（実施基準Ⅱ．3．(3)④注2）。

(8) 調 書 化

　筆者の経験上，**運用テスト調書は，RCM 上で WT 調書につなげる形で作成するのが一番管理しやすい**ので，お勧めです（ただし，その結果，RCM が巻物のように横に長くなってしまう点はご容赦ください）。

　また，RCM 上のみでは，各コントロールに対するテストで抽出されたサンプルを細かく記録することに限界があります。そこで，RCM 上の運用テスト調書は，テスト手続の概要と結果，結論を記録するためのサマリーとして作成し，各コントロールにおける具体的な運用テストサンプルとその結果を記録するための別紙明細（本書では「**運用テストシート**」と呼びます）を併せて作ることをお勧めします。

　経営者（内部統制チーム）が，自身の実施した手続の内容や判断の根拠となるエビデンス，結論を秩序整然とまとめておくことで，監査法人等の監査証拠として利用してもらうことが可能になります。その結果，監査法人等が独自で抽出するサンプル件数を大幅に減らすことが期待でき，現場担当にとっての資料準備負荷軽減につながります。

174 第Ⅱ部 内部統制評価と効率化の実務

図表Ⅱ-6-11 運用テスト調書（サマリー）

リスク	適正な財務諸表作成のための要件（アサーション）						不正リスク	関連する勘定科目	コントロール記述＆コントロールNo.	キーコントロール	IT	統制実施部署・担当者	実施頻度	エビデンス名
	実在性	網羅性	権利と義務の帰属	評価の妥当性	期間配分の適切性	表示の妥当性								
RR1-1-1 R1 架空の売上取引が計上されることで売上高・売掛金の実在性を損なうリスク	●	●	−	−	−	−	●	売上高・売掛金	RR1-1-1 C1 承認 顧客から引き合いを受けると、営業担当は取引先口座開設申請を作成し、決裁権限規程に基づく決裁権限者が承認を行う。承認証跡は申請書上に承認印が残される。 ●●円以上：社長 ●●円～●●円まで：営業部長 ●●円未満：営業所長	●	−	社長 営業部長 営業所長	その都度	取引先口座開設申請
RR1-1-3 R1 不正なマスタ操作により、売上高・売掛金の実在性・網羅性が損なわれるリスク	●	●	−	−	−	−	●	売上高・売掛金	RR1-1-3 C1 アクセス制限 顧客マスタや単価マスタに関しては、アクセス権限表にてあらかじめ定められた情報システム部の従業員のみが変更可能。	−	●	情報システム部の担当者	常時	・アクセス権限表 ・ログイン画面
RR1-1-3 R1 不正なマスタ操作により、売上高・売掛金の実在性・網羅性が損なわれるリスク	●	●	−	−	−	−	●	売上高・売掛金	RR1-1-3 C2 承認 顧客マスタ、単価マスタの変更・新規登録は、情報システム部長の事前承認が必要（画面上で承認ボタン）。承認の証跡は承認ログにて記録される。	●	−	情報システム部長	その都度	承認ログ画面
RR1-1-3 R2 単価登録を誤ることで、売上高・売掛金の実在性・網羅性が損なわれるリスク	●	●	−	−	−	−	−	売上高・売掛金	RR1-1-3 C2 承認 顧客マスタ、単価マスタの変更・新規登録は、情報システム部長の事前承認が必要（画面上で承認ボタン）。承認の証跡は承認ログにて記録される。	●	−	情報システム部長	その都度	承認ログ画面
RR1-1-7 R1 仕訳を誤る・入力を誤ることで売上高・売掛金の実在性・網羅性が損なわれるリスク	●	●	−	−	−	−	−	売上高・売掛金	RR1-1-7 C1 突合 経理部担当者が月次で会計システム上の売上明細と当月発行の納品書・請求書とを突合し売上計上金額の確認を行う。確認の証跡は売上明細上に押印にて記録。	●	−	経理部担当者	月次	売上明細 納品書ファイル
RR1-1-7 R2 未納品・未提供の取引について売上を計上することで売上高・売掛金の期間配分の適切性が損なわれるリスク	−	−	−	−	●	−	−	売上高・売掛金	RR1-1-7 C2 突合 経理部担当者が年次で期末直前直後の出荷取引5件を抽出し、会計システム上の売上明細と突合することで、売上計上の期ズレの有無を確認。確認の証跡は抽出したサンプルの納品書と売上明細上に押印にて記録。	●	−	経理部担当者	年次	売上明細 納品書

この部分は RCM の内容

期中における整備状況（TOD）の評価									
WTエビデンス参照番号	WT実施日／実施者	レビュー実施日／実施者	実施手続の種類・概要	対象とした取引（抽出したサンプル）	閲覧した文書,質問の対象者,観察のために赴いた業務プロセスの現場	WT手続の結果	統制単位での整備状況の結論	統制単位での不備の状況	統制単位での改善案
RR1-1-1 C1	●●年●●月●●日 CI太郎	●●年●●月●●日 CI一郎	閲覧 取引先口座開設申請を閲覧し，決裁権限規程に基づく適切な決裁者の承認印の有無を確認することで，新規取引先口座開設時の承認手続が適切になされているか検証する。	取引先番号●●●	取引先口座開設申請	閲覧の結果，取引先口座開設申請に当該取引金額（●●円）の承認権限者である社長の押印を確認した。 以上より，当該統制は有効に整備されているものと判断する。	有効	－	－
RR1-1-3 C1	●●年●●月●●日 CI太郎	●●年●●月●●日 CI一郎	再実施 下記①，②の手続を実施することで，顧客・単価マスタ管理画面へのアクセス制限が有効に整備されているかを検証する。 ①アクセス権限表にて認められた従業員A氏のIDにてマスタ変更画面へアクセスし変更が可能であること ②アクセス権限表上，権限が付与されていない従業員B氏のIDにて上記画面にアクセスができないこと	●●年●●月●●日 情報システム部 A氏 B氏	左記参照	再実施の結果，①A氏のIDではマスタ管理画面へアクセス可能であり，登録が可能であることを確認した。②本来権限がないはずのB氏のIDでもマスタ管理画面へアクセスすることができることを確認した。 以上より，当該統制は有効に整備されていないものと判断する。	非有効	アクセス権限表で定められた従業員以外もマスタ管理画面にアクセス可能であることが判明した。	マスタ管理画面へのアクセス権限を，アクセス権限表で定められた従業員のみに絞るべき。
RR1-1-3 C2	●●年●●月●●日 CI太郎	●●年●●月●●日 CI一郎	閲覧 マスタ変更登録の承認ログを閲覧し，情報システム部長●●氏のIDが承認者として記録されていることを確認することで，マスタ変更・新規登録にかかる承認手続が有効に整備されているか検証する。	取引先番号●●●	承認ログ画面	閲覧の結果，承認者のIDは情報システム部長●●氏のものではなく，情報システム部員●●氏のものであることが判明した。 以上より，当該統制は有効に整備されていないものと判断する。	非有効	マスタ変更登録承認が，本来の承認権限者である情報システム部長●●氏ではなく，同部員の●●氏であることが判明した。	マスタ変更登録承認者を本来の承認権限者である情報システム部長●●氏のみに限定すべき。
…	…	…	…	…	…	…	…	…	…
…	…	…	…	…	…	…	…	…	…
…	…	…	…	…	…	…	…	…	…

次ページへ

この部分がWT調書

期中における運用状況（TOE）の評価												
運用テスト対象	運用テストシート/エビデンス参照番号	テスト実施日/実施者	レビュー実施日/実施者	実施手続の種類・概要	サンプル数	対象とした取引（抽出したサンプル）	閲覧した文書，質問の対象者，観察のために赴いた業務プロセスの現場		運用テストの結果	統制単位での整備状況の結論	統制単位での不備の状況	統制単位での改善案
							母集団資料	サンプルエビデンス				
●	RR1-1-1 C1	●●年●●月●●日　CI 太郎	●●年●●月●●日　CI 一郎	閲覧取引先口座開設申請を閲覧し，決裁権限規程に基づく適切な決裁者の承認印の有無を確認することで，新規取引先口座開設時の承認手続が適切になされているか検証する。	25件	詳細はRR1-1-1 C1 運用テストシート参照。	販売システム内の顧客リスト（●●年●●月●●日～●●年●●月●●日新規登録分）	取引先口座開設申請	閲覧の結果，抽出サンプル25件すべてにおいて取引先口座開設申請に取引金額に応じた承認権限者の押印を確認した。 以上より，当該統制は有効に運用されているものと判断する。	有効	－	－
－					－			－		－	－	－
－					－			－		非有効	WT にて非有効のため運用テスト省略	WT にて非有効のため運用テスト省略
...	...	...	...	...	...	...	...	...	...	...	...	...
...										...	...	...
...										...	...	...

キーコントロールでないため運用テスト対象外

キーコントロールだが WT が非有効の場合は運用テスト省略

この部分が運用テスト調書

第 6 章　フェーズ 3・評価（整備・運用状況の評価）　177

図表 Ⅱ-6-12　運用テストシート（別紙）

会社名		CI 工業株式会社		
プロセスコード・名称		RR1 売上高・売掛金		
テスト実施者		日付／氏名　●●年●●月●●日 CI 太郎		
レビューアー		日付／氏名　●●年●●月●●日 CI 一郎		
サンプル抽出対象期間		自　●●年●●月●●日	至	●●年●●月●●日
コントロール記述 ＆コントロール No.		RR1-1-1 C1 承認 顧客から引き合いを受けると，営業担当は取引先口座開設申請を作成し，決裁権限規程に基づく決裁権限者が承認を行う。承認証跡は申請書上に承認印が残される。 ●●円以上：社長 ●●円〜●●円まで：営業部長 ●●円未満：営業所長		
統制頻度		その都度		
テスト手続		閲覧 取引先口座開設申請を閲覧し，決裁権限規程に基づく適切な決裁者の承認印の有無を確認することで，新規取引先口座開設時の承認手続が適切になされているか検証する。		
サンプル件数		25件		
閲覧した文書，質問の対象者，観察のために赴いた業務プロセスの現場	母集団資料	販売システム内の顧客リスト （●●年●●月●●日〜●●年●●月●●日新規登録分）		
	サンプルエビデンス	取引先口座開設申請		
運用テストの結果		閲覧の結果， 抽出サンプル25件すべてにおいて取引先口座開設申請に取引金額に応じた承認権限者の押印を確認した。 以上より，当該統制は有効に運用されているものと判断する。		

抽出サンプル

サンプル No.	抽出拠点	日付	顧客登録 番号	情報システム部 長の承認ログ						コメント
1	本社情報システム部	●●月●●日	●●●●	あり						
2	〃	●●月●●日	●●●●	あり						
3	〃	●●月●●日	●●●●	あり						
4	〃	●●月●●日	●●●●	あり						
5	〃	●●月●●日	●●●●	あり						
6	〃	●●月●●日	●●●●	あり						
7	〃	●●月●●日	●●●●	あり						
8	〃	●●月●●日	●●●●	あり						
9	〃	●●月●●日	●●●●	あり						
10	〃	●●月●●日	●●●●	あり						
11	〃	●●月●●日	●●●●	あり						
12	〃	●●月●●日	●●●●	あり						
13	〃	●●月●●日	●●●●	あり						
14	〃	●●月●●日	●●●●	あり						
15	〃	●●月●●日	●●●●	あり						
16	〃	●●月●●日	●●●●	あり						
17	〃	●●月●●日	●●●●	あり						
18	〃	●●月●●日	●●●●	あり						
19	〃	●●月●●日	●●●●	あり						
20	〃	●●月●●日	●●●●	あり						
21	〃	●●月●●日	●●●●	あり						
22	〃	●●月●●日	●●●●	あり						
23	〃	●●月●●日	●●●●	あり						
24	〃	●●月●●日	●●●●	あり						
25	〃	●●月●●日	●●●●	あり						

178　第Ⅱ部　内部統制評価と効率化の実務

第4節　他者の利用

(1)　専門家の利用

①　外部専門家への評価委託

　内部統制対応は，導入期における文書化作業のように，**一過性ではあるものの膨大な工数を要する業務**があったり，評価作業のように，年間を通じて常にあるわけではないものの，会計期間の**特定の一時期に集中的に作業工数が必要になる**ことが多い業務です。場合によっては，評価手続自体が複数年に1度となるケースも考えられます。一方で，誰でもできるわけではなく，**財務報告リスクと内部統制についての十分な知識も必要**となります。

　そのため企業としても，常にあるわけではない内部統制業務のために，年間を通じて何人もの内部統制担当者を雇用するよりも，**必要なタイミングで外部の専門家に評価作業を委託するほうが，品質的にもコスト的にも有利**と考えるケースがあります（第1章第3節参照）。

　そこで基準も，経営者が，財務報告に係る内部統制の評価作業の一部を，社外の専門家を利用して実施することを認めています（実施基準Ⅱ.3.(1)②）。

　ただし，専門家による作業結果を評価の証拠として利用するかどうかについては，**あくまで経営者が自らの責任において判断する必要があり，評価結果の最終的な責任は経営者が負う**こととしています。

　そのためには，例えば，**以下の事項に留意**が必要です。

- 専門家が，単に業務の専門的知識のみならず，内部統制の評価について経営者の依頼内容を達成するのに必要な知識と経験を有していること
- 専門家に業務を依頼するにあたり，評価手続の具体的内容，評価対象期間，評価範囲，サンプル件数等の基本的要件を明確にすること
- 評価手続や業務の内容を明確にするため，専門家から経営者に提出される報告に盛り込まれるべき事項を明確にすること
- 専門家が実施する業務の進捗状況を定期的に検証すること
- 専門家が実施した業務結果が，依頼した基本的内容を満たしているか確認すること

② 自社監査人へは委託できない

また，選定の際の注意点としては，自社監査法人等は独立性の観点から評価業務を委託することができない点があります。**自社監査法人以外の専門家に委託する必要**があります（詳細は第1章第2節参照）。

(2) 委託業務の評価

① 外部委託している業務も内部統制評価が必要

近年では，クラウドや外部データセンターによるデータ管理の外部委託や，決算支援や税額計算など，業務の一部をアウトソーシング（外部委託）することが増えてきています。

委託業務には，例えば，企業が財務諸表の作成の基礎となる取引の承認，実行，計算，集計，記録または開示事項の作成等の業務を，企業集団の外部の専門会社に委託している場合が挙げられます。

しかしながら，経営者は，当該委託業務が，外部にて行われていることを理由に内部統制の評価範囲から除外することはできず，たとえ外部委託している業務であっても，**外部委託先の内部統制の整備・運用状況の有効性について評価の責任を有します**。無論，その結果，外部委託先の内部統制の有効性は，自社の内部統制報告書の意見にも影響を及ぼすことになります。

② 外部委託業務に対する内部統制評価の対応

経営者が外部委託先の内部統制の有効性を評価する際は，以下のいずれかの方法によることが一般的です。

ⓐ サンプリングによる自社検証

委託業務結果の報告書と基礎資料との整合性を検証するとともに，委託業務の結果について，一部の項目を自社内で実際に実施して検証する方法です。

例えば，給与計算業務について，受託会社に委託した給与データの対象人数を受託会社から受領した計算データの件数と，企業において比較するとともに，無作為に抽出したその一部について，企業において検算を実施するといった対応です。

また，委託業務内容によっては，外部委託先に実際に赴き，自社が委託して

180 第Ⅱ部　内部統制評価と効率化の実務

いる業務の内部統制の整備・運用状況を自ら評価しなければならないケースも
考えられます。

(b)　受託会社の評価結果の利用～受託業務に係る内部統制の保証報告書～

委託業務に係る内部統制の整備および運用状況に関し，委託業務に関連する
内部統制の評価結果を記載した報告書等を受託会社から入手して，自らの判断
により委託業務の評価の代替手段とする方法です。

例えば，多くの上場企業のデータを管理しているデータセンター運営企業が，
顧客であるすべての上場企業からの内部統制評価の要請を，その都度受け入れ
ることは不可能です。そこで，第三者である外部の専門家に受託業務（この場
合データ管理業務）にかかる内部統制の評価に関する保証を委託し，専門家か
ら受託業務の内部統制にかかる保証報告書を入手します。委託会社である上場
企業は，委託先から当該専門家の保証報告書を受け取り，自社の内部統制評価
に代替するのです。

この保証報告書は一般的に，**監査・保証実務委員会保証業務実務指針3402**
（旧監査・保証実務委員会実務指針第86号）**に基づく「受託業務に係る内部統
制の保証報告書」**（略して「3402報告書」）と呼ばれます。

ただし，委託企業の経営者が，当該保証報告書を受け取る場合であっても，
その報告書が自社の内部統制評価に十分な証拠を提供しているかどうかは検討
しなければならない点，注意が必要です。

(c)　社内にキーコントロールを置く方法

上記(a)の方法は，委託先の業務結果を自社でも再度実施しなければならず，
場合によっては委託先事業所に評価作業をしに行く必要があり，あまり現実的
とはいえません。また，(b)の専門家の保証報告書については，通常，有償でな
ければ入手することができません。

そこで，委託業務結果を，財務報告にかかる重要な虚偽記載を防ぐに足りる
レベルで，全体的な重要性の観点から社内のマネジメントがレビュー・分析を
行い，当該**マネジメントレビューをキーコントロール**として内部統制を評価す
る方法も考えられます。

例えば，外部の年金数理人（アクチュアリー）に退職給付債務の計算を委託
していた場合に，その計算内容の正確性を自社で細部まで検証する必要はなく，

計算結果としての退職給付債務の変動分析や，計算基礎情報と結果の整合性の分析を行う方法です。

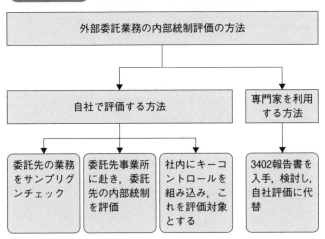

図表Ⅱ-6-13　委託業務に対する内部統制評価のパターン

第Ⅱ部　内部統制評価と効率化の実務

第7章
フェーズ3・評価（IT統制の評価）

　ITやインターネットが広く浸透した現代では，企業の業務活動においても取引の開始から記録，処理，報告や，財務諸表に含まれる財務情報の作成過程などに至るまで，さまざまな場面でITが利用されています。

　内部統制評価にあたっても，評価対象となる業務プロセスに介在するITを利用した内部統制の評価が必要不可欠となります。

　本章では，このような「IT統制」について，分類別にリスクや統制の例，評価範囲の決定方法，評価方法について解説していきます。

この章のポイント

- ITによって行われるコントロール（IT統制）も，同様に評価が必要。
- 統制対象・目的により，IT全社統制とIT全般統制，IT業務処理統制に分けられる。
- すべてのシステムについて評価する必要はなく，論理的に評価対象を絞ることで評価作業の効率化が可能。
- IT全般統制は，IT業務処理統制が適切に機能することを支援している。
- IT全般統制を有効にしてIT業務処理統制評価の効率化を目指す。
- クラウドやデータセンターへの委託業務は，外部専門家からの報告を利用することで効率化が可能。

184　第Ⅱ部　内部統制評価と効率化の実務

第1節　IT 統制の概要

(1)　IT 統制とは

　IT 統制とは，IT を取り入れた情報システムに関するコントロールのことです。その名称から，システムによって自動化されたコントロールを連想しがちですが，IT 統制にはコンピュータ・プログラムに組み込まれ自動化されているコントロールのみならず，人の手とコンピュータ処理が一体となって機能するものも含まれます。

　現代では，多くの企業が業務のさまざまな場面で IT を活用しています。そのため，財務報告に係る内部統制の観点からも，評価対象となったさまざまな業務プロセスに IT が当然のように組み込まれ，IT は財務報告の信頼性の確保に関して重要な役割を担っています。

　このようなことから基準においても，「内部統制の基本的枠組み」において，内部統制の基本的要素の1つとして「IT への対応」が挙げられています（第3章第3節(6)参照）。

　このように，現在ほぼすべての企業において業務に密接に組み込まれているIT ですが，**必ずしも IT を組み込んだから財務報告リスクがなくなり内部統制評価が不要になる，というわけではありません**。マニュアル統制であっても，自動化された IT 統制であっても，財務報告リスクを低減するための手段であることには変わりはなく，単にその実施手法として，人の手で実施するか，IT が人の手に代わって実施するかの違いがあるに過ぎないからです。

　システムによって自動化されたコントロールは，その過程で承認印など目に見える統制の証跡が残らず，評価者が証跡を後から確認しにくいという特徴があります。そのため，評価者にプログラミングの知識がないとできないのでは，と敬遠されがちです。

　しかし実は，必ずしもそんなことはありません。システムエンジニアのようなプログラミングの知識がなくても済む場合がほとんどなのではないかと思われます。例えば，自動化された IT 統制についても，画面の観察や資料同士の突合などによって評価を実施することが可能な場合も少なくないのです。

(2) ITの統制目標の設定

　経営者はIT統制を構築，評価する前提として，IT統制を有効なものとするために「ITの統制目標」を設定する必要があります。ITの統制目標とは，経営者がIT統制によって達成しようとする目標であり，リスクの裏返しの概念です。例えば下記のものが挙げられます。

a　**有効性および効率性**：情報が業務に対して効果的，効率的に提供されていること

b　**準拠性**：情報が関連する法令や会計基準，社内規則等に合致して処理されていること

c　**信頼性**：情報が組織の意思・意図に沿って承認され，漏れなく正確に記録・処理されること（正当性，完全性，正確性）

d　**可用性**：情報が必要とされるときに利用可能であること

e　**機密性**：情報が正当な権限を有する者以外に利用されないように保護されていること

　財務報告の信頼性を確保するためのIT統制は，上記のうち特にc，すなわち会計上の取引記録の正当性，完全性および正確性を確保するために実施されます。ここで「正当性，完全性，正確性」とは，

- **正当性**…取引が組織の意思・意図に沿って承認され，行われること
- **完全性**…記録した取引に漏れ，重複がないこと
- **正確性**…発生した取引が財務や科目分類などの主要なデータ項目に正しく記録されること

を意味します。

　経営者（内部統制チーム）は，IT統制を構築，および有効性を評価する際，これらの統制目標の視点を常に考慮する必要があります。

第2節　IT統制の分類

　IT統制には，目的や性質によってさまざまな統制が含まれます。そのため，

経営者はIT統制を文書化し，また評価を実施するにあたって，IT統制を種類ごとに分類して，それぞれについて文書化，評価を実施する必要があります。

実施基準では，「ITに対する統制活動は，全般統制と業務処理統制の二つからなり，完全かつ正確な情報の処理を確保するためには，両者が一体となって機能することが重要となる（実施基準Ⅰ．2．(6)②ロ）」としています。また，先述の全社的な内部統制に関する評価項目の例にて，「ITへの対応」に係る内部統制を例示列挙しています。

このことから本書では，「全般統制」と「業務処理統制」に加え，全社的な内部統制としてのITに係る内部統制（IT全社統制）もIT統制の1つとして考えます。

図表Ⅱ-7-1は，これらIT統制におけるそれぞれの統制対象別分類を表したものです。「IT全社統制」「IT全般統制」「IT業務処理統制」について，それぞれ解説していきます。

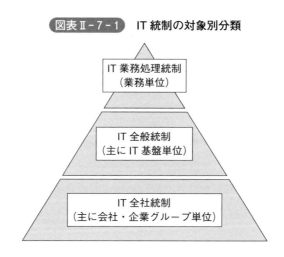

図表Ⅱ-7-1　IT統制の対象別分類

(1) IT全社統制

IT全社統制とは，「全社的な内部統制」の一環として会社および連結グループ全体レベルで実施される統制で，IT全般統制，IT業務処理統制を支える根幹となるものです。

実施基準では，下記の項目を例に挙げています。

- 経営者は，IT に関する適切な戦略，計画等を定めているか。
- 経営者は，内部統制を整備する際に，IT 環境を適切に理解し，これを踏まえた方針を明確に示しているか。
- 経営者は，信頼性のある財務報告の作成という目的の達成に対するリスクを低減するため，手作業及び IT を用いた統制の利用領域について，適切に判断しているか。
- IT を用いて統制活動を整備する際には，IT を利用することにより生じる新たなリスクが考慮されているか。
- 経営者は，IT に係る全般統制及び IT に係る業務処理統制についての方針及び手続を適切に定めているか。

IT 全社統制は，企業の経営戦略を策定し実現していくうえで，これに合致した IT の利用を可能にするための IT 戦略に関する統制といえます。そのため，IT 全社統制の重要性は，企業規模が大きくなるほど，また企業の IT への依存度が高まるほどに増すと考えられます。

(2) IT 全般統制

IT 全般統制（ITGC：IT General Control ともいいます）とは，IT 業務処理統制が継続的に有効に機能する環境を保証するための統制活動を意味します。通常，複数の業務処理統制に関係する方針と手続をいい，統制の実施主体は一般的に情報システム部門です。

実施基準では，具体例として以下の項目を挙げています。

- **システムの開発，保守に係る管理**
- **システムの運用・管理**
- **内外からのアクセス管理などシステムの安全性の確保**
- **外部委託に関する契約の管理**

一方，日本公認会計士協会が発表する IT 委員会実務指針第 6 号「IT を利用した情報システムに関する重要な虚偽表示リスクの識別と評価及び評価したリスクに対応する監査人の手続について」，および IT 委員会研究報告第46号「重

188 第Ⅱ部 内部統制評価と効率化の実務

要な虚偽表示リスクと全般統制の評価」では，若干の表現の違いはあるものの，実施基準とほぼ同内容の項目で，より詳細に説明がなされています。

図表Ⅱ-7-2　IT 全般統制

■開発・変更に係る全般統制

システムの開発・変更では，システム開発・変更担当とシステム運用担当の分離，プログラムの十分なテストの実施，開発・変更手続に基づく各段階での承認等が内部統制として識別・評価される。

パッケージ・ソフトウェアを導入する場合であっても，同様の内部統制が導入されることが考えられる。

（具体的例示）

システムの開発・変更管理の目的は，業務処理統制が適切に組み込まれるようにすることにある。システムの開発・変更管理に係る全般統制の具体例を示せば次のようになる。

① システム開発・変更と運用が組織的に分離している。又は，必要な職務の分離が行われている。
② システムの開発計画（購入計画を含む。）が作成され，適切な者により承認される。
③ システム変更について適切な者により承認される。
④ システムの開発・変更時の成果物は，適切な者により承認される。
⑤ システムの開発・変更時のテストは，適切な者により承認される。
⑥ 本番環境に影響を与えないようにするために，テスト環境は本番環境から分離されている。
⑦ 本番環境へのリリースについて，適切な者により承認される。
⑧ データ移行の移行計画及び移行結果について，適切な者により承認される。
⑨ OS，DBMS，ハードウェア等の追加・更新（システム設定変更及びバージョンアップを含む。）を行う場合に，追加・更新内容について，適切な者により承認される。

■システムの運用に係る全般統制

システムの運用に係る全般統制では，例えば，ジョブスケジュールの管理，臨時処理，情報システムの稼働確認，バックアップデータの保管，障害が発生した場合の復旧等に係る内部統制が識別・評価される。

（具体的例示）

① ジョブスケジュールの登録・変更は，適切な者に承認される。
② システム運用について稼働監視される。
③ 運用上の障害は適時に把握・記録され，遅滞なく問題解決される。障害発生状況は定期的にモニタリングされ，分析されるとともに，問題解決のため適切な者に報告される。
④ 臨時処理（スケジュールに基づかないジョブ）の実行について，手順が整備されており，適切な対応がとられる。
⑤ 必要なバックアップが取得され保管される。また，バックアップからのデータ復元が可能となっている。

■情報セキュリティに係る全般統制

情報セキュリティでは，ユーザ ID 管理やログ管理といった，プログラム，データ等の情報資源へのアクセスを制限するための論理的セキュリティのツールの導入・運用やアクセス権限付与に係る承認，入退出管理や情報機器への物理的なアクセス制限等が，内部統制として識別・評価される。

第7章　フェーズ3・評価（IT 統制の評価）　189

（具体的例示）
　情報セキュリティ管理の目的は，プログラムとデータの情報セキュリティ管理を適切に
行うことにより，業務処理統制が無視されたり，バイパスされるような方法で，内部統制
が無効化されないようにすることにある。情報セキュリティ管理に係る全般統制の具体例
を示せば次のようになる。
　①　システムへのアクセスは，認証メカニズムにより，制限されている。
　②　ユーザ ID 作成が可能等の特別な権限のある ID は，承認された特定の管理者のみに
　　　付与されている。
　③　本番稼働しているプログラム，データ（マスタデータを含む。），システムユーティ
　　　リティへのアクセスが制限されている。
　④　ユーザ ID の申請は適切な者により承認される。
　⑤　ユーザ ID とアクセス権限に関して，人事異動・退職に伴う見直しを含め，定期的
　　　に確かめている。
　⑥　ユーザ・アクセス及びセキュリティ上の問題とする監視対象が規定されており，そ
　　　の規定に従い監視が実施されている。また，問題事象は重要度に応じて適時に経営者
　　　等に報告される。
　⑦　情報処理施設のある領域へのアクセスは，権限のある者に制限され，適切な認証を
　　　必要とされている。

■外部委託業務に係る全般統制

　外部委託では，外部委託先の管理手続，業務要件の担保やモニタリングが内部統制とし
て識別・評価される。
（具体的例示）
　外部委託業務の管理の目的は，求めるサービスレベルが達成されずに，業務処理統制が
適切に機能しないことのないようにすることにある。外部委託業務管理に係る全般統制の
具体例を示せば次のようになる。
　①　外部委託先の選定基準や外部委託先の管理手続が定められている。
　②　委託業務の適切な実行を担保するための事項（セキュリティ要件，定期的な報告，
　　　委託先の監査権の行使等）が業務委託契約書に反映されている。
　③　外部委託先が契約を順守しているか否かについて，定期的にモニタリングする。
　④　クラウドコンピューティングの利用に際しては，サービス品質やセキュリティ管理，
　　　サービス提供の継続性などクラウドコンピューティングに起因するリスクを評価す
　　　る。
　なお，システム開発業務を外部委託する場合や，自社内にハードウェアを設置し，シス
テム運用業務を外部委託する場合は，内部で業務を実施する場合と全般統制が大きく異な
ることはないのが一般的であるが，外部のデータ・センターにハードウェアを設置し，シ
ステム運用業務を外部委託する場合は，業務内容合意書（サービス・レベル・アグリーメ
ント）を締結し，外部委託先から定期的な報告を求めるケースが多い。また，監査・保証
実務委員会実務指針第86 号「受託業務に係る内部統制の保証報告書」（以下「監保実86号」
という。）に基づく受託業務に係る内部統制の保証報告書を入手して評価を行うことが考
えられる。

　IT 全般統制は通常，業務を管理するシステムを支援する IT 基盤（ハード
ウェア，ソフトウェア，ネットワーク等）を単位として構築することとなりま
す。例えば，購買，販売，流通の３つの業務管理システムが１つのホスト・コ

190　第Ⅱ部　内部統制評価と効率化の実務

ンピュータで集中管理されており，すべて同一の IT 基盤上で稼働している場合，当該 IT 基盤に対する有効な全般統制を構築することにより，3 つの業務に係る情報の信頼性を高めることが期待できます。

　一方，3 つの業務管理システムがそれぞれ異なる IT 基盤上で稼働している場合には，それぞれの IT 基盤を管理する部門，運用方法等が異なっていることが考えられ，その場合は，それぞれの IT 基盤ごとに全般統制を構築することが必要となります。

　IT 全般統制は，複数の業務プロセスに影響を与える点で IT 全社統制と混同されがちです。しかしながら，**IT 全社統制が**企業ないし企業グループ全体へ影響を与え，**企業ないし企業グループ単位で認識される**ものであるのに対し，**IT 全般統制は** IT 業務処理統制を提供しているシステムおよび IT 基盤単位へ影響を与え，**システムおよび IT 基盤単位で認識される**ものである点で，両者は相違します。

　IT を利用した情報システムにおいては，いったん適切な IT 業務処理統制を組み込めば，意図的に手を加えない限り，継続して機能する性質を有しています。そして，後述する **IT 業務処理統制が有効に機能するか否かは，**その土台的役割を担う基盤に対して影響を与える **IT 全般統制の有効性に大きく影響を受けます。**

　そのため，IT 全般統制が有効に機能しないことにより，その後のシステムの変更の段階で必要な内部統制が組み込まれなかったり，プログラムに不正な改ざんや不正なアクセスが行われるなどの弊害が発生した場合には，適切な IT 業務処理統制を組み込んだとしても，その有効性が保証されなくなる可能性があります。

(3)　IT 業務処理統制

　IT 業務処理統制（ITAC：IT Application Control ともいいます）とは，業務を管理するシステムにおいて，承認された業務がすべて正確に処理，記録されることを確保するために業務プロセスに組み込まれた統制です。また，**IT 業務処理統制は勘定科目の適正性に直結する IT 統制**になります。

　実施基準では以下のような具体例を挙げています。

- 入力情報の完全性，正確性，正当性等を確保する統制
- 例外処理（エラー）の修正と再処理
- マスタ・データの維持管理
- システムの利用に関する認証，操作範囲の限定などアクセスの管理

　また，日本公認会計士協会 IT 委員会研究報告第47号「業務処理統制に関する評価手続」では，卸売業を前提に販売業務と購買業務における業務プロセスに組み込まれた IT 業務処理統制が 3 点セットともに例示されていますので，参考にしてください。

　IT 全社統制や IT 全般統制が，IT 業務処理統制を介して財務報告の信頼性を間接的に保証していたのに対し，**IT 業務処理統制は，財務報告の信頼性に対して直接的に影響を及ぼす**という点で，先の 2 つの IT 統制とは異なります。

　言い換えれば，IT 全社統制や IT 全般統制に不備があっても，それ自体が即，財務報告に係る内部統制の重要な欠陥につながるものではありませんが，**IT 業務処理統制の不備は財務報告に係る内部統制の不備に直結するため，その不備の重要性によっては，「開示すべき重要な不備」につながる可能性がある**ということです。

　また，IT 業務処理統制という言葉は「自動化された」業務処理統制（業務プロセスに係る統制）と同じ意味と捉えられがちです。しかしながら，IT 業務処理統制には，IT と人の手が複合したいわゆる「IT 依存統制」も含まれます。例えば，個別貸倒引当金の設定に際し売掛金の滞留状況を調べるために，会計システムから得意先ごとの売掛金の年齢調べ表（エイジングリスト）を出力し，これをもとに経理担当者によって回収可能性の検討が行われ，個別貸倒引当金の計上金額が決定されるという内部統制が例として挙げられます。

(4)　EUC 統制

　IT 統制には，情報システム部が開発・運用に関与しているシステムを利用した統制のほか，スプレッドシートなどの EUC（End User Computing の略）と呼ばれるユーザー部門で構築・運用している簡易的なパッケージソフトを利用したコントロールも含まれます。

　EUC とは，情報システム部ではなく実際にシステムを利用するユーザー部

門（例えば経理部）が主体となってシステムの設計や構築に関与して，業務に役立てるシステムのことです。

　例えば，経理部で使用する会計システムを情報システム部が管理せずに，ハードウェアは経理部内のオフィスコンピュータを使用し，ソフトウェアもベンダーから提供されたパッケージソフトを経理部が運用している場合などが挙げられます。最近では，担当者のパソコン上で使用するエクセルなどの表計算ソフトや，アクセスといったパソコン用の簡易版データベースツールなどもEUC に含まれるとされています。

　EUC 統制とは，このような EUC を利用した統制のことをいい，例えば以下のような場面で実施されます。

- 売掛金の回収情報と残高情報をアクセス上で顧客別に集計・突合し，回収管理を実施している。
- 貸倒引当金の計算を表計算ソフト上に組んだ計算ロジックによって行い，表計算ソフトの計算結果を手入力で会計システムへ入力する場合において，貸倒引当金計算の正確性を表計算ソフトの機能が担っている。

　EUC 統制についても当然，IT 全般統制としての側面と IT 業務処理統制としての側面を有しています。EUC を使用する場合の IT 全般統制と IT 業務処理統制には，例えば以下のようなものが該当すると考えられます。

（EUC を使用する場合の IT 全般統制の具体例）

- スプレッドシートで作成した貸倒引当金計算シート内の計算ロジックが不正に変更されないようにするために，計算シートのデータの保管場所である経理部共有サーバーへのアクセス制限や，パスワード設定による計算シートのデータ操作のアクセス制限を整備している。
- スプレッドシート上の計算ロジック変更の際，経理部長が事前および事後的に正確性について承認している。

（EUC を使用する場合の IT 業務処理統制の具体例）

- 表計算ソフト上に組み込まれた計算ロジックにより，貸倒引当金残高が自動計算されている。
- 上記で自動計算された引当金残高の正確性について，経理部長が表計算ソフトの計算チェックを行い，承認している。

第3節　IT統制の評価

(1) 「IT全社統制」の評価

IT全社統制は，企業全体の観点から，いかに適切にITの利用領域を決定しているかといった，ITを利用する環境整備に関する意思決定の管理体制などが含まれます。そのため，IT全社統制の実施に際しては，自動化された統制は多くないと予想されます。

IT全社統制の評価範囲の決定や評価方法も，通常の人手で行われる**「全社的な内部統制」と変わるところはなく，全社的な内部統制の評価の一環でウォークスルーや運用テストによる整備，運用状況の評価を行うこととなります。**

(2) 「IT全般統制」の評価

① IT全般統制に依拠することで評価の効率化を図る

IT全般統制は，IT業務処理統制が有効に機能する環境を保証するための統制活動であり，IT業務処理統制が有効に機能するか否かは，IT全般統制の有効性に影響を受けます。そして，ITを利用した情報システムにおいては，いったん適切なIT業務処理統制を組み込めば，意図的に手を加えない限り，継続して機能する性質を有しています。

そのため，IT全般統制は，自動化されたIT業務処理統制の運用状況の有効性を担保するためのコントロールといえるのです。

経営者は，このようなIT全般統制とIT業務処理統制（のうち自動化された内部統制）の関係の特徴を利用して，関連する**IT全般統制の整備・運用状況が有効であることを事前に検証しておくことで，**IT業務処理統制の運用テストにおいて必要となるサンプル件数を減らすなど，自動化された**IT業務処理統制の運用状況の評価手続を簡略化・効率化することが可能**です。

後々の評価作業を減らして効率化していく観点からは，IT全般統制が監査法人からも「有効」とお墨付きをもらえるレベルまで整備・運用していくことが重要です。ただ，筆者の経験上，監査法人等からIT全般統制が「有効」で

194　第Ⅱ部　内部統制評価と効率化の実務

ある旨のお墨付きをもらうのは，実務上，割とハードルが高い印象もあります。

　また，近年では外部データセンターやクラウドによる，サーバーやデータベースといったインフラの運用管理を外部委託する方法も普及しつつあります。このようにIT全般統制の一部分を外部委託している場合も，企業は自己の責任のもと評価が必要となりますが，第6章第4節にて説明した86号報告書の入手等により，自己の評価手続を代替することが可能です。

②　IT全般統制の不備は「重要な不備」となるのか？

　IT全般統制は，IT業務処理統制を有効に機能するための土台（IT基盤）を有効に機能させるための内部統制ですから，IT全般統制に不備があれば，関連するすべてのITに係る業務処理統制に影響し，有効に機能しない可能性があるため，虚偽記載が発生する可能性が高まります。

　そのため，代替的・補完的なIT全般統制で統制目的が達せられているか（＝リスクがカバーできているか），他の全般統制で目的が達成できていないとしたら当該不備が関連するIT業務処理統制にどのような影響を与えているか，確認する必要があります。

　ただし，IT全般統制に不備がある場合でも，関連するIT業務処理統制が有効に機能する場合はあります。**結果的にIT業務処理統制が有効に働いてさえいれば，財務報告リスクは顕在化せず，財務報告に係る内部統制は有効である**といえます。

　この点，Q&Aでも下記のように記載されています。

（問14）　ITに係る全般統制に不備がある場合には，直ちに重要な欠陥となるのか。
（答）

1．実施基準では，ITに係る全般統制は，財務報告の重要な事項に虚偽記載が発生するリスクに直接に繋がるものでは必ずしもないため，全般統制に不備が発見されたとしても直ちに開示すべき重要な不備と評価されるものではないとされている。

2．例えば，ITに係る全般統制のうち，プログラムの変更に適切な承認を得る仕組みがないなどプログラムの変更管理業務に不備がある場合でも，事後的に業務処理統制に係る実際のプログラムに変更がないことを確認できたような場

合には，稼働中の情報処理システムに係る業務処理統制とは関連性が薄いため，当該システムの内部統制は有効に機能していると位置づけることができると考えられる。

　このように，IT 全般統制が有効と結論付けられない場合には，IT 全般統制に依拠することができないため，サンプル数を増やすなどして，直接的に IT 業務処理統制にかかる整備・運用状況の有効性を評価していくことになります。

　裏を返せば，経営者（ないし内部統制チーム）は，IT 全般統制を有効にしていくために要する労力や時間，コストと，IT 業務処理統制を直接評価するために要する労力や時間，コストを，**費用対効果の観点から比較考量しながら，評価戦略を決定することが可能**ともいえます。

③　効率的な IT 全般統制の評価範囲の決定方法

　先述のとおり，財務報告リスクに直接的に関係するのは IT 全般統制ではなく，IT 業務処理統制です。そのため，作業効率化の観点からは，IT 全般統制の評価範囲は IT 業務処理統制から逆算的に決定すべきです。

　具体的には，評価対象とすべき業務プロセスの中に組み込まれた IT 業務処理統制のうち，キーコントロールとして識別され，運用テストの対象となった IT 業務処理統制に影響を及ぼす IT 全般統制のみに評価対象を限定することで，IT 全般統制の評価業務自体を簡素化，効率化させることが可能になります。**必ずしも社内に存在するすべてのシステムに関する IT 全般統制を評価する必要はない**のです。

　では，どのように IT 業務処理統制とこれに関連する IT 全般統制を紐付けていくのでしょうか。

　IT 全般統制は，通常，IT 基盤（ハードウェア，ソフトウェア，ネットワーク等）を単位として構築され，時には複数の IT 業務処理統制が 1 つの IT 基盤上で稼働している場合もあります。

　そのため，

(a)　**評価対象となる IT 業務処理統制の特定**→アプリケーションの特定

(b) **アプリケーション**→IT基盤の特定
(c) **IT基盤**→IT全般統制の範囲の特定

という**3つのステップ**を踏んで，評価対象とすべきIT全般統制を特定することとします。

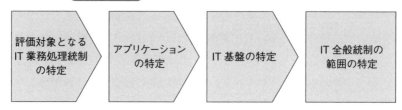

図表Ⅱ-7-3　IT全般統制の評価範囲の決定フロー

(a) **評価対象となるIT業務処理統制の特定→アプリケーションの特定**

財務報告に係るIT統制の評価では，まず，財務報告に係る内部統制に関連するシステムの対象範囲を明確にする必要があります。

また，評価の対象となった財務諸表の重要な勘定科目が関連する業務プロセ

図表Ⅱ-7-4　アプリケーションの特定

評価対象プロセス	運用テスト対象の業務処理統制	IT	キーコントロール	関連するアプリケーション		
				販売システム	在庫管理システム	会計システム
RR1	統制1	―	―	―	―	―
	統制2	―	―	―	―	―
	統制3	●	●	●	―	―
	統制4	●	●	●	―	―
	統制5	●	―	―	―	―
…	統制6	―	―	―	―	―
	統制7	―	―	―	―	―
	統制8	●	●	―	●	―
	統制9	●	●	―	●	―
	統制10	●	―	―	―	―
…	統制11	●	●	―	―	●
	統制12	―	―	―	―	―
	統制13	―	―	―	―	―

スおよびシステム，そのプロセスに関連するシステムの機能の概要，利用されている部署などについても整理しておくとよいでしょう。

(b) アプリケーション→IT 基盤の特定

次に，(a)で特定したアプリケーションと，これらに関連する IT 基盤を特定します。その際，関連する IT 基盤の概要を把握します。例えば，以下のような項目について把握することとなります。

- IT に関与する組織の構成
- IT に関する規程，手順書等
- ハードウェアの構成
- 基本ソフトウェアの構成
- ネットワークの構成
- 外部委託の状況

図表Ⅱ-7-5 IT 基盤の特定

	IT 基盤 A	IT 基盤 B	IT 基盤 C
販売システム	●	－	－
在庫管理システム	－	●	－
会計システム	－	●	－

(c) IT 基盤→IT 全般統制の範囲の特定

そして，(b)で絞り込まれた IT 基盤について，IT 全般統制の管理区分ごとに整理していきます。通常，IT 全般統制は IT 基盤単位で構築されているため，「IT 基盤＝IT 全般統制プロセス」といえる場合が多いと考えられます。そのため，実施基準においても「IT に係る全般統制は，IT 基盤の概要をもとに評価単位を識別し，評価を行う」と規定されています（実施基準Ⅱ.3.(3)⑤ハ）。

しかし，IT 基盤を越えて統制手続が構築されている場合もあり，そのような場合には IT 基盤単位と IT 全般統制の構築単位が異なるため，IT 基盤と IT 全般統制プロセスをさらに紐付ける必要があります。

198　第Ⅱ部　内部統制評価と効率化の実務

図表Ⅱ-7-6　IT全般統制プロセスの特定

	IT全般統制 プロセスA	IT全般統制 プロセスB	IT全般統制 プロセスC
IT基盤A	●	－	－
IT基盤B	●	－	－

このプロセスのみ
評価すればOK

　なお，IT全般統制も他の業務プロセスと同様，業務フローが存在するため，IT全般統制プロセスとして認識することとなります。

図表Ⅱ-7-7　IT全般統制に関する業務フローの具体例～プログラム
開発・変更にかかる業務～

システム企画段階における，ユーザー部門の上長が承認した
企画依頼書の提出と情報システム部における依頼書の入手の確認
⇩
開発段階における，情報システム部とユーザー部門の定期的な協議
⇩
テスト段階における，テスト結果に対する情報システム部
およびユーザー部門の上長のチェック
⇩
本番登録段階における適切な承認権限者の承認

　この場合，**図表Ⅱ-7-6**において，結果的に社内に存在する複数のIT全般統制のうち，運用テストの評価対象となったIT業務処理統制に関するIT全般統制プロセスAのみが評価対象となります。

④　IT全般統制の文書化

　IT全般統制の評価にあたっては，どのような内部統制の文書を作成すべきなのでしょうか。もちろん，IT全般統制も，第5章における他の内部統制と同様に，決まった内部統制文書のフォーマットが存在するわけではありません。しかしながら，IT全般統制もその他の業務プロセスに係る統制と同様，統制業務の流れが把握可能な部分が存在し，「IT全般統制プロセス」として認識することができます。

そのため，他の業務プロセスと同様の，RCM や業務記述書，フローチャートといった文書フォーマットを利用して，以下の評価手続を行うことが最も効果的と考えられます。

⑤　IT 全般統制の整備状況および運用状況の評価

その他の業務プロセスと同様に，「**WT による整備状況の評価**」と，「**運用テストによる運用状況の評価**」を行います。評価の過程や結果の記録として残すべき情報（評価調書）も，WT 調書や運用テスト調書となります。

経営者は，IT 全般統制について評価を行う場合，例えば次のような点において有効に整備および運用されているか評価を行います。

- システムの開発，保守
- システムの運用・管理
- 内外からのアクセス管理などのシステムの安全性の確保
- 外部委託に関する契約の管理

この中でも特に重要なのは，「**システムの開発，保守**」「**内外からのアクセス管理などのシステムの安全性の確保**」です。ここでは，これら 2 つに焦点を置いて，整備状況と運用状況の評価手続を説明していきます。

ⓐ　システムの開発，保守

これは，いわゆる新規プログラムの登録時における統制手続です。プログラム登録に関する内部統制の整備状況の評価手続としては，「プログラム変更履歴」から当期に行われたプログラムの登録申請案件を 1 つサンプルとして抽出し，これに関する一連の流れがわかるよう，例えば**図表Ⅱ-7-8**の証憑を入手し，入手した証憑上，上長の承認印の有無など統制の証跡を確認する WT 手続が考えられます。

また，運用状況の評価手続としては，例えば「適切な承認権限者による本番登録の承認」や「第三者によるプログラム一覧表と本番登録申請書の突合による網羅性チェック」などの重要なコントロールをキーコントロールとして，これらを対象に「プログラム変更履歴（一覧）」から当期に行われたプログラムの登録申請案件を複数サンプルとして抽出し，当該重要な内部統制の証跡を確認していく運用テストが考えられます。

200　第Ⅱ部　内部統制評価と効率化の実務

　運用テストの母集団を特定する際の注意点としては，**開発・変更依頼書を綴じたファイルではなく，実際に変更プログラムが登録された履歴などのリストを母集団として採用する**点です。そうでなければ，母集団の完全性・網羅性が保たれないからです。

図表Ⅱ-7-8　プログラム開発・変更管理のリスクとコントロール例

サブプロセス	業務の流れ	リスク例	コントロール例	閲覧する証憑
プログラム開発・変更管理	企画・開発	不正なプログラム変更案件が開発に移されるリスク	情報システム部によって，開発移行前にユーザー部門における上長の依頼書の有無を確認する。	プログラム開発・変更依頼書
	テスト	ユーザー要望を満たさないプログラムが本番登録されるリスク	テスト結果に対する情報システム部におけるレビューと部門長の承認	テスト結果報告書
			テスト結果に対するユーザー部門におけるレビューと部門長の承認	テスト結果報告書
	本番登録		適切な承認権限者による本番登録の承認	本番登録申請書
	本番運用	本番登録に漏れが生じるリスク	第三者によるプログラム一覧表と本番登録申請書の突合による網羅性チェック	プログラム一覧表
				プログラム変更履歴

(b)　内外からのアクセス管理などのシステムの安全性の確保

　これは，いわゆる OS（Operating system）や DBMS（Data base management system）など，情報システム部ユーザーによるプログラムやデータへのアクセス権限に関する内部統制です。アクセス管理に関する内部統制の整備状況の評価手続としては，「ユーザーID 一覧表」から当期に付与されたユーザーID を 1 つサンプルとして抽出し，これについて**図表Ⅱ-7-9**のような統制がなされていることを，関連する一連の証憑を入手することで確認するウォークスルー手続が考えられます。

　また，運用状況の評価手続としては，やはり運用テストを実施するために，

第7章 フェーズ3・評価（IT統制の評価） 201

例えば「ユーザーIDの変更はユーザー部門の上長の押印済み申請書が必要」といった，重要なコントロールをキーコントロールとして特定し，運用テストの対象とします。そして「ユーザーID一覧表」から当期に行われたユーザーID変更案件を複数，サンプルとして抽出し，実際にユーザー部門の上長の押印済み変更申請書が作成され，情報システム部がこれを確認しているか，といった視点から当該コントロールの証跡を確認していくことが考えられます。

図表II-7-9 アクセス管理にかかるリスクとコントロール例

サブプロセス	業務の流れ	リスク例	コントロール例	閲覧する証憑
アクセス管理	適切なアクセス権限の配分	業務分掌にそぐわない不適切なアクセス権限が配分されるリスク	職務分担表上，各ユーザーの役割が明確に定められており，それぞれの役割に必要な範囲でアクセス権限が配分されているか否か，ユーザー部門の上長がレビューしている。	職務分担表
	ユーザーIDの付与	ユーザーIDが個人単位で付与されないことにより，予定されない担当者が情報へアクセスしてしまうリスク	ユーザーIDは個人単位でのみ付与できるような仕組みが整備されている。	ユーザーID一覧表
			情報へのアクセスはユーザーIDに加え，個人が設定したパスワードが必要な仕組みが整備されている。	ログイン画面コピー
		人員の退職や異動が適時に反映されず，退職者等の予定されない者が情報にアクセスしてしまうリスク	ユーザー部門の上長が定期的にユーザーIDの棚卸しを実施している。	ユーザーID一覧表／ユーザーID棚卸チェック表
	ユーザーIDの変更	情報が不正にアクセスされるリスク	ユーザーIDの変更はユーザー部門の上長の押印済み申請書が必要。	ユーザーID変更申請書
			ユーザーIDの変更処理後，IT部門の上長が変更申請書と内容の一致を確認する。	ユーザーID変更結果チェック表

(3) 「IT 業務処理統制」の評価

① IT 業務処理統制の評価の概要

IT 業務処理統制は，財務報告の信頼性に直結するコントロールであるため，IT 統制の中で最後の砦であるいえます。

IT 全社統制や IT 全般統制の評価結果がいくら有効であったとしても，肝心の IT 業務処理統制の評価結果が不備である場合，それは直接的に財務報告に係る内部統制の不備を意味します。当該不備が単独もしくは他の不備と合わさって連結上重要な場合，**「開示すべき重要な不備」につながる危険**があります。

また，IT 業務処理統制には，完全に自動化された IT 自動統制のほか，IT 依存統制のように自動化された統制部分と，人の手が介在している統制部分が混合された統制も含まれます。そのうち，人の手が介在している統制は，第6章で解説した他のコントロールと何ら変わるところはありませんので，押印の有無を確認するなど，同様の方法で評価を行えばよいと考えます。

よって，ここでは，自動化された IT 統制についての評価手続を解説します。

② 評価手続の種類

IT 業務処理統制における自動化された統制部分についての評価手続は，「IT を利用した評価手法」と「IT を利用しない評価手法」に分けられます。

ⓐ IT を利用した評価手法

あらかじめ処理結果が想定できるダミーデータを本番環境に流して，想定された処理結果が出るか確認する方法や，評価者が用意したテスト環境上で実際の取引データの処理を再実行し，実際の処理と同様の結果になるか検証する方法などが考えられます。

ⓑ IT を利用しない評価手法

IT を利用しない評価手法としては「画面の観察」と「資料間の突合」の2種類があります。

■画面の観察

例えば，アクセス制限に関する内部統制の評価は，業務システムの特定のモジュールへのアクセス画面上，アクセス権限を有する担当者がアクセスできる

こと，および，逆にアクセス権限のない担当者がアクセスできないことを観察することで，統制の実在性を検証することが可能です。また，変更履歴が残るという統制も，変更履歴画面を観察することにより検証することができます。

■資料間の突合

　例えば，販売システムから会計システムへの月次売上情報のインターフェース（自動転送）という内部統制の評価は，販売システムから出力される月次の販売実績一覧表と，会計システムから出力される月次売上明細を突合し，その内訳である取引内容や取引数の一致を確認することで，統制の実在性を検証することが可能です。

③　IT業務処理統制の整備状況および運用状況の評価

　IT業務処理統制は，各業務プロセスに含まれるコントロールの1つとして識別されます。というのは，各業務プロセスの業務記述書にて洗い出された財務報告リスクに対して識別された各種のコントロールのうち，たまたまITに関する統制であったものがIT業務処理統制と呼ばれるに過ぎないからです。よって，IT業務処理統制の文書化に際して特別な文書を作成する必要はなく，各業務プロセスの3点セットの中にIT業務処理統制を盛り込めば十分です（本書のRCM例では，各コントロールの右横に"IT"の欄があり，そこに"●"印でIT業務処理統制か否かを表現しています）。

　また，評価手続についても，その他の業務プロセスと同様，WTによる整備状況の評価と，運用テストによる運用状況の評価を行うこととなります。そのため，評価の過程や結果の記録として残すべき情報（評価調書）は，その他の業務プロセスと基本的に同様，WT調書や運用テスト調書となります。

　経営者は，識別したIT業務処理統制が適切に業務プロセスに組み込まれ，運用されているかを評価します。具体的には，例えば次のような点について，業務処理統制が有効に整備および運用されているかを評価します。

- 入力情報の完全性，正確性，正当性等が確保されているか
- エラーデータの修正と再処理の機能が確保されているか
- マスタ・データの正確性が確保されているか
- システムの利用に関する認証・操作範囲の限定など適切なアクセス管理が

なされているか

④ IT全般統制を利用した評価手続の簡素化

IT業務処理統制の運用テストの際，その他の業務プロセスと同様のサンプル件数をテストすることで評価に対する結論を導き出すこともできますが，IT業務処理統制とIT全般統制の関係性から，IT全般統制を評価した結果が有効である場合には，**IT全般統制の有効性に依拠し，IT業務処理統制の運用テストのサンプル件数を減らし，手続を簡素化・効率化することが可能**です。

なぜなら，IT全般統制が有効なもとでは，IT業務処理統制は有効に機能することが期待され，IT業務処理統制は一貫して反復継続的に同じ処理を行うためです。つまり，1つのサンプルがOKなら，他のサンプルもすべてOKであることが期待されるのです（その逆もしかりです）。

そのため経営者は，IT業務処理統制の運用テストの負担を減らすことによるメリットと，IT全般統制を評価することによるデメリットを勘案して，どちらの方法を採用するか決定することとなります。

⑤ 過年度の評価結果の利用

ITを利用した内部統制の評価は，ITを利用していない内部統制と同様に，原則として毎期実施する必要があります。

しかし，ITを利用して自動化された内部統制に関しては，一度内部統制が設定されると，変更やエラーが発生しない限り，一貫して機能するという性質があります。そのため経営者は，自動化された内部統制が過年度に内部統制の不備が発見されずに有効に運用されていると評価された際，「評価された時点から内部統制が変更されてないこと」，「障害・エラー等の不具合が発生していないこと」，「関連するIT全般統制の整備および運用の状況」を確認および評価した結果，**全般統制が有効に機能していると判断できる場合は，その結果を記録することで，当該評価結果を継続して利用することができます**。

第Ⅱ部 内部統制評価と効率化の実務

第8章
フェーズ4・不備の改善，
フェーズ5・再評価

前章までは，期中における内部統制の評価手続を中心に解説してきました。読者の皆さまは，期中評価ですべてのコントロールについて有効と結論付けることができたでしょうか？

残念ながら，内部統制対応初年度は「ほとんどが非有効になってしまった」という企業もあるでしょう。**実際，筆者が支援してきた企業の多くで，最初はたくさんの非有効項目が発生します。**でもそれは，自社の内部統制評価をしっかりと実施している証拠でもあるのです。

本章では，期中評価の結果発見された不備の改善管理と，不備改善状況の再評価手続，すなわちロールフォワード評価（RF 評価）について解説していきます。

この章のポイント

- 整備状況の不備と，運用状況の不備では意味がまったく違う。
- 意味が違う以上，改善のアプローチも変える必要がある。
- 内部統制チームによる不備の改善指導とモニタリングが，プロジェクト成功のカギ
- もぐらたたきの改善指導に要注意。
- 上長承認やハンコに頼らなくても，内部統制の整備が可能な場合もある。
- 改善された不備は RF 評価にて再評価する。
- RF 評価は，キーか否か，また期中評価の結論によって手続を使い分け，効果的かつ効率的にクリアする。

206　第Ⅱ部　内部統制評価と効率化の実務

第1節　発見された不備の意義

(1)　整備状況の評価（WT）で発見された不備

　期中の WT の結果，発見された非有効項目，すなわち不備は，そもそも社内にルールや規程が存在していない，もしくは不十分であるか，ルール自体はあるものの形骸化している（すなわち，現場に実務としてインストールされていない）ことを意味します。

　そのため，WT の結果，発見された不備については，内部統制チームから経営者に適時に報告を行うとともに，期末までに不備を改善するために，内部統制チームから各現場担当へ改善指導を行う必要があります。

　ただし，**これまでの仕事のあり方自体の変更を現場に強要することになりますので，WT の不備の改善は大変時間と労力を要します。**

　そこで，内部統制チームにおいて制度要求をクリアできるレベルの具体的な改善提案とともに，現場担当部署の責任者，担当者と協議を重ね，慎重に改善策を導き出す必要があります。

(2)　運用状況の評価（運用テスト）で発見された不備

　期中の運用テストで発見された不備は，社内にルール自体は存在しているものの，一部の拠点や取引で，ルールどおりに業務運用が徹底されていないことを意味します。例えば，A 支店だけ社内ルールに基づいた承認手続が運用されていない，といったイメージです。そのため，現場担当部署への不備の改善指導も，社内ルールどおりの業務徹底を要請することになります。ただ，**もともとルールがありますので，ルール自体の変更や業務のあり方自体の変更要請を伴う WT の不備改善と比べると，現場に理解されやすく，比較的容易に受け入れられる傾向があります。**

(3)　IT 統制の不備

①　IT 全社統制の不備

IT 全社統制の不備も，IT 以外の「全社的な内部統制」における不備と同様，

業務プロセスにかかる内部統制に直接または間接に広範な影響を及ぼすため，最終的に財務報告の内容にも影響を及ぼします。特にIT全社統制の不備に関しては，IT全般統制に影響を与え，最終的にはIT業務処理統制に対して影響を及ぼします。

したがって，IT全社統制に不備がある場合には，IT全般統制やIT業務処理統制にどのような影響を及ぼすかも含め，財務報告に重要な虚偽記載をもたらす可能性について慎重に検討する必要があります。

IT全社統制が有効であると判断するための条件は，その他の「全社的な内部統制」が有効であると判断する条件と同様，以下の条件を満たしていることが重要となります。

- 全社的な内部統制が，一般に公正妥当と認められる内部統制の枠組みに準拠して整備および運用されていること
- 全社的な内部統制が，業務プロセスに係る内部統制の有効な整備および運用を支援し，企業における内部統制全般を適切に構成している状態にあること

IT全社統制に不備がある場合でも，それ自体が直接財務報告に係る虚偽の記載および開示につながるものではありません。しかしながら，IT全般統制の不備は，IT業務処理統制の有効性に重要な影響を及ぼす可能性が高いため，不備の内容の質的重要性によっては「開示すべき重要な不備」に該当する場合があります。

「開示すべき重要な不備」となるIT全社統制の不備としては，例えば，**財務報告に係るIT統制に不備があるにもかかわらず，それが適切に改善されずに放置されている**，といった状況が挙げられます（実施基準Ⅱ.3.(4)①参照）。

② IT全般統制の不備

IT全般統制の不備もIT全社統制と同様，財務報告の重要な事項に虚偽記載が発生するリスクに直接につながるものではなく，ただちに重要な不備として取り扱われるものではありません。そのため，IT全般統制に不備がある場合には，関連するIT業務処理統制などの代替的または補完的な他の内部統制により，財務報告の信頼性という目的が達成されているかを検討します。

208　第Ⅱ部　内部統制評価と効率化の実務

　しかし，IT 全般統制に不備があった場合には，たとえ IT 業務処理統制が有効に機能するように整備されていたとしても，その有効な運用を継続的に維持することができない可能性があり，虚偽記載が発生するリスクが高まることとなります。

　よって，IT 全般統制に不備がある場合には，関連する IT 業務処理統制の運用状況の評価にあたってサンプル件数やサンプル抽出期間を拡大するなど，IT 全般統制に依拠する場合と比べ，**より慎重に，IT 業務処理統制の運用状況の有効性を評価する必要があります。**

③　IT 業務処理統制の不備

　IT 業務処理統制は，IT 統制の中でも財務報告に直接的に影響を与える，いわば"最後の砦"です。IT 業務処理統制に不備がある場合は，**誤った会計処理が短期間のうちに"大量生産"される可能性もあることから，「開示すべき重要な不備」に直接つながりかねません。**

　また，IT 業務処理統制のうち，人と IT が一体となって機能する統制活動（IT 依存統制）に不備がある場合は，この不備による財務報告への影響額を算定するにあたって，その不備の内容が人に関する部分から生じているものなのか，それとも IT に関する部分から生じているものなのかを識別することとなります。もし，不備が IT に関する部分から生じている場合には，同じ種類の誤りが繰り返されている可能性があることに留意しながら，財務報告へ与える影響額を算定する必要があります。

第2節　不備の改善

(1)　内部統制チームによる指導とモニタリングがカギ

　内部統制チームの第一義的な使命は，適切に内部統制報告を行うことではあります。しかしながら，第 1 章で記載したような内部統制対応の失敗とならないようにするためには，発見された不備を，単に「（重要な）不備」として報告するだけはなく，**いかに現場担当部署を巻き込み，決算期末日までに不備の改善を完了させ，再評価で"有効"にできるか**，がとても重要です。

当たり前ですが，内部統制チームが不備を発見して集計しただけでは，現場における不備は改善されません。

不備を改善するためには，内部統制チームは非有効とされた**不備の項目の内容を現場担当部署にタイムリーに伝達**するとともに，**不備の根本的な原因を現場担当とともに考え，改善の方向性を提案**してあげることが必要になります。

ただし，こうした改善指導には，ビジネススピードを失速させないように，以下のような点にも一定の配慮や注意が必要と考えられます。

① "もぐらたたき"の改善指導になっていないか？

とある不備項目があったとして，不備と判断された理由が，「伝票のうえに上長のハンコがなかったから」であったとしましょう。ハンコがなかったことが不備と判断された理由なのですから，改善指導の内容は当然，「今後ハンコを残すことを徹底すべき」となりそうです。

たしかに「コントロール実施の証跡としてハンコを残すよう徹底すべき」というのは不備の改善指導の1つのあり方で，まったくもって間違ってはいません。

しかしながら，もし経営者からの内部統制チームへの期待が，「**自社のビジネススピードやひいては事業価値を保全しながら，内部統制制度の要求をクリアする**」ということだとしたら，上記改善指導の内容をもう少し慎重に検討するべきかもしれません。

というのも，内部統制チームがいくら「上長のハンコを徹底すべき」と指導をしたとしても，多数の事業拠点で大量の取引が処理されている中で，**ハンコの押し忘れを完全になくすことはなかなか難しいでしょう。**場合によっては，このような「ハンコを押すべき」という表面的な改善指導では，"**もぐらたたき**"のもぐらのように，次々と別の事業所や別の取引でエラーが発生し，**内部統制チームはその都度，「ハンコを押すべき」と指導し続けなければならなくなる可能性も考えられます。**

また，上長がハンコを確実に押すために，今まで以上に上長の限られた貴重な時間を費やすことになるかもしれません。これでは実効性も期待できないうえに，**自社の競争力低下を招きかねません。**

そうこうしているうちに，当初は「リスクを低減するためのチェックの証跡

210 第Ⅱ部 内部統制評価と効率化の実務

を残す」という目的で指導していたはずなのに，いつの日からか現場は「内部統制チームが来ることが決まったら，慌てて全部ハンコが押されているか確認する（もっとひどいと，慌ててハンコを押す）」といった対応に変わり，**「内部統制の形骸化」につながることも予想されます。**

　ですから，不備の改善方法を検討するにあたっては，表面的な不備改善指導ではなく，できれば現場と膝を突き合わせて，「なぜハンコが残らなかったのか」，不備が生じた根本的な原因を協議・検討することをお勧めします。

図表Ⅱ-8-1 本当の原因は何か？

・人員不足なのか？
・業務フローの問題か？
・単なる業務懈怠なのか？
・別のコントロールでカバーできないか？
・他の方法でリスクは回避できないのか？

　根本的な原因がわかれば，承認権限移譲，IT の導入などによる業務フローの抜本的な見直し，はたまたキーコントロールの見直しといった，より自社の実態に沿った改善策や対応策が出てくるかもしれません。

（解決策の一例）

　ここで，権限移譲や業務フローの抜本的見直しによる解決策の例を1つご紹介します。

　各支店で小口現金による経費精算ルールが運用されており，支出の都度，小口現金出納帳上に支店長の承認印を必要とするルールがあるにもかかわらず，これが徹底されておらず（つまり運用上の不備），結果，月1回，月末に行われる実査段階で，**毎月のように現金残高の不明差異が出ている**企業があったとしましょう。

　杓子定規に改善指導するならば，**「出納の都度，小口現金出納帳上の支店長の承認を徹底すべき」**，加えて**「現金実査の頻度を上げ，毎日実施すべき」**となるかもしれません。

　ただ，**支店長が承認を漏らしてしまう，また不明差異が生じる根本的な原因は，そもそも支店で現金を扱っているからではないでしょうか？**　それならば，

- ●●円以下の経費は，事前承認は不要で事後報告で足りる
- 経費支払はいったん従業員立替のうえ，月末明細提出で翌月給与支払時に併せて銀行振込により精算する

というフローに変えてしまえば，不明差異が生じる根本的な問題は解決しますので，**毎日の現金実査の必要性もなくなりますし，上長も小口現金の承認に時間を費やすストレスから解放されます。**

② ルールを指示するのではなく，あくまで“提案”をする

　内部統制チームの役割は，財務報告リスクの観点から，社内のルールに基づくコントロールが十分に整備・運用されているか，を確認することです。いわば**ルールの番人**ともいえます。

　ルールの番人がルールを作ってしまうと，ルールが“なあなあ”になってしまいかねません。また，そもそも社内の決裁権限規程でも，内部統制チームが業務のルールを決める権限はないでしょう。そのため，内部統制チームによる現場担当部署への不備の改善指導に際しては，具体的なアイデアを出すことはよいものの，あくまで「こうあるべき」という**改善“提案”に留めておく必要があります。**

(2) 不備の集計

① 不備の集計

　期中評価の結果，発見された不備，すなわち評価の結果“非有効”と結論付けられた項目は，決算期末日までに改善と再評価を要します。そこで，プロセスごとに，それが整備上の不備なのか，運用上の不備なのか，発見された状況の別に集計をします。

　不備の集計は，RCM から“非有効”と結論付けられた項目のみを加工集計する形で，

- **コントロールの内容**
- **不備と判断された根拠**
- **改善の方向性（現場への改善提案事項）**

も併せて集計しておくと改善指導の際便利です。

212 第Ⅱ部 内部統制評価と効率化の実務

図表Ⅱ-8-2 不備集計表イメージ

リスク	適正な財務諸表作成のための要件（アサーション）						不正リスク	関連する勘定科目	コントロール記述＆コントロールNo.
	実在性	網羅性	権利と義務の帰属	評価の妥当性	期間配分の適切性	表示の妥当性			
RR1-1-3 R1 不正なマスタ操作により，売上高・売掛金の実在性・網羅性が損なわれるリスク	●	●	－	－	－	－	●	売上高・売掛金	RR1-1-3 C1 アクセス制限 顧客マスタや単価マスタに関しては，アクセス権限表にてあらかじめ定められた情報システム部の従業員のみが変更可能。
RR1-1-3 R1 不正なマスタ操作により，売上高・売掛金の実在性・網羅性が損なわれるリスク	●	●	－	－	－	－	●	売上高・売掛金	RR1-1-3 C2 承認 顧客マスタ，単価マスタの変更・新規登録は，情報システム部長の事前承認が必要（画面上で承認ボタン）。承認の証跡は承認ログにて記録される。
RR1-1-3 R2 単価登録を誤ることで，売上高・売掛金の実在性・網羅性が損なわれるリスク	●	●	－	－	－	－	－	売上高・売掛金	RR1-1-3 C2 承認 顧客マスタ，単価マスタの変更・新規登録は，情報システム部長の事前承認が必要（画面上で承認ボタン）。承認の証跡は承認ログにて記録される。
RR1-1-7 R1 仕訳を誤る・入力を誤ることで売上高・売掛金の実在性・網羅性が損なわれるリスク	●	●	－	－	－	－	－	売上高・売掛金	RR1-1-7 C1 突合 経理部担当者が月次で会計システム上の売上明細と当月発行の納品書・請求書とを突合し売上計上金額の確認を行う。確認の証跡は売上明細上に押印にて記録。
RR1-1-7 R2 未納品・未提供の取引について売上を計上することで売上高・売掛金の期間配分の適切性が損なわれるリスク	－	－	－	－	●	－	－	売上高・売掛金	RR1-1-7 C2 突合 経理部担当者が年次で期末直前直後の出荷取引5件を抽出し，会計システム上の売上明細と突合することで，売上計上の期ズレの有無を確認。確認の証跡は抽出したサンプルの納品書と売上明細上に押印にて記録。

第8章 フェーズ4・不備の改善，フェーズ5・再評価 213

期中における整備状況（TOD）の評価			期中における運用状況（TOE）の評価			
統制単位での整備状況の結論	統制単位での不備の状況	統制単位での改善案	運用テスト対象	統制単位での整備状況の結論	統制単位での不備の状況	統制単位での改善案
非有効	アクセス権限表で定められた従業員以外もマスタ管理画面にアクセス可能であることが判明した。	マスタ管理画面へのアクセス権限を，アクセス権限表で定められた従業員のみに絞るべき。	－	－	－	－
非有効	マスタ変更登録承認が，本来の承認権限者である情報システム部長●●氏ではなく，同部員の●●氏であることが判明した。	マスタ変更登録承認者を本来の承認権限者である情報システム部長●●氏のみに限定すべき。	－	非有効	WT にて非有効のため運用テスト省略	WT にて非有効のため運用テスト省略
…	…	…	…	…	…	…
…	…	…	…	…	…	…
…	…	…	…	…	…	…

214　第Ⅱ部　内部統制評価と効率化の実務

②　不備の全容把握

　内部統制報告書上に記載される「開示すべき重要な不備」は，単独の不備の
みならず，いくつかの不備が複数合わさって重要な不備に該当してしまうケー
スもあります。そのため，経営者は期中で発見された不備が全体でどの程度あ
るのか，どの拠点・プロセスで特に発生しているのか，どのくらい改善されて
いるのか，といった全体像を把握したいと考えるはずです。

　そこで，内部統制チームは，プロセスごとに集計された不備を，企業グルー
プ全体で，どの拠点のどのプロセスから何個の不備が発生しているのか，その
うちいくつが改善されたのか，どれだけの不備がまだ改善途上なのか，を適時
に経営者に報告し，またモニタリングできるように「**不備のコントロールシー
ト**」（**図表Ⅱ-8-3**参照）を作成し定期的に更新していくと，不備の改善管理
がしやすくなります。

図表Ⅱ-8-3　不備コントロールシート

プロセスコード		プロセス名	プロセスオーナー	内部統制チーム担当者	リスク数	コントロール数	有効	非有効	該当なし	他参照	仕掛
全体					678	644	283	258	29	49	25
CLC		全社統制	A社総務部	CI太郎	67	78	46	23	6	3	0
	CLC1	親会社A	A社総務部	CI太郎	42	48	26	18	1	3	0
	CLC2	子会社b	A社総務部	CI太郎	5	6	4	1	1	0	0
	CLC3	子会社c	A社総務部	CI太郎	5	6	4	1	1	0	0
	CLC4	子会社d	A社総務部	CI太郎	5	6	4	1	1	0	0
	CLC5	子会社e	A社総務部	CI太郎	5	6	2	2	2	0	0
	CLC6	子会社f	A社総務部	CI太郎	5	6	6	0	0	0	0
CFR		全社レベル決算財務報告	A社経理部	CI次郎	178	191	61	79	2	25	24
	CFR1	親会社A全社決算財務報告	A社経理部	CI次郎	37	43	23	15	0	0	5
	CFR1-1	全般	A社経理部	CI次郎	15	20	11	9	0	0	0
	CFR1-2	単体	A社経理部	CI次郎	7	8	4	2	0	0	2
	CFR1-3	連結	A社経理部	CI次郎	10	10	6	2	0	0	2
	CFR1-4	開示	A社経理部	CI次郎	5	5	2	2	0	0	1
	CFR2	子会社b全社決算財務報告	A社経理部	CI次郎	16	17	5	10	0	2	0
…	…	…	…	…	…	…	…	…	…	…	…

(3) 不備の改善管理

　後述しますが，内部統制チームによる不備の改善状況のチェックは，基本的にロールフォワード評価によって行います。

　しかし，内部統制対応の初年度では，多くの不備が集計されることになると思います。筆者の経験上，**初年度は特に整備状況の不備が多く発見され集計されることになることが多いです。**このような**整備上の不備を改善するということは，会社におけるルール自体や業務のあり方自体にメスを入れて新しい方法を取り入れていく必要**がありますので，改善された状況をロールフォワード評価一発勝負で確認するよりも，**現場担当部署と定期的に膝を突き合わせて喧々諤々の議論をしながら，ルールや業務のあり方自体を修正していくほう**が，生産的かつ効率的と考えられます。

　具体的には，月次など定期的に全体会議とプロセスごとの分科会に分けて改善管理を実施していく方法をお勧めします。

コントロール全体					キーコントロール										
TTL	Proof	改善済	未改善	未改善割合	キーコントロール数	有効	非有効	該当なし	他参照	仕掛	TTL	Proof	改善済	未改善	未改善割合
644	○	54	204	32%	527	246	207	16	44	26	539	×	24	183	35%
78	○	3	20	26%	78	46	23	6	3	0	78	○	3	20	26%
48	○	2	16	33%	48	26	18	1	3	0	48	○	2	16	33%
6	○	1	0	0%	6	4	1	1	0	0	6	○	1	0	0%
6	○		1	17%	6	4	1	1	0	0	6	○		1	17%
6	○		1	17%	6	4	1	1	0	0	6	○		1	17%
6	○		2	33%	6	2	2	2	0	0	6	○		2	33%
6	○		0	0%	6	6	0	0	0	0	6	○		0	0%
191	○	11	68	36%	191	64	83	6	25	25	203	×	11	72	38%
43	○	11	4	9%	43	26	19	4	0	0	55	×	11	8	19%
20	○	7	2	10%	20	11	9	0	0	0	20	○	7	2	10%
8	○	1	1	13%	8	0	2	0	0	6	8	○	1	1	13%
10	○	2	0	0%	10	10	6	2	0	0	2	×	2	4	40%
5	○	1	1	20%	5	5	2	2	0	0	1	×	1	1	20%
17	○	0	10	59%	17	5	10	0	2	0	17	○	0	10	59%
...	...	...	...	...	...	...	...	...	...	...	...	...	...	...	...

216 第Ⅱ部 内部統制評価と効率化の実務

① 月次全体会議

経営者の名のもとに，業務プロセスごとに改善責任を負う責任部署（プロセスオーナー）を指名し，月次など定期的にプロセスオーナー部門長を集合させ，不備のコントロールシートの状況をみながら各現場の不備改善の取り組み，進捗状況を報告させる方法が考えられます。

現場部門にとっては，これまでの業務のあり方について，他部署に"ダメ出し"され，変更することに対して多少なりとも反発や抵抗があるケースが割と多いといえます。そこで，こうした定期的な全体会議への出席を現場担当部署の長に義務付けることも一法です。自部門の責任プロセスの不備の状況が他部門も知るところとなり，また他部署の不備内容と改善状況も逐次共有することで，現場部門全体における不備改善の意識を高めるとともに，内部統制の整備・運用に対する責任意識を植え付けることが可能になります。

② プロセスごとの分科会

プロセスの数が多くなると，全体会議では，なかなか個別具体的なプロセス別の改善内容の報告，その他改善の方向性に関する細かい相談はしづらいと思います。そこで，全体会議とは別に，プロセスごとにプロセスオーナー部門から改善状況の報告をしてもらう**"プロセスごとの分科会"**を設定するのが効率的と思われます。

分科会では，先述のプロセス別の不備コントロールシート（**図表Ⅱ-8-3**）をさらに加工し，

- **改善の責任者は誰か（担当者名称）**
- **改善期限（いつまでに改善するか）**
- **改善内容（どのように改善するか）**
- **エビデンス名称（コントロールの証跡は何で確認できるか）**

といった情報をまとめた「**不備ステータスチェックシート**」を責任部署から報告してもらうとよいでしょう（218頁。**図表Ⅱ-8-4**参照）。

③ 決算・財務報告プロセスの不備改善

決算・財務報告プロセスのうち，**有価証券報告書の開示にかかるコントロー**

ルを評価するチャンスは年に1回しかありません。また，その他のコントロールについても，多くても月1回もしくは四半期に1回程度です。よって，売上・売掛金プロセスや仕入・棚卸資産プロセスなどの重要プロセスのように，日常でいくつもの取引が行われるものと比べると，期末までに改善できるチャンスは限られています。この点をカバーするために，**不備の改善状況の確認は，月次や四半期決算ベースで確認したり，場合によっては年度決算のシミュレーションを行う**などで予行演習をしておく必要もあります。

218　第Ⅱ部　内部統制評価と効率化の実務

図表Ⅱ-8-4　不備ステータスチェックシート

リスク	適正な財務諸表作成のための要件（アサーション）						不正リスク	関連する勘定科目	コントロール記述＆コントロールNo.	期中における整備状況	
	実在性	網羅性	権利と義務の帰属	評価の妥当性	期間配分の適切性	表示の妥当性				統制単位での整備状況の結論	統制単位での不備の状況
RR1-1-3 R1 不正なマスタ操作により, 売上高・売掛金の実在性・網羅性が損なわれるリスク	●	●	－	－	－	－	●	売上高・売掛金	RR1-1-3 C1 アクセス制限 顧客マスタや単価マスタに関しては, アクセス権限表にてあらかじめ定められた情報システム部の従業員のみが変更可能。	非有効	アクセス権限表で定められた従業員以外もマスタ管理画面にアクセス可能であることが判明した。
RR1-1-3 R1 不正なマスタ操作により, 売上高・売掛金の実在性・網羅性が損なわれるリスク	●	●	－	－	－	－	●	売上高・売掛金	RR1-1-3 C2 承認 顧客マスタ, 単価マスタの変更・新規登録は, 情報システム部長の事前承認が必要（画面上で承認ボタン）。承認の証跡は承認ログにて記録される。	非有効	マスタ変更登録承認が, 本来の承認権限者である情報システム部長●●氏ではなく, 同部員の●●氏であることが判明した。
RR1-1-3 R2 単価登録を誤ることで, 売上高・売掛金の実在性・網羅性が損なわれるリスク	●	●	－	－	－	－	－	売上高・売掛金	RR1-1-3 C2 承認 顧客マスタ, 単価マスタの変更・新規登録は, 情報システム部長の事前承認が必要（画面上で承認ボタン）。承認の証跡は承認ログにて記録される。	…	…
RR1-1-7 R1 仕訳を誤る・入力を誤ることで売上高・売掛金の実在性・網羅性が損なわれるリスク	●	●	－	－	－	－	－	売上高・売掛金	RR1-1-7 C1 突合 経理部担当者が月次で会計システム上の売上明細と当月発行の納品書・請求書とを突合し売上計上金額の確認を行う。確認の証跡は売上明細上に押印にて記録。	…	…
RR1-1-7 R2 未納品・未提供の取引について売上を計上することで売上高・売掛金の期間配分の適切性が損なわれるリスク	－	－	－	－	●	－	－	売上高・売掛金	RR1-1-7 C2 突合 経理部担当者が年次で期末直前直後の出荷取引5件を抽出し, 会計システム上の売上明細と突合することで, 売上計上の期ズレの有無を確認。確認の証跡は抽出したサンプルの納品書と売上明細上に押印にて記録。	…	…

第8章　フェーズ4・不備の改善，フェーズ5・再評価　219

(TOD) の評価	期中における運用状況 (TOE) の評価				不備の改善ステータス				
統制単位での改善案	運用テスト対象	統制単位での整備状況の結論	統制単位での不備の状況	統制単位での改善案	責任者	改善期限	改善内容	エビデンス	改善ステータス
マスタ管理画面へのアクセス権限を，アクセス権限表で定められた従業員のみに絞るべき。	−	−	−	−	情報システム部 ABC 太郎	●●年●●月●●日	アクセス権限の設定状況について，情報システム部●●氏がIDと権限の棚卸を実施し，情報システム部長の承認を得る	ID・権限棚卸結果報告書	済
マスタ変更登録承認者を本来の承認権限者である情報システム部長●●氏のみに限定すべき。	−	非有効	WTにて非有効のため運用テスト省略	WTにて非有効のため運用テスト省略	情報システム部 ABC 太郎	●●年●●月●●日	新規登録は情報システム部長のIDでのみ承認可能なように設定変更を行う。	・権限変更の画面 ・実際の新規取引先口座解説時の承認ログ	未済
…	…	…	…	…	…	…	…	…	…
…	…	…	…	…	…	…	…	…	…
…	…	…	…	…	…	…	…	…	…

220 第Ⅱ部 内部統制評価と効率化の実務

(4) 上場準備企業が整備すべき規程類

　ところで，上場準備企業の場合には，現時点では多くの社内規程が整備され
ていない，というケースも多いかと思います。そのため，整備状況の不備改善
の一環で，これらの社内規程の整備も併せて実施していくことになります。

　上場審査にて必要とされる社内規程は明確に定められているわけではありま
せんが，**図表Ⅱ-8-5**のような規程類が必要と考えられます。

図表Ⅱ-8-5　上場審査で必要な規程類

■組織運営関係規程			
・取締役会規程	・監査役会規程	・業務分掌規程	・職務権限規程
■人事労務関係規程			
・就業規則	・給与規程	・退職金規程	
■業務管理関係規程			
・予算管理規程	・株式取扱規程	・関係会社管理規程	・販売管理規程
・購買管理規程	・資産管理規程	・会社情報管理規程	
■経理関係規程			
・経理規程	・原価計算規程		

※　その他会社の規模や業種・業態および成長ステージ等に応じて適宜整備する必要がありま
　す。
（東京証券取引所「2018　新規上場ガイドブック　マザーズ事前チェックリスト」より）

　なお，上記の社内規程の改廃については，一般的に取締役会等の承認決議が
必要とされます。そのため，**業務の柔軟性・機動性を損なわないよう，規程に
記載する内容はできる限り一般的・恒久的・普遍的な内容にとどめ，詳細な実
務上の取扱いについては，別途実務要領や細則，ガイドラインなどで記載し運
用する**ことをお勧めします。例えば，経理規程に各取引や科目の詳細な取扱い
を記載してしまうと，毎年のように行われる会計基準の改正の都度，取締役会
等の承認が必要となってしまうのです。

第8章　フェーズ4・不備の改善，フェーズ5・再評価　221

(5)　ビジネススピードの失速を避ける賢い内部統制の整備

①　上長の承認はそんなに必要か？

コンサルティングの現場にて，よくご相談を受けるお悩みの1つに「**（内部統制チームや監査法人等から）取引の始まりから終わりまで，すべて上長の承認を受けるべき，と指摘を受けたのだが，まともに対応していたら上長の時間がハンコを押すことに忙殺されて，とてもじゃないけども本来の業務が回らない！　なんとかできないか？**」というものがあります。

これは，先述したように，内部統制は経営のブレーキ役であるものの，ブレーキを掛け過ぎてしまうとビジネスのスピードが失速して，本業の利益獲得に支障をきたしてしまう，という典型的な例です。

特に，この上長が各営業所長，支店長といった営業の前線部隊の長である場合，内部統制対応のために隊長が営業所に缶詰になることで，まともに営業活動を行う時間が取れなくなってしまっては洒落になりません。

こういった事態を回避するには，以下のような方法で，**財務報告リスクを合理的な水準に維持しつつも，なるべく隊長（上長）の時間的余裕度を確保する**よう，筆者は考えています。

②　マネジメントは経営判断（ジャッジメント）を要する部分に限定

貴重な上長の時間は最大限有効に使うべきです。そういう意味では，上長の承認は，**上長にしかできない業務に限定すべき**です。

上長にしかできない業務とは何か，と考えると，それは「**非定型的な取引**」など「**経営判断を要する**」業務（ジャッジメント業務）といえます。もっというと，**非定型的な取引の中でも「重要性がある取引」にのみに限定すべき**です。その他の取引は部下からの「事後報告」で十分です。

そのため，例えば同じ受注の承認手続であっても，取引金額に応じて営業所長（支店長）決裁権限とするもの，副支店長決裁でよいもの，課長決裁でよいもの等としてあらかじめ決めておき，また「●％以内の値引きは課長権限で可能」，「●％以上の値引きのみ営業所長（支店長）の決裁が必要」などといった，本社レベル，および営業所ないし支店レベルの「決裁権限規程」を事前に整備

222　第Ⅱ部　内部統制評価と効率化の実務

し，当該規程に沿った運用を徹底しておくとよいでしょう。そうすることで，財務報告リスクを合理的水準まで低減しながらも，上長が本業に専念できる時間的余裕を確保することが可能と考えられます。

③　オペレーショナルな問題は，担当者間チェックやITを活用

一方，上長でなくてもできる業務とは何でしょうか。それは，事前に上長によって承認されたとおりに業務が行われているか否かの確認作業です。こういった確認作業は，あらかじめ答えがある以上，その他のスタッフでも十分チェック可能なはずです。例えば，システムへの入力の正確性チェックや，伝票間の金額の整合性チェックといったオペレーショナルな問題です。

また，基幹業務システムなどITを活用することで，そもそも人為的な入力ミス，操作ミスが起こらない（手作業による財務報告リスクをなくす）ような業務フローの構築も有効です。ただし，ITを活用する場合には，IT利用に伴い新たなリスクが発生することから，ITが有効に機能しているかを別途評価していく必要があります。

いずれにしても，**オペレーショナルな業務は極力上長が行わなくても済むように，上長承認なしでも財務報告リスクが合理的な水準まで低減できるような内部統制を整備し，それを監査法人等へ説明，説得できるか**が，永続的なビジネススピードの失速を回避する重要なカギとなります。

④　それでもハンコは必要か？

現場担当者の方からよくご相談いただく内容には，「**（監査法人や内部統制チームから）なんでもかんでもハンコを残せと言われるが，すべての書類・伝票にハンコを残さなければならなのか？**」というご相談もあります。

そもそも内部統制チームや監査法人等から証憑上のハンコを要求される趣旨は，内部統制チームや監査法人等が，現場担当部署によるコントロールの整備・運用の事実を事後的に確認する手段が必要であるからです。

その意味で，**ハンコがなかったとしても，別の手段でコントロールの実績を証明することができれば，ハンコにこだわる必要はない**と考えられます。例えば，再実施や観察手続等によって直接的に内部統制の整備・運用状況を確認す

るほうが適切な場合もあるでしょう。

　また，次のような場合には，証跡としてハンコにこだわる必要はないと思われます。

- システム上，アクセスセキュリティが有効に機能しており，かつ承認者のIDがログで残されている。
- 書類の要所に，コントロール実施者のチェックマークやサイン，日付が残されている。

　事前に上長や担当者が使うペンの色やサインについて，社内で取り決めと登録をしておけば，チェックマークとサインを残すことは，ハンコなどよりも，むしろよほど証拠力が高い証跡といえるのではないでしょうか。

　また，すべての伝票上にサインを残すことが難しい場合には，伝票上は少なくともチェックマークなどの証跡を残しながら，サインはチェック項目などを記したカバーシートを作成し，そこにサインと日付を残す方法でもよいのではないかと思います。

　それでも中には「自社の監査法人はすべての伝票にハンコを残すべきと主張するばかり」というケースもあるので，困ったものですが，こういう監査法人等と付き合っていくには，社内にもカウンターとしての用心棒役会計士を付けて牽制を掛けながら，地道に，論理的に説得してもらう方法が有効ではないかと思われます。

第3節　ロールフォワード評価

(1)　ロールフォワード評価の意義

　現場によって不備の改善報告がなされたら，不備が実際に改善され，決算期末日まで有効に整備・運用されているのか，期末直前のタイミングにおける再評価手続により確認を行います。

　また，期中の暫定評価時において有効と結論付けされていた内部統制項目についても，期末日まで引き続き有効に整備・運用されているかを確認する必要があります。

　さらには，システムリプレイスなどを理由として，期中評価を断念，保留に

していた未評価項目についても，このタイミングで再度評価を試みる必要があります。

第4章第2節でもご紹介しましたが，このように期中評価時に発見された不備が決算期末日において有効と判断できるか，また期中評価時の有効項目にかかる結論が期末日においても引き続き踏襲できるか確認することで，期中評価の結果を本番評価基準日である決算期末日まで引き延ばす再評価の作業を，本書では"**ロールフォワード評価（RF評価）**"と呼びます。

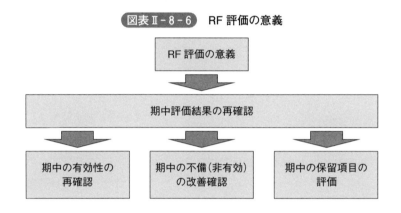

図表Ⅱ-8-6　RF評価の意義

(2) ロールフォワード評価の実務

RF評価の具体的な方法については，基準等で示されていません。そのため，監査法人に対して十分に説明でき，納得してもらえるような方法を採用しながらも，効率性を追求できるように，自社において理論的かつ効果的・効率的な評価方法を確立・維持することが重要です。そのためには，次の①～③を踏まえた評価マニュアルの策定が重要といえます。

① RF評価マニュアルの策定

RF評価においても，期中評価と同様，担当者ごとの評価手続の品質水準のバラつきがないように，あらかじめプロセスごとの役割分担やスケジュール，評価方法についてのマニュアルと，内部統制チームメンバーへの十分な教育訓

練が必要になります。特に RF 評価に関しては，**期末日までに十分な時間がないこともあり**，期中の評価結果の状況によって対応方法を変えることで，**緩急を付けながら効果的かつ効率的に評価手続を行っていく必要があります**が，内部統制項目によって対応を変える分，評価手続の品質管理が複雑でもあります。さらには，RF 評価の結果がそのまま内部統制報告の基礎となりますので，RF 評価マニュアルによる内部統制チームメンバーへの事前の教育訓練と，評価手続の結果のレビューは大変重要といえます。

② RF 評価対象範囲

RF 評価の対象範囲は，期中に評価した全プロセスです。すなわち，評価対象として選定された，各事業拠点における，以下のプロセスです。

- 全社的な内部統制
- 全社レベルの決算・財務報告プロセス
- 重要プロセス
- その他質的重要性の観点から追加されたプロセス

このうち，特に全社的な内部統制や決算・財務報告プロセスに関しては，前年度の決算数値をサンプルとして評価するなど，プロジェクト開始の早期の段階で期中評価を終えているため，期中評価時点から決算期末日までに内部統制の整備・運用状況に大きな変更がないか，注意が必要です。

特に，決算・財務報告プロセスの評価項目の多くは，評価基準日である決算期末日後に実施されることになり，ここでの不備は重要な不備の集計対象に直結しますので，注意が必要です。

また，キーコントロール以外のコントロール（ノンキーコントロール）についても RF 評価の対象とすべきか，という点が議論になります。この点，基準は「統制上の要点（すなわちキーコントロール）」についての評価のみを求めていることから，ノンキーコントロールについての RF 評価は，内部統制報告制度対応としての評価戦略上は，不要とも考えられます。

ただし，期中の WT において整備上の不備が発見されているということは，社内の業務ルールが未整備，ということを意味します。そのため，それがたとえノンキーコントロールであったとしても，社内業務の確立の観点，ないし不

備のモニタリングという全社的な内部統制の観点からは，WT の再実施やヒアリング等による改善状況の確認程度は行っておくことが望ましいと考えられます。

③ 緩急を付けた RF 手続による効率化

RF 評価も，評価手続自体は**期中評価の手法と同じ**です。RF 評価だからといって新しいことをする必要はありません。しかしながら，RF は期中の暫定的評価の再確認という位置付けもあることから，期中評価時の結論に応じて**緩急を付けることで，作業の効率化を図ることが可能**と考えられます。また，母集団自体も期中評価時より少なくなっているはずです（例えば，期中の評価対象期間は 9 か月間，RF 期間は 3 か月間など）。とすると，運用テストを実施するに際しても，必要となるサンプル数は期中評価時よりも少なくなる可能性がある点にも注意が必要です。

(3) 期中の結論別ロールフォワード評価手法

ここでは，期中評価の結論に応じた RF 評価の緩急の付け方の一例をご紹介します。

① 期中に有効と判断されたコントロール

期中に有効と判断されていたコントロールについては，期中評価基準日から決算期末日まで，引き続きコントロールの有効性が維持されているかを確認する方法として，**WT の再実施**や，**現場部署へのヒアリング**を行うなど，より簡便的な方法が考えられます。

その結果，整備・運用状況に大きな変更がない限りは，期中の結論を決算期末日まで踏襲可能と考えられます。

② 期中に不備（非有効）と判断されたコントロール

期中に不備（非有効）と判断されていたコントロールについては，ロールフォワード期間，すなわち期中評価日から決算期末日までの間で，再度十分なサンプル数の抽出に基づく運用テストを実施するなど，有効性の再評価手続が

必要になると考えられます。

ただし，**サンプル抽出のための母集団期間の設定に際しては，"不備が改善されたとされる日以降"，決算期末日までの期間とする点に注意が必要です。**なぜならば，評価基準日以降，不備が改善されるまでの期間からもサンプルを抽出してしまうと，RF手続においてもまたエラーが発見されてしまう可能性が高いからです。

③ 期中に評価保留となっていたコントロール，および該当サンプル取引がなかったコントロール

システムリプレイスなどに伴い，業務フローの大幅変更が予定されていたために，期中に評価できていなかった業務プロセスや，評価手続は実施したものの，該当する事象や取引が発生していなかったために，**十分なサンプルが抽出できなかったコントロールについては，RF期間において，初めて評価を行うことになります。**

期中においては何ら評価手続が実施されていなかったわけですから，RF期

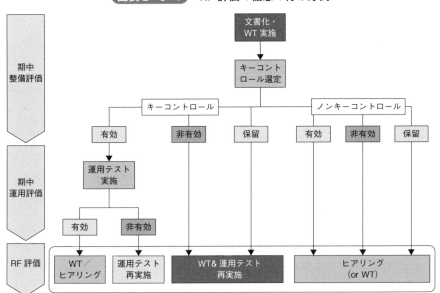

図表Ⅱ-8-7　RF評価の緩急の付け方例

228　第Ⅱ部　内部統制評価と効率化の実務

間において，期中評価手続と同程度の深度で整備・運用状況の評価手続を行うことが妥当と考えられます。

(4)　調　書　化

　毎度面倒ではありますが，RF評価に関しても，経営者は期中評価時と同様，実施者や査閲者の情報，対象となったコントロールや評価の方法，抽出したサンプルや評価結果，評価の結論について，記録を残す必要があります。

　これらの調書を作成し保管することによって，監査法人等のRF評価手続の監査証拠として利用してもらうことも期待できますし，次章で解説する総合的評価の重要な基礎資料となるからです（**図表Ⅱ-8-8**参照）。

　ここで参考まで，**図表Ⅱ-8-8**でRF評価調書の例を掲載しています。情報が多いので簡単に表の見方を説明すると，このRF評価調書は左から右に向けて，期中整備評価（TOD）⇒期中運用評価（TOE）⇒RF評価という順番で作成されています。また，上から下にかけてリスクと対応するコントロールの順に並んでいます。

　このうち実際にRF評価時に作成するのは，「RF評価手続の種類」の列からです。それより左側の各欄コメントは期中評価時点の記録内容のサマリーとなっており，期中評価調書の内容と同様です。

　まず「RF評価手続の種類」欄で，期中評価時の評価結果が有効であったか否か，またキーコントロールか否かといった情報をもとに，各コントロールに対するRF手続の種類を定義していきます。たとえばWTのみでよいか，運用テストも実施するか，などです。

　たとえば表内のコントロールNo.「RR1-1-1 C1」という統制は，キーコントロールとして選定され，期中評価の結果は，整備，運用ともに有効とされていることがわかります。よってRF期間においては，期中の有効性に変化がないかを簡単に確認するのみで十分な結論付けができると判断し，RF評価としてはウォークスルー（WT）手続のみ（すなわちサンプル1件のみテスト）としています。

　他方でコントロールNo.「RR1-1-3 C2」の統制は，キーコントロールであるにもかかわらず，期中の整備評価段階で「非有効」と結論付けられています

（よって期中は運用テストが未実施）。そこで RF 期間においては，期中評価時から当該コントロールの不備が改善され，かつ適切に運用されるまで改善しているかを十分なサンプルとともにしっかりと確かめなければなりません。そのため RF 評価として，WT と運用テストを再度フルテストするという，いわば「敗者復活戦」のテストを実施しています。

230　第Ⅱ部　内部統制評価と効率化の実務

図表Ⅱ-8-8　RF評価調書

リスク	適正な財務諸表作成のための要件（アサーション）						不正リスク	関連する勘定科目	コントロール記述＆コントロールNo.	キーコントロール	期中における整備状況（TOD）の評価 統制単位での整備状況の結論
	実在性	網羅性	権利と義務の帰属	評価の妥当性	期間配分の適切性	表示の妥当性					
RR1-1-1 R1 架空の売上取引が計上されることで売上高・売掛金の実在性を損なうリスク	●	●	−	−	−		●	売上高・売掛金	RR1-1-1 C1 承認 顧客から引き合いを受けると，営業担当は取引先口座開設申請を作成し，決裁権限規程に基づく決裁権限者が承認を行う。承認証跡は申請書上に承認印が残される。 ●●円以上：社長 ●●円〜●●円まで：営業部長 ●●円未満：営業所長	●	有効
RR1-1-3 R1 不正なマスタ操作により，売上高・売掛金の実在性・網羅性が損なわれるリスク	●	●	−	−	−	−	●	売上高・売掛金	RR1-1-3 C1 アクセス制限 顧客マスタや単価マスタに関しては，アクセス権限表にてあらかじめ定められた情報システム部の従業員のみが変更可能。	−	非有効
RR1-1-3 R1 不正なマスタ操作により，売上高・売掛金の実在性・網羅性が損なわれるリスク	●	●	−	−	−	−	●	売上高・売掛金	RR1-1-3 C2 承認 顧客マスタ，単価マスタの変更・新規登録は，情報システム部長の事前承認が必要（画面上で承認ボタン）。承認の証跡は承認ログにて記録される。	●	非有効
RR1-1-3 R2 単価登録を誤ることで，売上高・売掛金の実在性・網羅性が損なわれるリスク	●	●					−	売上高・売掛金	RR1-1-3 C2 承認 顧客マスタ，単価マスタの変更・新規登録は，情報システム部長の事前承認が必要（画面上で承認ボタン）。承認の証跡は承認ログにて記録される。		…
RR1-1-7 R1 仕訳を誤る・入力を誤ることで売上高・売掛金の実在性・網羅性が損なわれるリスク	●	●					−	売上高・売掛金	RR1-1-7 C1 突合 経理部担当者が月次で会計システム上の売上明細と当月発行の納品書・請求書とを突合し売上計上金額の確認を行う。確認の証跡は売上明細上に押印にて記録。	●	…
RR1-1-7 R2 未納品・未提供の取引について売上を計上することで売上高・売掛金の期間配分の適切性が損なわれるリスク	−	−	−	−	●	−	−	売上高・売掛金	RR1-1-7 C2 突合 経理部担当者が年次で期末直前直後の出荷取引5件を抽出し，会計システム上の売上明細と突合することで，売上計上の期ズレの有無を確認。確認の証跡は抽出したサンプルの納品書と売上明細上に押印にて記録。	●	…

期中における運用状況（TOE）の評価		RF 期間における整備状況（TOD）の評価						
運用テスト対象	統制単位での整備状況の結論	RF 評価手続の種類	WT エビデンス参照番号	WT実施日／実施者	レビュー実施日／実施者	実施手続の種類・概要	対象とした取引（抽出したサンプル）	閲覧した文書, 質問の対象者, 観察のために赴いた業務プロセスの現場
●	有効	WT	RF-TOD-RR1-1-1 C1	●●年●月●●日 CI 太郎	●●年●月●●日 CI 一郎	閲覧 取引先口座開設申請を閲覧し, 決裁権限規程に基づく適切な決裁者の承認印の有無を確認することで, 新規取引先口座開設時の承認手続が適切になされているか検証する。	取引先番号●●●	取引先口座開設申請
－	－	WT	RF-TOD-RR1-1-3 C1	●●年●月●●日 CI 太郎	●●年●月●●日 CI 一郎	再実施 下記①, ②の手続を実施することで, 顧客・単価マスタ管理画面へのアクセス制限が有効に整備されているか検証する。 ①アクセス権限表にて認められた従業員 A 氏の ID にてマスタ変更画面へアクセスし変更が可能であること ②アクセス権限表上, 権限が付与されていない従業員 B 氏の ID にて上記画面にアクセスができないこと	●●年●月●●日 情報システム部 A 氏 B 氏	左記参照
－	非有効	WT ＆運用テスト	RF-TOD-RR1-1-3 C2	●●年●月●●日 CI 太郎	●●年●月●●日 CI 一郎	閲覧 マスタ変更登録の承認ログを閲覧し, 情報システム部長●●氏の ID が承認者として記録されていることを確認することで, マスタ変更・新規登録にかかる承認手続が有効に整備されているか検証する。	取引先番号●●●	承認ログ画面
…	…	…	…	…	…	…	…	…
…	…	…	…	…	…	…	…	…
…	…	…	…	…	…	…	…	…

| WT手続の結果 | 統制単位での整備状況の結論 | 統制単位での不備の状況 | 統制単位での改善案 | RF期間における運用状況（TOE）の評価 | | | | |
				運用テスト対象	運用テストシート／エビデンス参照番号	テスト実施日／実施者	レビュー実施日／実施者	実施手続の種類・概要
閲覧の結果，取引先口座開設申請に当該取引金額（●●円）の承認権限者である社長の押印を確認した。 以上より，当該統制は期中より有効に整備・運用されているものと判断する。	有効	－	－	－	－	－	－	－
再実施の結果，①A氏のIDではマスタ管理画面へアクセス可能であり，登録が可能であることを確認した。②B氏のIDではマスタ管理画面へアクセスすることができないことを確認した。 以上より，当該統制は有効に改善され整備されているものと判断する。	有効	－	－	－	－	－	－	－
閲覧の結果，承認者のIDは情報システム部長●●氏のものであることを確認した。 以上より，当該統制は有効に整備されているものと判断する。	有効	－	－	●	RF-TOE-RR1-1-3C2	●●年●●月●●日 CI太郎	●●年●●月●●日 CI一郎	閲覧 マスタ変更登録の承認ログを閲覧し，情報システム部長●●氏のIDが承認者として記録されていることを確認することで，マスタ変更・新規登録にかかる承認手続が有効に整備されているか検証する。
…	…	…	…	…	…	…	…	…
…	…	…	…	…	…	…	…	…
…	…	…	…	…	…	…	…	…

第8章　フェーズ4・不備の改善，フェーズ5・再評価　233

| サンプル数 | 対象とした取引（抽出したサンプル） | 閲覧した文書，質問の対象者，観察のために赴いた業務プロセスの現場 | | 運用テストの結果 | 統制単位での整備状況の結論 | 統制単位での不備の状況 | 統制単位での改善案 |
		母集団資料	サンプルエビデンス				
－	－	－	－	－	有効	－	－
－					－		
25件	RF運用テストシート参照	マスタ変更に関する承認ログ一覧	マスタ変更に関する承認ログ	閲覧の結果，すべてのサンプルについて，承認者のIDは情報システム部長●●氏のものであることを確認した。 以上より，当該統制は有効に整備されているものと判断する。	有効	－	－
…	…	…	…	…	…	…	…
…	…	…	…	…	…	…	…
…	…	…	…	…	…	…	…

(5) ロールフォワード評価で発見された不備の意義

　もしRF評価を行った結果，エラーが発見され非有効と結論付けられた場合，それは有効性の評価基準日である決算期末日において社内に「不備」が存在することを意味します。

　このようなRF評価において発見された「不備」は，次章で解説する「総合的評価」手続において，単独もしくは複数合わさって「開示すべき重要な不備」に該当するか否かの判断が必要となります。

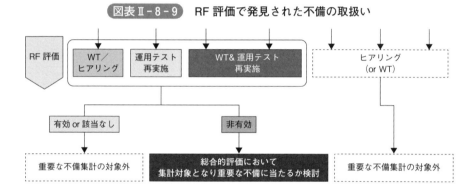

図表Ⅱ-8-9　RF評価で発見された不備の取扱い

第Ⅱ部　内部統制評価と効率化の実務

第9章
フェーズ6・総合的評価

　　いよいよ年間の内部統制報告制度対応も本章で最終フェーズです。本章ではこれまでの評価結果を総合的に取りまとめ，企業にとっての最終成果物である内部統制報告書にまとめていくまでを解説します（年間の評価の総まとめという意味で，本書ではこれら一連の作業を「**総合的評価**」と呼びます）。

　　RF評価にてすべてのコントロールが有効と結論付けることができた企業であれば，内部統制報告書上も「有効」と意見表明できるでしょう。しかしながら，導入初年度の企業などは，残念ながら期中評価にて発見された不備項目のうち，一部がRF評価においてもエラーとして検出され，不備として残ってしまった企業もあるかもしれません。

　　本章ではRF評価の結果，不備が残ってしまった場合の内部統制報告書上の意見形成に関する取扱いや，期末直前のM&Aや業務フローの変更などを理由として十分な評価が実施できなかった場合における内部統制報告書上の取扱いも含め，報告書上に表明される意見の類型とともに解説していきます。

この章のポイント

- 内部統制報告書上の意見は4種類ある。
- 「重要な不備」がなければ内部統制報告書は「有効」。
- 不備は，単独のみならず複数合わさっても「重要な不備」となる。
- 「重要な不備」は，金額的・質的重要性の観点と発生可能性の観点で考える。
- 「やむを得ない事情」で十分な評価が実施できなかった場合は，範囲と理由を明記する。

236 第Ⅱ部 内部統制評価と効率化の実務

第1節 内部統制報告書における評価結果の類型

　内部統制報告書は，経営者の名義で有価証券報告書に添付され，提出されます。経営者がこれまでの財務報告に係る内部統制についての最終的な評価結果を内部統制報告書に記載し表明する方法には，以下(1)～(4)の4パターンがあります。

(1) 有　　効

　内部統制が有効であるということは，自社の財務報告に係る内部統制が適切な内部統制の枠組みに準拠して整備・運用されており，これらの内部統制全体に**「重要な」不備がないことを意味します。**

　仮に期末日において不備が残ってしまったとしても，それらの不備が「重要」でなければ，内部統制報告書の意見は「有効」と表明できるのです。

　（内部統制報告書上の記載事項）

　・有効である旨

(2) 評価範囲の除外

　経営者は，内部統制の有効性を評価するにあたって，**やむを得ない事情**により，内部統制の一部について十分な評価手続を実施できなかった場合，その事実が財務報告に及ぼす影響を十分に把握したうえで，評価手続を実施できなかった範囲を除外して，内部統制報告書上，財務報告に係る内部統制の有効性を評価することができます（基準Ⅱ. 3.(6)）。

　ここで「やむを得ない事情」については，実施基準によると，例えば**下期に他企業を買収または合併（M&A）したこと**，災害が発生したこと等の事由が生じたことにより，財務諸表を作成して取締役会の承認を受けるまでに通常要する期間内に本基準に準拠した評価手続を実施することが困難であった場合と説明しています（実施基準Ⅱ. 3.(6)）。ただし，通常実施すべき評価手続が完了できなかったことについて合理的な説明が認められる場合には，**下期に限らない**とされています。

第9章　フェーズ6・総合的評価　237

　その他，システムのリプレイスに伴う業務フロー変更によって，期末日まで
に十分な評価手続が完了しなかった場合なども，評価範囲の除外の理由になり
得ます（「11の誤解」11参照）。

　なお，評価範囲の除外が，財務報告の信頼性に重要な影響を及ぼす場合には，
評価結果の表明はできないことになります（下記(4)参照）。

　また，やむを得ない事情によらず評価手続を実施しない場合は想定されてい
ないものと思われ，基準上，明確な取扱いは規定されていません。

　（内部統制報告書上の記載事項）
- 評価手続の一部が実施できなかったが，財務報告に係る内部統制は有効である旨
- 実施できなかった評価手続の範囲
- 実施できなかった理由

(3)　開示すべき重要な不備

　内部統制の開示すべき重要な不備とは，内部統制の不備のうち，一定の金額
を上回る虚偽記載，または質的に重要な虚偽記載をもたらす可能性が高いもの
をいいます（実施基準Ⅱ.1.②ロ）。

　経営者は，財務報告に係る内部統制の有効性の評価を行った結果，決算期末
日において残ってしまった不備が，**連結ベースの観点で財務報告に重要な影響
を及ぼす可能性が高い場合**には，自社の内部統制に「**開示すべき重要な不備**」
があると判断しなければなりません。

　「開示すべき重要な不備」があると判断した場合は，内部統制報告書に下記
のような事項を記載し，外部へ公表されることになります。

　（内部統制報告書上の記載事項）
- 開示すべき重要な不備があり，財務報告に係る内部統制は有効でない旨
- 開示すべき重要な不備の内容
- 開示すべき重要な不備が是正されない理由

　ただし，有効性の評価結果には影響を与えないものの，期末日後に実施した
開示すべき重要な不備に対する是正措置等がある場合には，内部統制報告書上，
付記事項として記載することが可能です。

(4) 意見不表明

(2)の評価範囲の除外が，財務報告の信頼性に重要な影響を及ぼす場合など，**重要な評価手続が実施できなかったことによる財務報告の信頼性への影響が重要であると判断された場合**，経営者は財務報告に係る内部統制の評価結果を表明できません。

（内部統制報告書上の記載事項）
- 財務報告に係る内部統制の評価結果を表明できない旨
- 実施できなかった重要な評価手続
- 実施できなかった理由

第2節 開示すべき重要な不備

　前節で，経営者は，財務報告に係る内部統制の有効性の評価を行った結果，不備が財務報告に重要な影響を及ぼす可能性が高い場合は，当該内部統制に開示すべき重要な不備があると判断しなければならない旨を説明しました。それでは，不備が財務報告に重要な影響を及ぼす可能性はどのように判断するのでしょうか？

　本節では，決算期末日に残ってしまった不備が，財務報告の信頼性に重要な影響を与えるか否かの判断の手順，すなわち，不備が「開示すべき重要な不備」に該当するか否か，全社的な内部統制→業務プロセスに係る内部統制，IT全般統制の別に，具体的判断手順について説明していきます。

(1) 全社的な内部統制の不備

① 全社的な内部統制の不備の評価

　全社的な内部統制の不備は，業務プロセスに係る内部統制にも直接または間接に広範な影響を及ぼし，最終的な財務報告の内容に広範な影響を及ぼすことになります。そのため，全社的な内部統制に不備がある場合には，業務プロセスに係る内部統制にどのような影響を及ぼすかも含め，財務報告に重要な虚偽記載をもたらす可能性について慎重に検討する必要があるのです。

② 全社的な内部統制の有効性の判断

実施基準によると，全社的な内部統制が有効であると判断するには，全社的な内部統制が財務報告に係る虚偽の記載および開示が発生するリスクを低減するため，以下の条件を満たしていることが重要とされています（実施基準Ⅱ3.(4)①ロ）。

- 全社的な内部統制が，一般に公正妥当と認められる内部統制の枠組みに準拠して整備および運用されていること
- 全社的な内部統制が，業務プロセスに係る内部統制の有効な整備および運用を支援し，企業における内部統制全般を適切に構成している状態にあること

③ 全社的な内部統制の不備は「開示すべき重要な不備」を示唆する

全社的な内部統制の不備は，他の業務プロセスに広範囲に影響を及ぼす可能性があることから質的に重要といえます。すなわち，内部統制の有効性に重要な影響を及ぼす可能性が高いため，全社的な内部統制の不備は「開示すべき重要な不備」に該当する可能性が高いといえます。

実施基準によると，「開示すべき重要な不備」となる全社的な内部統制の不備の例として，以下のものが挙げられています（実施基準Ⅱ.3.(4)①ハ）。

- 経営者が財務報告の信頼性に関するリスクの評価と対応を実施していない。
- 取締役会または監査役もしくは監査委員会が財務報告の信頼性を確保するための内部統制の整備および運用を監督，監視，検証していない。
- 財務報告に係る内部統制の有効性を評価する責任部署が明確でない。
- 財務報告に係るITに関する内部統制に不備があり，それが改善されずに放置されている。
- 業務プロセスに関する記述，虚偽記載のリスクの識別，リスクに対する内部統制に関する記録など，内部統制の整備状況に関する記録を欠いており，取締役会または監査役もしくは監査委員会が，財務報告に係る内部統制の有効性を監督，監視，検証することができない。
- 経営者や取締役会，監査役または監査委員会に報告された全社的な内部統制の不備が合理的な期間内に改善されない。

240　第Ⅱ部　内部統制評価と効率化の実務

　全社的な内部統制に不備がある場合でも，業務プロセスに係る内部統制が単独で有効に機能することもありえます。ただし，先述のとおり，全社的な内部統制に不備があるという状況は，自社の基本的な内部統制の整備に不備があることを意味していますので，全社的な内部統制の不備が「開示すべき重要な不備」でないと経営者が反証することのハードルは，業務プロセスにて発見された個別の不備と比べても非常に高いと考えられます。

　よって，評価戦略上，先述の評価効率性の観点からも，意見形成の観点からも，**全社的な内部統制に関しては絶対に不備を残さないことが最低条件**であり，最も重要といえます。

(2)　業務プロセスの不備

①　重要性判断のステップ

　期末日に残ってしまった業務プロセスにおける不備は，影響範囲や発生可能性から算出した不備の与える推定値と，金額的重要性の基準値によって検討される**金額的重要性**の観点と**質的重要性**の観点双方から，「開示すべき重要な不

図表Ⅱ-9-1　重要な不備の検討手順

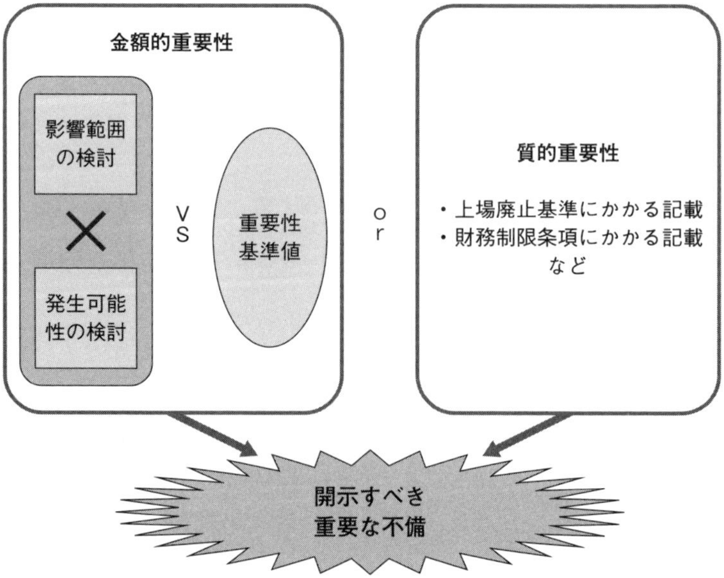

備」に該当するか否か検討します。

② 虚偽記載が発生する場合の影響額の推定

内部統制の不備が開示すべき重要な不備に該当するか否かを評価するために，内部統制の不備により勘定科目等に虚偽記載が発生する場合のその影響額を推定します。

影響額の推定は，当該不備の影響度（影響範囲）とその虚偽記載の発生可能性を検討します。

不備の影響額＝不備の影響度（範囲）×虚偽表示の発生可能性

(a) 影響度（影響範囲）の検討

例えば，ある事業拠点において，ある商品の販売に係る業務プロセスで問題が起きた場合，その問題の影響が及ぶ売上高は，当該販売プロセスが当該事業拠点に横断的な場合（例えば，ある事業拠点において，すべての出荷が定型化した販売手順を経て行われる場合であって，その出荷のプロセスに不備が発見された場合）には，当該事業拠点全体の売上高に影響を及ぼすものと考えられる一方，問題となった業務プロセスが特定の商品に係る販売プロセスに固有のものである場合には，当該商品の売上高だけに影響を及ぼすものと考えることができます。また，他の事業拠点でも，問題となった業務プロセスと同様の業務手順を横断的に用いている場合（例えば，別の事業拠点でも，同一の手順書等に基づき，先の事業拠点と同一の手順を経て販売が行われる場合）には，問題の影響は当該他の事業拠点全体の売上高にも及ぶことが考えられます（実施基準Ⅲ．4．(2)④）。

(b) 発生可能性の検討

上記で推定した不備の影響度については，実際にその問題が発生する確率の高低等を考慮して，当該不備による財務報告への影響額を決定することになります。

その際には，発生確率をサンプリングの結果を用いて統計的に導き出すことも考えられますが，統計学について専門的知識を有する経営者ないし担当者ばかりではありませんから，それが難しい場合には，例えば，以下に掲げる事項に留意して，リスクの程度を定性的（例えば，発生可能性の高，中，低）に把

握し，それに応じてあらかじめ定めた比率を発生確率として適用することも認められています。

また，この場合，影響の発生可能性が無視できる程度に低いと判断される場合には，判定から除外することも考えられます。

- 検出された例外事項の大きさ・頻度

　　例えば，サンプルテストによる検討の結果，検出されたエラー等の規模が大きく，検出の頻度が高いほど，影響の発生可能性は高いと判断されます。

- 検出されたエラーの原因

　　例えば，事業拠点において内部統制に関するルールが遵守されてはいたが不注意により誤りが発生したという場合，内部統制のルールがまったく遵守されていなかったという場合よりも，影響の発生可能性は低いと判断されます。

- ある内部統制と他の内部統制との代替可能性

　　例えば，内部統制に代替可能性が認められる場合，ある内部統制の不備を他の内部統制が補完している可能性があり，その場合には影響の発生する可能性が低減されるということが考えられます。

※　なお，基準では「虚偽表示の発生する可能性」と表現していることから，内部統制のエラーの発生確率ではなく，内部統制のエラーの結果，**実際に虚偽表示が発生する確率を推定する必要がある**と考えます。

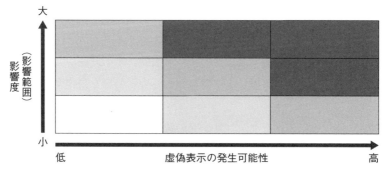

図表Ⅱ-9-2　不備の影響額の推定

（注）　■■■重要性の基準値と比較の結果，「開示すべき重要な不備」に該当する危険性が高いエリア
（網掛けの色が濃くなるほど，重要性の基準値を超える危険性が高まる）

(c) 補完統制の考慮

勘定科目等に虚偽記載が発生する可能性と影響度を検討するときには，個々の内部統制を切り離して検討するのではなく，個々の内部統制がいかに相互に連係して虚偽記載が発生するリスクを低減しているかも検討する必要があります。具体的には，RCM 上の同一の財務報告リスクについて，他の有効なコントロールがあるか否か，また，当該他のコントロールによってリスクが十分に低減されるか，といった検討です。

不備が発見されたコントロールがカバーする予定であったリスクについて，他のコントロールがあり，そのコントロールが有効に機能している場合には，たとえ不備があったコントロール単位で機能していなくても，リスクは他のコントロールによって十分に低減されているといえますので，当該他のコントロールをキーコントロールとして新たに識別し，整備・運用評価を必要に応じて追加的に実施のうえ有効性を検討することが考えられます。

（i） 開示すべき重要な不備は，単独犯のみではない

内部統制の不備が複数存在する場合には，それらの内部統制の不備が単独で，または複数合わさって，開示すべき重要な不備に該当していないかを評価する必要があります。すなわち，開示すべき重要な不備に該当するか否かは，**同じ勘定科目に関係する不備をすべて合わせて**，当該不備のもたらす影響が財務報告の重要な事項の虚偽記載に該当する可能性があるか否かによって判断しなければならない点に注意が必要です。

また，集計した不備の影響が勘定科目ごとに見れば財務諸表レベルの重要な虚偽記載に該当しない場合でも，複数の勘定科目に係る影響を合わせると重要な虚偽記載に該当する場合もあり，この場合にも開示すべき重要な不備となります。

よって，**単独で大きな不備がなかったからといって，油断はできない**のです。

（ii） 金額的重要性の基準値

上記によって，推定された不備の影響額は，重要性の基準値と比較することで，金額的な重要性を判断します。その結果，重要性の基準値を超えた場合には，「開示すべき重要な不備」に該当することとなります。

金額的重要性の基準値は，連結総資産，連結売上高，連結税引前利益などに

対する比率で判断します。ただし，これらの比率は画一的に適用するのではなく，会社の業種，規模，特性など，会社の状況に応じて，また評価対象年度の実績値のみならず，それぞれの過去の一定期間における実績値の平均も考慮する点に注意が必要です。

重要性の基準値として最も一般的に用いられると思われるのが，連結税引前利益です。基準においては，連結税前利益を使う場合，**おおむねその5％程度**をその重要性の基準値とすることが例示されています。

ただし，異常な要因の排除や，最終的には監査法人等による財務諸表監査の重要性の基準値との関連性にも注意が必要となります。

万が一，例年と比較して連結税引前利益の金額が著しく小さくなった場合や損失計上（赤字決算）になった場合には，必要に応じて監査人との協議のうえ，**連結売上高や総資産の一定割合を重要性の基準値として利用する**ことを検討します（実施基準Ⅱ. 1. ②ロ a. 注意書き，Q&A 問1参照）。

ところで，期首において行った評価範囲決定時に利用していた金額的重要性の基準値についても，このタイミングで見直しを行い，期首における評価範囲が適切であったか検討が必要になります。

(iii) 質的重要性

先述のとおり，**財務報告の範囲は，財務諸表本表に限りません**。よって，質的な重要性は，例えば，上場廃止基準や財務制限条項に関わる記載事項などが投資判断に与える影響の程度や，関連当事者との取引や大株主の状況に関する記載事項などが財務報告の信頼性に与える影響の程度で判断します。

(3) IT 全般統制の不備

① IT 全般統制の不備

IT 全般統制の不備は，財務報告の重要な事項に虚偽記載が発生するリスクに直接につながるものではないため，ただちに開示すべき重要な不備と評価されるものではありません。よって，IT 業務処理統制が現に有効に機能していることが検証できているのであれば，IT 全般統制の不備をもってただちに開示すべき重要な不備と評価されるものではありません。

しかし，IT 全般統制に不備があった場合には，IT 業務処理統制が有効に機

能する環境を保証できていないことを意味するため，たとえ IT 業務処理統制が有効に機能するように整備されていたとしても，その有効な運用を継続的に維持することができない可能性があり，虚偽記載が発生するリスクが高まることになる点，注意が必要です。

② IT 業務処理統制の不備

IT 業務処理統制は業務プロセスに組み込まれ，他の統制と同様に財務報告の信頼性に影響を与えます。そのため，IT 業務処理統制の不備は業務プロセスに係る他の内部統制に不備がある場合と同様に，その影響度と発生可能性の評価を行い，重要性の検討を行います。

また，IT 業務処理統制のうち，人と IT が一体となって機能する統制活動に不備がある場合には，その不備の内容が，人に関する部分から生じているものなのか，それとも IT に関する部分から生じているものなのかを識別する必要があります。

IT に関する部分から生じている場合には，同じ種類の誤りが繰り返され，短期間のうちに大量の誤りによる重要な虚偽表示が発生してしまっている可能性があるためです。

第3節　総合的評価調書の作成

前節までで，総合的評価の手続についてひととおり説明してきました。この総合的評価の一連の検討を，システマティックに適切に行うため，また経営者は総合的評価の過程も記録し，保存する必要があることから，**図表Ⅱ-9-3**のような「**総合的評価調書**」のフォームを用いることをお勧めします。

246　第Ⅱ部　内部統制評価と効率化の実務

図表Ⅱ-9-3 総合的評価調書イメージ

| 不備参照番号 | 不備の発生箇所 | | | | 適正な財務諸表作成のための要件 | | | | | | 不正リスク | 関連する勘定科目 | 統制内容 | 不備の種類（整備／運用） |
	会社	プロセス	リスク		実在性	網羅性	権利と義務の帰属	評価の妥当性	期間配分の適切性	表示の妥当性				
1	㈱ABC	全社レベル決算・財務報告プロセス（連結）	CFR1-3-3 子会社の不適切な会計情報を基に連結決算を行うことで，連結財務諸表の全科目の適正性を損なうリスク		●	●	●	●	●	●	●	連結財務諸表全体	なし	整備

第4節　内部統制報告書の作成

　総合的評価手続の結果，自社の評価結果が決まれば，後は最終成果物である「内部統制報告書」の作成を行うのみです。内部統制報告書の記載事項およびひな形は，基準に加え，内部統制府令および同ガイドラインにて定められていますので，それらに基づいて作成します。

(1) 内部統制報告書の記載事項

　内部統制報告書には，以下の事項を記載する必要があります（内部統制府令第一号様式，基準Ⅱ.4.）。

① 整備および運用に関する事項

- 財務報告および財務報告に係る内部統制に責任を有する者の氏名
- 経営者が，財務報告に係る内部統制の整備および運用の責任を有している旨
- 財務報告に係る内部統制を整備および運用する際に準拠した一般に公正妥当と認められる内部統制の枠組み
- 内部統制の固有の限界

第9章　フェーズ6・総合的評価　247

不備の状況	期末日時点で残存しているか？（是正されていれば，関連調書番号）	関連する調書番号（期中&RF）	補完統制の有無	補完統制の有効性	補完統制が存在する場合の追加的手続実施の調書番号	財務報告へ与える影響度（範囲）	発生可能性	推定した財務諸表への影響額	個別に見て重要な欠陥に当たるか？	総合的に見て重要な欠陥に当たるか？
本社経理による海外子会社会計数値のレビュー，また内部監査室による海外子会社の内部監査が行われておらず，子会社の不適切会計を発見できる体制が整備されていない。	残存	RE	なし	N/A	N/A	海外子会社の財務諸表数値（●●億円）	高い	●●億円	当たる	当たる

②　評価の範囲，評価時点および評価手続

- 財務報告に係る内部統制の評価の範囲（範囲の決定方法および根拠を含む）
- 財務報告に係る内部統制の評価が行われた時点
- 財務報告に係る内部統制の評価にあたって，一般に公正妥当と認められる内部統制の評価の基準に準拠した旨
- 財務報告に係る内部統制の評価手続の概要

③　評価結果

- 財務報告に係る内部統制は有効である旨
- 評価手続の一部が実施できなかったが，財務報告に係る内部統制は有効である旨ならびに実施できなかった評価手続およびその理由
- 開示すべき重要な不備があり，財務報告に係る内部統制は有効でない旨ならびにその開示すべき重要な不備の内容およびそれが是正されない理由
- 重要な評価手続が実施できなかったため，財務報告に係る内部統制の評価結果を表明できない旨ならびに実施できなかった評価手続およびその理由

④　付記事項

- 財務報告に係る内部統制の有効性の評価に重要な影響を及ぼす後発事象

248 第Ⅱ部 内部統制評価と効率化の実務

- 期末日後に実施した開示すべき重要な不備に対する是正措置等

⑤ 特記事項

- 財務報告に係る内部統制の評価について特記すべき事項がある場合，その旨および内容

図表Ⅱ-9-4 内部統制報告書記載事項サマリー

整備および運用に関する事項	① 財務報告および財務報告に係る内部統制に責任を有する者の氏名 ② 経営者が，財務報告に係る内部統制の整備および運用の責任を有している旨 ③ 財務報告に係る内部統制を整備および運用する際に準拠した一般に公正妥当と認められる内部統制の枠組み ④ 内部統制の固有の限界	
評価の範囲，評価時点および評価手続	① 財務報告に係る内部統制の評価の範囲（範囲の決定方法および根拠含む） ② 財務報告に係る内部統制の評価が行われた時点 ③ 財務報告に係る内部統制の評価に当たって，一般に公正妥当と認められる内部統制の評価の基準に準拠した旨 ④ 財務報告に係る内部統制の評価手続の概要	
評価結果の種類	有効	・財務報告に係る内部統制は有効である旨
	限定付き有効 （評価範囲の除外）	・評価手続の一部が実施できなかったが，財務報告に係る内部統制は有効 ・実施できなかった評価手続 ・評価手続を実施できなかった理由
	開示すべき重要な不備あり	・開示すべき重要な不備があり，財務報告に係る内部統制は有効でない旨 ・開示すべき重要な不備の内容 ・開示すべき重要な不備が是正されない理由
	評価結果不表明	・重要な評価手続が実施できなかったため，財務報告に係る内部統制の評価結果を表明できない旨 ・実施できなかった評価手続 ・実施できなかった理由
付記事項	① 財務報告に係る内部統制の有効性の評価に重要な影響を及ぼす後発事象 ② 期末日後に実施した開示すべき重要な不備に対する是正措置等（不備があった場合） ※ 期末日後の是正措置は，期末時点の内部統制の有効性に係る評価結果に影響を与えないことに注意。	

第9章　フェーズ6・総合的評価　249

(2) 内部統制報告書のひな形

以下は内部統制府令に定められているひな形です。

企業が自社の内部統制報告書を作成する際は，当該ひな形と記載上の注意事項に基づいて作成します。

① 第1号様式（内国法人向け）

【表紙】

【提出書類】	内部統制報告書
【根拠条文】	金融商品取引法第24条の4の4第__項
【提出先】	___財務（支）局長
【提出日】	平成　年　月　日
【会社名】(2)	_____
【英訳名】	_____
【代表者の役職氏名】(3)	_____
【最高財務責任者の役職氏名】(4)	_____
【本店の所在の場所】	_____
【縦覧に供する場所】(5)	名称
	（所在地）

1　【財務報告に係る内部統制の基本的枠組みに関する事項】(6)
2　【評価の範囲，基準日及び評価手続に関する事項】(7)
3　【評価結果に関する事項】(8)
4　【付記事項】(9)
5　【特記事項】(10)

（記載上の注意）
(1)　一般的事項

　　a　記載事項及び記載上の注意で，これによりがたいやむを得ない事情がある場合には，投資者に誤解を生じさせない範囲内において，これに準じて記載することができる。

　　b　以下の規定により記載が必要とされている事項に加えて，内部統制報告書の各記載項目に関連した事項を追加して記載することができる。

250　第Ⅱ部　内部統制評価と効率化の実務

(2)　会社名

　　提出者が指定法人である場合には，「会社」を「指定法人」に読み替えて記載すること。

(3)　代表者の役職氏名

　　法第27条の30の5第1項の規定により内部統制報告書を書面で提出する場合には，併せて代表者が自署し，かつ，自己の印を押印すること。

(4)　最高財務責任者の役職氏名

　　会社が，財務報告に関し，代表者に準ずる責任を有する者として，最高財務責任者を定めている場合には，当該者の役職氏名を記載する。

　　法第27条の30の5第1項の規定により内部統制報告書を書面で提出する場合には，併せて最高財務責任者が自署し，かつ，自己の印を押印すること。

(5)　縦覧に供する場所

　　公衆の縦覧に供する主要な支店，金融商品取引所又は認可金融商品取引業協会について記載すること。

(6)　財務報告に係る内部統制の基本的枠組みに関する事項

　a　代表者及び最高財務責任者（会社が(4)の最高財務責任者を定めている場合に限る。）が，財務報告に係る内部統制の整備及び運用の責任を有している旨

　b　財務報告に係る内部統制を整備及び運用する際に準拠した基準の名称

　c　財務報告に係る内部統制により財務報告の虚偽の記載を完全には防止又は発見することができない可能性がある旨

(7)　評価の範囲，基準日及び評価手続に関する事項

　a　財務報告に係る内部統制の評価が行われた基準日

　b　財務報告に係る内部統制の評価に当たり，一般に公正妥当と認められる財務報告に係る内部統制の評価の基準に準拠した旨

　c　財務報告に係る内部統制の評価手続の概要

　d　財務報告に係る内部統制の評価の範囲

　　財務報告に係る内部統制の評価範囲及び当該評価範囲を決定した手順，方法等を簡潔に記載すること。なお，やむを得ない事情により，財務報告に係る内部統制の一部の範囲について十分な評価手続が実施できなかった場合には，その範囲及びその理由を記載すること。

(8)　評価結果に関する事項

　　財務報告に係る内部統制の評価結果は，次に掲げる区分に応じ記載するものとする。

　a　財務報告に係る内部統制は有効である旨

b　評価手続の一部が実施できなかったが，財務報告に係る内部統制は有効である旨並びに実施できなかった評価手続及びその理由

c　開示すべき重要な不備があり，財務報告に係る内部統制は有効でない旨並びにその開示すべき重要な不備の内容及びそれが事業年度の末日までに是正されなかった理由

d　重要な評価手続が実施できなかったため，財務報告に係る内部統制の評価結果を表明できない旨並びに実施できなかった評価手続及びその理由

(9)　付記事項

a　財務報告に係る内部統制の有効性の評価に重要な影響を及ぼす後発事象

　　事業年度の末日後，内部統制報告書の提出日までに，財務報告に係る内部統制の有効性の評価に重要な影響を及ぼす事象が発生した場合には，当該事象を記載すること。

b　事業年度の末日後に開示すべき重要な不備を是正するために実施された措置がある場合には，その内容

　　事業年度の末日において，開示すべき重要な不備があり，財務報告に係る内部統制が有効でないと判断した場合において，事業年度の末日後内部統制報告書の提出日までに，記載した開示すべき重要な不備を是正するために実施された措置がある場合には，その内容を記載すること。

(10)　特記事項

　　財務報告に係る内部統制の評価について特記すべき事項がある場合には，その旨及び内容を記載すること。

②　第2号様式（外国法人向け）

【表紙】

【提出書類】	内部統制報告書
【根拠条文】	金融商品取引法第24条の4の4第__項
【提出先】	関東財務局長
【提出日】	平成　年　月　日
【会社名】(2)	＿＿＿＿＿＿＿＿＿＿＿＿＿
【代表者の役職氏名】(3)	＿＿＿＿＿＿＿＿＿＿＿＿＿
【最高財務責任者の役職氏名】(4)	＿＿＿＿＿＿＿＿＿＿＿＿＿
【代理人の氏名又は名称】(5)	＿＿＿＿＿＿＿＿＿＿＿＿＿

252　第Ⅱ部　内部統制評価と効率化の実務

【代理人の住所又は所在地】　_____

【電話番号】　_____

【縦覧に供する場所】(6)　名称

　　　　　　　　　　　　（所在地）

1　【財務報告に係る内部統制の基本的枠組みに関する事項】(7)

2　【評価の範囲，基準日及び評価手続に関する事項】(8)

3　【評価結果に関する事項】(9)

4　【付記事項】(10)

5　【特記事項】(11)

（記載上の注意）

(1)　一般的事項

　　a　記載事項及び記載上の注意で，これによりがたいやむを得ない事情が
　　　ある場合には，投資者に誤解を生じさせない範囲内において，これに準
　　　じて記載することができる。

　　b　以下の規定により記載が必要とされている事項に加えて，内部統制報
　　　告書の各記載項目に関連した事項を追加して記載することができる。

　　c　記載事項のうち金額に関する事項について，本邦通貨以外の通貨建て
　　　の金額により表示している場合には，主要な事項について本邦通貨に換
　　　算した金額を併記すること。なお，その場合には，換算の基準として，
　　　換算日，換算率，為替相場の種類その他必要な事項を記載すること。

　　d　第12条の規定に基づき，本報告書の用語，様式及び作成方法を本国又
　　　は本国以外の本邦外地域において開示している財務報告に係る内部統制
　　　を評価した報告書によっている場合には，当該内部統制報告書を作成す
　　　るに当たって準拠している用語，様式及び作成方法その他第13条に規定
　　　する事項を記載すること。なお，この場合には，「1　財務報告に係る
　　　内部統制の基本的枠組みに関する事項」の記載に先立って，適当な事項
　　　名を付した上で記載すること。

　　e　第12条の規定の適用を受ける内部統制報告書について，外国監査法人
　　　等（公認会計士法第1条の3第7項に規定する外国監査法人等をいう。）
　　　から法第193条の2第2項第1号の監査証明に相当すると認められる証
　　　明を受けている場合は，その旨を記載すること。

(2)　会社名

　　原語名を括弧内に記載すること。

(3) 代表者の役職氏名

　　法第27条の30の5第1項の規定により内部統制報告書を書面で提出する場合には，併せて代表者が署名すること。

(4) 最高財務責任者の役職氏名

　　会社が，財務報告に関し，代表者に準ずる責任を有する者として，最高財務責任者を定めている場合には，当該者の役職氏名を記載する。

　　法第27条の30の5第1項の規定により内部統制報告書を書面で提出する場合には，併せて最高財務責任者が署名すること。

(5) 代理人の氏名又は名称

　　本邦内に住所を有する者であって，内部統制報告書の提出に関する一切の行為につき提出会社を代理する権限を有するもの（以下この(5)において「代理人」という。）の氏名（代理人が法人である場合には，その名称及び代表者の氏名）を記載すること（法第27条の30の5第1項の規定により内部統制報告書を書面で提出する場合には，併せて代理人の氏名又は名称の下に代理人（代理人が法人である場合には，その代表者）が署名すること。）。

(6) 縦覧に供する場所

　　公衆の縦覧に供する主要な支店，金融商品取引所又は認可金融商品取引業協会について記載すること。

(7) 財務報告に係る内部統制の基本的枠組みに関する事項

　　a　代表者及び最高財務責任者（会社が(4)の最高財務責任者を定めている場合に限る。）が，財務報告に係る内部統制の整備及び運用の責任を有している旨

　　b　財務報告に係る内部統制を整備及び運用する際に準拠した基準の名称

　　c　財務報告に係る内部統制により財務報告の虚偽の記載を完全には防止又は発見することができない可能性がある旨

(8) 評価の範囲，基準日及び評価手続に関する事項

　　a　財務報告に係る内部統制の評価が行われた基準日

　　b　財務報告に係る内部統制の評価に当たり，一般に公正妥当と認められる財務報告に係る内部統制の評価の基準に準拠した旨

　　c　財務報告に係る内部統制の評価手続の概要

　　d　財務報告に係る内部統制の評価の範囲

　　　　財務報告に係る内部統制の評価範囲及び当該評価範囲を決定した手順，方法等を簡潔に記載すること。なお，やむを得ない事情により，財務報告に係る内部統制の一部の範囲について十分な評価手続が実施できなかった場合には，その範囲及びその理由を記載すること。

254 第Ⅱ部 内部統制評価と効率化の実務

(9) 評価結果に関する事項

　　財務報告に係る内部統制の評価結果は，次に掲げる区分に応じ記載するものとする。

　a　財務報告に係る内部統制は有効である旨

　b　評価手続の一部が実施できなかったが，財務報告に係る内部統制は有効である旨並びに実施できなかった評価手続及びその理由

　c　開示すべき重要な不備があり，財務報告に係る内部統制は有効でない旨並びにその開示すべき重要な不備の内容及びそれが事業年度の末日までに是正されなかった理由

　d　重要な評価手続が実施できなかったため，財務報告に係る内部統制の評価結果を表明できない旨並びに実施できなかった評価手続及びその理由

(10) 付記事項

　a　財務報告に係る内部統制の有効性の評価に重要な影響を及ぼす後発事象

　　事業年度の末日後，内部統制報告書の提出日までに，財務報告に係る内部統制の有効性の評価に重要な影響を及ぼす事象が発生した場合には，当該事象を記載すること。

　b　事業年度の末日後に開示すべき重要な不備を是正するために実施された措置がある場合には，その内容

　　事業年度の末日において，開示すべき重要な不備があり，財務報告に係る内部統制が有効でないと判断した場合において，事業年度の末日後内部統制報告書の提出日までに，記載した開示すべき重要な不備を是正するために実施された措置がある場合には，その内容を記載すること。

(11) 特記事項

　　財務報告に係る内部統制の評価について特記すべき事項がある場合には，その旨及び内容を記載すること。

(3) 内部統制報告書の提出

　内部統制報告書提出会社は，次の各号に掲げる区分に応じ，当該各号に定める様式により内部統制報告書3通を作成し，有価証券報告書と併せて財務局長または福岡財務支局長に提出する必要があります（内部統制府令4条1項）。

- 内国会社　第1号様式
- 外国会社　第2号様式

　なお，外国会社が提出する内部統制報告書には，次に掲げる書面を添付しなければなりません。この場合において，当該書面が日本語によって記載したものでないときは，その訳文を付さなければなりません（内部統制府令4条2項）。

- 内部統制報告書に記載された代表者が当該内部統制報告書の提出に関し正当な権限を有する者であることを証する書面
- 当該外国会社が，本邦内に住所を有する者に，当該内部統制報告書の提出に関する一切の行為につき当該外国会社を代理する権限を付与したことを証する書面

巻末付録　内部統制対応の効率化チェックリスト

	No.	カテゴリー	チェック項目	チェック欄	関連記載箇所
全般事項	1	内部統制担当の選任	会計・業務（・IT）に精通したメンバーを選出しているか		第Ⅰ部第1章第3節(1)
	2	企業の主体性	"監査法人依存族"，"監査法人いいなり族"になっていないか		第Ⅰ部第1章第3節(2)
	3	スケジューリング	プロジェクトは十分な時間的余裕をもって開始しているか		第Ⅰ部第1章第3節(3)
	4	外部専門家の利用	必要に応じて経験者や外部有識者（専門家）を活用しているか		第Ⅰ部第1章第3節(4)
	5	監査工数の削減	監査法人に評価結果を利用してもらえるだけの客観的かつ論理的な評価記録を残しているか		第Ⅰ部第1章第3節(5)
フェーズ1計画	1	事業拠点	事業拠点は，業務フローの同質性と，連結売上高へのカバレッジへの影響を考慮して識別しているか		第Ⅱ部第4章第3節(3)
	2	全社レベル統制	僅少拠点を特定し範囲から除外しているか		第Ⅱ部第4章第3節(4)
	3	全社レベル統制	中央集権化，画一化することで評価対象を最小化しているか		第Ⅱ部第4章第3節(4)
	4	決算・財務報告プロセス	決算・財務報告プロセスは，前期決算実績を対象とした早い段階で評価のスケジューリングを行っているか		第Ⅱ部第4章第3節(4)
	5	重要な事業拠点	重要な事業拠点選定に際し，3分の2ルールのクリアラインを意識しているか（2年目以降は，一定条件のもとさらに縮小できる可能性も検討しているか）		第Ⅱ部第4章第3節(5)

258　巻末付録　内部統制対応の効率化チェックリスト

	6	重要な事業拠点	評価対象となる業務プロセスについて，業務フローの同質性ごとに統一化・簡素化できているか		第Ⅱ部第4章第3節(5)
	7	重要な事業拠点	評価対象となる重要プロセスのうち，僅少な業務フローを特定し範囲から除外しているか		第Ⅱ部第4章第3節(5)
	8	重要な事業拠点	重要プロセスに関連する勘定のうち，重要な勘定以外のフローを排除できているか（例：買掛金消込）		第Ⅱ部第4章第3節(5)
	9	その他追加プロセス	その他追加プロセス選定にあたり，質的重要性を基準の要件に即して検討しているか		第Ⅱ部第4章第3節(6)
	10	その他追加プロセス	その他追加プロセス選定にあたり，質的重要性に加えて金額的重要性も加味してスクリーニングしているか		第Ⅱ部第4章第3節(6)
	11	監査法人等との協議	監査法人等と評価範囲について計画段階で十分に協議しているか		－
フェーズ2 文書化	1	プロセス全般	内部統制文書は，ありものをただ転用するのではなく財務報告リスクの視点から作成できているか		第Ⅱ部第5章第1節(1)
	2	プロセス全般	3点セットの文書化は，業務記述書＆フローチャート→RCMの順に作成しているか		第Ⅱ部第5章第1節(2)
	3	プロセス全般	文書化内容は現場担当者によりレビューされているか		第Ⅱ部第5章第2節(2)
	4	プロセス全般	現場へのヒアリングの際，エビデンスの確認もしているか		第Ⅱ部第5章第2節(2)
	5	プロセス全般	共通業務フローについては，参照を使用して文書を共通化できているか		第Ⅱ部第5章第2節(2)

巻末付録　内部統制対応の効率化チェックリスト　259

	6	プロセス全般	極力事業のプロセスを統一化し，"枝葉" をなくせているか		第Ⅱ部第5章第2節(2)
	7	プロセス全般	業務フローが変更される予定の業務は後回しになっているか		第Ⅱ部第5章第2節(2)
	8	プロセス全般	財務報告リスク以外のリスクを排除しているか（リスクの重要性評価も必要に応じて検討）		第Ⅱ部第5章第4節(3)
	9	プロセス全般	財務報告リスクは，原因×勘定科目×アサーションで識別しているか		第Ⅱ部第5章第4節(3)
	10	プロセス全般	コントロールありきでリスクを識別していないか		第Ⅱ部第5章第4節(3)
	11	プロセス全般	リスクとの対応関係を明確化しキーコントロールの識別を最小限にしているか		第Ⅱ部第5章第4節(5)
	12	プロセス全般	「財務報告の信頼性に特に重要な影響を及ぼすもの」に限定してキーコントロールを選定しているか		第Ⅱ部第5章第4節(5)
	13	監査法人等との協議	リスクやコントロールの識別について，適宜監査法人と協議しているか		―
フェーズ3評価	1	WT，運用テスト	評価マニュアルを作成し，サンプリングルールや評価手続等，効果的かつ効率的な評価実施の品質水準を管理しているか		第Ⅱ部第6章第2節(4)，第3節(4)
	2	運用テスト	ウォークスルーと運用テストの対象を区別しているか		第Ⅱ部第6章第3節(3)
	3	運用テスト	運用テストの対象を適切に絞り込んでいるか		第Ⅱ部第6章第3節(3)
	4	運用テスト	2年目以降は適宜過年度評価結果の利用も検討しているか		第Ⅱ部第6章第3節(6)
	5	運用テスト	エラー発見時の追加サンプル数の上限を決めているか		第Ⅱ部第6章第3節(5)

260 巻末付録 内部統制対応の効率化チェックリスト

	6	運用テスト	業務フローが同質な複数事業拠点については母集団をまとめてサンプリングしているか		第Ⅱ部第6章第3節(5)
	7	WT, 運用テスト	監査法人に評価結果を利用してもらえるだけの客観的かつ論理的な評価手続の実施と評価調書を残しているか		第Ⅱ部第6章第2節(7), 第3節(8)
	8	専門家の活用	適宜専門家を活用することで効率化を図っているか		第Ⅱ部第6章第4節(1)
	9	外部委託業務	外部委託業務については, 3402報告書の入手や社内キーコントロールにより効率的評価をしているか		第Ⅱ部第6章第4節(2)
	10	IT業務処理統制の評価	IT業務処理統制にかかる評価手続を最小化するため, IT全般統制に依拠できる体制になっているか		第Ⅱ部第7章第3節(2)
	11	監査法人等との協議	期中評価結果について, 適宜監査法人によるチェックを受けているか		－
フェーズ4 不備の改善	1	不備の改善	不備の改善指導は"もぐらたたき"の内容にならないよう意識しているか		第Ⅱ部第8章第2節(1)
	2	不備の改善	プロセスオーナーを指名し, 月次など定期的な全体会議を実施し, 不備の改善管理を行っているか		第Ⅱ部第8章第2節(3)
	3	不備の改善	プロセス別の論点については, 別途分科会等を設置し, 具体的な不備改善内容を社内協議・管理しているか		第Ⅱ部第8章第2節(3)
	4	不備の改善	上長の承認手続を最小化するための適切な権限設計や役割分担, ITの利用ができているか		第Ⅱ部第8章第2節(5)
	5	不備の改善	コントロールの証跡（押印やサイン）は必要最低限にとどめているか		第Ⅱ部第8章第2節(5)

巻末付録　内部統制対応の効率化チェックリスト　261

	6	翌期に向けた効率化	翌年度以降の簡素化のため，また重要な不備を回避するため，全社的な内部統制の不備は改善できているか		第Ⅱ部第4章第3節(4)，第6章第2節(6)，第3節(6)，(7)ほか
	7	IT業務処理統制の評価（フェーズ3の10再掲）	（再掲）IT業務処理統制にかかる評価手続を最小化するため，IT全般統制に依拠できる体制になっているか		第Ⅱ部第7章第3節(2)
フェーズ5 再評価	1	RF評価	期中の評価結果やコントロールの重要性に応じた，効率的なロールフォワード評価のマニュアルを策定しているか		第Ⅱ部第8章第3節(2)
	2	RF評価	期中評価と比べ小さな母集団に応じた，適切なサンプル数が設定されているか		第Ⅱ部第8章第3節(2)
	3	RF評価	期中不備項目の再評価にかかるサンプリング母集団は，不備改善後の期間で抽出できているか		第Ⅱ部第8章第3節(2)
	4	RF評価	期中保留項目の再評価にかかるサンプリング母集団は，新フロー導入後の期間で抽出できているか		第Ⅱ部第8章第3節(2)
	5	RF評価	監査法人に評価結果を利用してもらえるだけの客観的かつ論理的な評価手続の実施と評価調書を残しているか		第Ⅱ部第8章第3節(4)

≪著者紹介≫

浅野　雅文 （あさの　まさふみ）

公認会計士・税理士
株式会社 Collegia International（コリージア・インターナショナル）代表取締役
米国 SOX 法の導入期から，監査人およびコンサルタントとして数多くの内部統制実務に携わる。外資系企業から国内上場企業まで幅広い指導経験を有しており，セミナー経験も豊富。

（略歴）

1978年　神奈川県生まれ。
2001年　公認会計士 2 次試験合格。KPMG 東京事務所（現・有限責任 あずさ監査法人）にて，米国系製薬メーカーやドイツ系自動車メーカー，国内大手警備企業など，国内外企業に対する財務諸表監査や内部統制監査を担当。
2006年　株式会社 Collegia International 設立。

設立来，多くの国内外の上場および非上場企業に対する，会計税務顧問，経営アドバイザー，社外役員として活動し，現在に至る。コンサルティングテーマとしては，決算体制・内部統制構築評価支援のほか，組織再編，事業承継におけるスキーム立案・実行支援，M&A における財務デューディリジェンス，株式価値算定，国際税務など。

主な著書に『セミナーDVD 付きでよくわかる！　日本版 SOX 法実務完全バイブル』（実業之日本社）がある。

㈱ Collegia International とは

『企業のグローバル化を会計・税務の面から支援する』をテーマにかかげ，2006年に設立された会計税務コンサルティングファーム。大手の会計事務所や監査法人では難しいとされる「攻めのスタイル」で，企業のために戦う真の会計税務プロフェッショナル集団を目指し活動している。上場企業や上場準備企業を中心に，内部統制や決算体制構築・評価の効率化コンサルティング，アウトソーシングのほか，研修サービスも提供している。

（お問い合わせ先）

株式会社 Collegia International
〒100-0013　東京都千代田区霞が関3-7-1　霞が関東急ビル3F
Tel：03-6205-4945　E-mail：contact@collegia-intl.com
HP：www.collegia-intl.com
Facebook：@collegiaintl
公式 YouTube チャンネル：『魁！内部統制道場〜内部統制って楽しい〜』
Clubhouse：@masafumiasano
Twitter：@masafumiasano

今から始める・見直す
内部統制の仕組みと実務がわかる本

2019年3月20日　第1版第1刷発行
2021年11月10日　第1版第16刷発行

著　者　浅　野　雅　文
発行者　山　本　　　継
発行所　㈱中　央　経　済　社
発売元　㈱中央経済グループ
　　　　パ ブ リ ッ シ ン グ

〒101-0051　東京都千代田区神田神保町1-31-2
電話　03 (3293) 3371 (編集代表)
　　　03 (3293) 3381 (営業代表)
https://www.chuokeizai.co.jp
印刷／昭和情報プロセス㈱
製本／㈲井 上 製 本 所

©2019
Printed in Japan

＊頁の「欠落」や「順序違い」などがありましたらお取り替え
いたしますので発売元までご送付ください。(送料小社負担)

ISBN978-4-502-29581-2　C3034

JCOPY〈出版者著作権管理機構委託出版物〉本書を無断で複写複製 (コピー) することは,
著作権法上の例外を除き,禁じられています。本書をコピーされる場合は事前に出版者著
作権管理機構 (JCOPY) の許諾を受けてください。
JCOPY〈https://www.jcopy.or.jp　eメール：info@jcopy.or.jp〉

2020年1月1日現在の基準・解釈指針を収める
IFRS財団公認日本語版！

IFRS®基準
〈注釈付き〉2020

IFRS財団 編　企業会計基準委員会　監訳
　　　　　　　公益財団法人財務会計基準機構

中央経済社刊　定価19,800円（分売はしておりません）B5判・4816頁
ISBN978-4-502-35541-7

IFRS適用に必備の書！

●**唯一の公式日本語訳・最新版**　本書はIFRSの基準書全文を収録した唯一の公式日本語訳です。最新の基準はもちろん、豊富な注釈（基準間の相互参照やIFRS解釈指針委員会のアジェンダ決定）がIFRSの導入準備や学習に役立ちます。

●**使いやすい3分冊**　原書同様に、日本語版もPART A・PART B・PART Cの3分冊です。「要求事項」、「概念フレームワーク」をPART Aに、「付属ガイダンス」、「実務記述書」をPART Bに、「結論の根拠」をPART Cに収録しています。

●**2020年版の特長**　「金利指標改革」（IFRS第9号、IAS第39号、IFRS第7号の修正）等の最新基準を収録したほか、約束した財又はサービスの評価（IFRS第15号）、暗号通貨の保有（IAS第2号、IAS第38号）等、注目のアジェンダ決定を注釈に追加！

IFRSの参照にあたっては、つねに最新の日本語版をご覧ください。

中央経済社
東京・神田神保町1
電話 03-3293-3381
FAX 03-3291-4437
http://www.chuokeizai.co.jp/

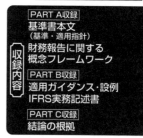

収録内容
PART A収録
基準書本文
（基準・適用指針）
財務報告に関する
概念フレームワーク
PART B収録
適用ガイダンス・設例
IFRS実務記述書
PART C収録
結論の根拠

▶価格は税込みです。掲載書籍は中央経済社ホームページ http://www.chuokeizai.co.jp/ からもお求めいただけます。

── ■おすすめします■ ──

学生・ビジネスマンに好評
■最新の会計諸法規を収録■

新版 会計法規集

中央経済社編

会計学の学習・受験や経理実務に役立つことを目的に，最新の会計諸法規と企業会計基準委員会等が公表した会計基準を完全収録した法規集です。

《主要内容》

会計諸基準編＝企業会計原則／外貨建取引等会計処理基準／連結CF計算書等作成基準／研究開発費等会計基準／税効果会計基準／減損会計基準／自己株式会計基準／1株当たり当期純利益会計基準／役員賞与会計基準／純資産会計基準／株主資本等変動計算書会計基準／事業分離等会計基準／ストック・オプション会計基準／棚卸資産会計基準／金融商品会計基準／関連当事者会計基準／四半期会計基準／リース会計基準／工事契約会計基準／持分法会計基準／セグメント開示会計基準／資産除去債務会計基準／賃貸等不動産会計基準／企業結合会計基準／連結財務諸表会計基準／研究開発費等会計基準の一部改正／変更・誤謬の訂正会計基準／包括利益会計基準／退職給付会計基準／原価計算基準／監査基準／連続意見書　他

会 社 法 編＝会社法・施行令・施行規則／会社計算規則

金 商 法 編＝金融商品取引法・施行令／企業内容等開示府令／財務諸表等規則・ガイドライン／連結財務諸表規則・ガイドライン／四半期財務諸表等規則・ガイドライン／四半期連結財務諸表規則・ガイドライン　他

関 連 法 規 編＝税理士法／討議資料・財務会計の概念フレームワーク　他

── ■中央経済社■ ──

■最新の監査諸基準・報告書・法令を収録■

監査法規集

中央経済社編

本法規集は，企業会計審議会より公表された監査基準をはじめとする諸基準，日本公認会計士協会より公表された各種監査基準委員会報告書・実務指針等，および関係法令等を体系的に整理して編集したものである。監査論の学習・研究用に，また公認会計士や企業等の監査実務に役立つ1冊。

《主要内容》

企業会計審議会編＝監査基準／不正リスク対応基準／中間監査基準／四半期レビュー基準／品質管理基準／保証業務の枠組みに関する意見書／内部統制基準・実施基準

会計士協会委員会報告編＝会則／倫理規則／監査事務所における品質管理　《監査基準委員会報告書》　監査報告書の体系・用語／総括的な目的／監査業務の品質管理／監査調書／監査における不正／監査における法令の検討／監査役等とのコミュニケーション／監査計画／重要な虚偽表示リスク／監査計画・実施の重要性／評価リスクに対する監査手続／虚偽表示の評価／監査証拠／特定項目の監査証拠／確認／分析的手続／監査サンプリング／見積りの監査／後発事象／継続企業／経営者確認書／専門家の利用／意見の形成と監査報告／除外事項付意見　他《監査・保証実務委員会報告》継続企業の開示／後発事象／会計方針の変更／内部統制監査／四半期レビュー実務指針／監査報告書の文例

関係法令編＝会社法・同施行規則・同計算規則／金商法・同施行令／監査証明府令・同ガイドライン／内部統制府令・同ガイドライン／公認会計士法・同施行令・同施行規則

法改正解釈指針編＝大会社等監査における単独監査の禁止／非監査証明業務／規制対象範囲／ローテーション／就職制限又は公認会計士・監査法人の業務制限